ITナビゲーター

重塑数字化未来

日本野村综合研究所◎著

陶旭骏◎中文版统筹 闵海兰 陶培◎译

ZHEJIANG UNIVERSITY PRESS

浙江大学出版社

字化转型对于日本的企业、政府来说已经不仅仅是愿景和探讨的课题,而是亟须完成的动作。

所以也可以说,本书是中日双方有关全社会数字化转型方面的观点碰撞。

未来的几年间,5G、大数据、AI 和云技术,将会共同催生一个全面数字化社会的诞生。中日两国都在为此努力,且正处于相近的阶段。中国已经逐渐缩小与日本的差距,甚至在某些领域已经赶超日本。

因为人口众多、市场巨大,可以说中国在移动互联网应用领域是领先日本的,特别是在生活服务方面。移动支付、移动电商、移动共享出行等,让中国人几乎享受着全世界最便利的社会服务。日本则因为上一代社会基础服务建设很全面,在信用卡、实体零售和公共交通的便利性方面冠绝全球,反而在这一波移动互联网加持的大潮中落了后手。

但是凭借掌握的先进技术,日本企业在工业技术的数字化方面非常领先。在生产科技方面,日本很早就引入"工业互联网"的概念,将其与本来就独步全球的机器人等生产技术结合,这是日本高端制造业的优势所在。中国能否从中获得相关经验,发展自己的"中国智造"?

日本是一个高度老龄化的社会,也是一个单一民族国家,他们对吸收移民扩充劳动力这一做法一直持非常谨慎的态度。中国开始步入老龄化社会,某些地区已经出现劳动力不足的情况。日本政府提出,日本已经进入"人生百年"的阶段,所以要利用数字化提高劳动生产率来应对劳动力不足的社会问题。那么,数字化社会是否真的能有效解决劳动力短缺和老龄化问题呢?

随着 2020 年东京奥运会的临近,我们也看到大量以奥运会为契机推出的新技术即将普及开来,包括无人驾驶等。日本对信息科技和数字化趋势的理解和实验性运用,以及再次领先于全球的大规模投入,是不是也对中国有很强的借鉴意义呢?

本书无意也无法指出，什么是创建中国的全面数字化社会行之有效的道路。但是希望本书能够抛砖引玉，为读者提供具有参考价值的多样视角。

在进行中国部分的内容创作时，为了撰写扩博智能和天猫 TMIC 新品创新中心的故事，我们有幸和故事的主角进行了交流。关于植物工厂和数字化农业技术的部分，则邀请了松下电器的李金阳部长亲自执笔。故在此特别感谢扩博智能创始人严治庆先生、天猫新品创新中心的添绮（宋天麒）女士，以及松下电器中国公司现代农业事业部担当部长李金阳先生。

原版前言

IT Navigator 是野村综合研究所自 2000 年起定期出版的系列书，主要针对反映时代及技术变化的各个领域，进行市场动向的分析及预测，到现在即将迎来第二十个年头了。

在此期间，世界历经了 IT 领域的泡沫化、固网宽带及移动宽带的兴起、2008 年金融危机（雷曼公司破产）、云技术及智能硬件的流行等，在 IT 市场全速成长的浪潮中，我们对相应的细分市场、企业、客户动向进行了评定和预测。在出版该系列书的初期，电脑和手机市场、联网带宽已经接近饱和，相关产品成为生活和商业场景中如同文字一般理所当然的事物。社交网络和智能手机突破了原有的边界，变成所有活动开展的基础和前提。不得不说，当前的"数字化变革"备受瞩目，所有现存的企业及事业领域都已离不开 IT。

基于这样的时代背景，本系列书在结构上分为"终端市场""网络市场""内容分发市场""平台市场"，并从 2018 年起增添了"xTech 市场"，分别对此进行分析研究。

同时，本书每一章均独立讲述一个特定市场，每章开头集中讲述了该市场的重要信息点，以便读者选取所需的部分进行阅读。

最后，我想介绍一下野村综合研究所在 ICT media · service 产业领域的调查及咨询工作。从 2018 年开始，ICT media 产业咨询部门增加了专门从事快消品产业、流通及零售产业咨询项目的队伍，更名为 ICT media · service 产业咨询部门。

　　我们所服务的客户以通信运营商、媒体行业、内容提供商、信息通信设备厂商、平台行业、解决方案提供商及政府政策制定机关为主，同时我们也提供针对消费品制造商、流通行业、零售行业等的 IT 化咨询服务。主要业务领域包含事业战略、技术战略、营销战略、新业务市场探索、战略推进组织体制设计、企业评价、改造支援、联盟 /M&A（企业并购）支撑等。

　　我们涉及的业务范围广泛，与客户的业务、事业及客户基础都直接相关，在拥有综合研究所具备的优势的同时，也具备专业细分领域的知识。本书所记载的分析内容正是发挥了野村综合研究所知识积累的优势，由多位拥有专业见地及知识储备的咨询顾问经过多重考量分析得出。

　　IT 市场成长与衰退的轮换十分明显且剧烈，这对于企业来说，虽可以成为成长、发展的重要机遇，然而一旦误判，企业又将面临巨大的风险。希望本书能对企业决策及战略制定有所帮助。

株式会社野村综合研究所
ICT media・service 产业咨询部部长
柳泽花芽
2018 年 11 月

目 录

01　2024 年，通信技术和媒体市场将会发生什么？　／ 019

06 xTech 市场：科技加持的价值 ／ 231

序章 | 5G 技术加速数字化转型

两个"2024 年问题"

5 年后的 2024 年，将会是怎样的一年?

一方面，在日本的通信行业，NTT（日本电话电报公司）旗下的东日本和西日本公司预计会在 2025 年前后将公共交换电话网络全部替换为 IP 网。替换完成后，继续提供电话、公共电话、紧急拨号（110、118[1]、119 等）、来电显示（Number Display）等服务，终止综合业务数字网及用户数较少的服务。这项任务影响深远，目前在全球范围内还没有别的国家实施过，因此被称为"2024 年问题"。

另一方面，2018 年 5 月，日本自由民主党政务调查会提出了以"2024 年问题：透视未来人生百年时代——社会保障选择"为题的政策建议。建议的开头提到"我们国家已经进入了人生百年时代，到 6 年后的 2024 年，将会成为史上第一个 50 岁以上人口超过一半的国家。这是前所未有的事态，也可称之为'2024 年问题'"。日本是少子高龄化的"领跑者"，全世界都在关注如何破解这样的困局（图 0-1）。

---

[1] 日本海上保安厅的紧急联络方式。

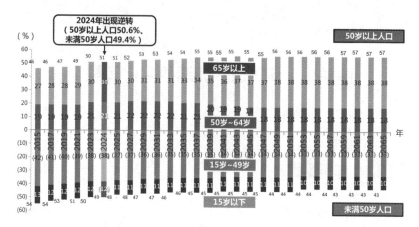

资料来源：日本国立社会保障及人口问题研究所"日本未来人口预测（平成二十九年预测）"（出生及死亡中间值预测）

图 0-1　日本 50 岁以上及未满 50 岁人口占比推移

2018 年 6 月，经日本经济财政咨询会议及内阁会议决定的"骨太方针2018"[1] 指出，为了实现经济持续增长目标，提升潜在增长率，需要实施劳动方式改革及接收外国人才等政策，进行"人才革命""生产革命"。在实现生产革命的过程中，AI（对人类来说相当于大脑）、传感器（对人类来说相当于眼睛）、物联网（对人类来说相当于神经系统）、机器人（对人类来说相当于肌肉）等革新技术的广泛应用必不可少。可以说，当前的日本企业迫切需要进行数字化转型（Digital Transformation，以下简称 DX）。

在劳动方式改革方面，在大型广告代理公司新员工自杀事件的恶劣影响下，日本各企业为了避免被贴上"黑心企业"的标签，大力推行减少无偿加班、享受带薪休假、录取残疾人等举措，这一系列行为被称为"劳动方式改革 1.0"。更有企业逐渐向"劳动方式改革 2.0"发展，开始包容更多的劳动方式，如允许劳动者一边照顾孩子和老人，一边开展第二职业等，让劳动不再受时间和空间的制

---

[1]　骨太方针，即日本 2018 年度经济政策方针，该方针强调"缓解少子老龄化问题，走可持续增长道路"。

约，致力于成为员工满意且可以实现自我成长的"白色企业"。为了实现这一改革，企业的人事考评创新、数字化远程办公、机器人流程自动化、轮班制、云外包等数字化转型手段将不可或缺。

创造性破坏迫使企业重新定义自身

企业在进行数字化转型的过程中，都伴随着强烈的危机感。但如果仅仅是抱着急于打破现状的心态，所怀的是毫无针对性的危机感，改革就无处着手。

被称为创造性破坏者（Digital Disrupter，以下简称 DD）的初创企业，正在以惊人的速度开拓跨国市场，并威胁着现有的企业。科技加持和共享经济日渐兴盛，这背后是谷歌、亚马逊、微软等互联网巨头为 DD 提供的可以使其迅速成长的一系列孵化平台。这类平台在保障云基础的前提下，还会提供业务应用、应用市场、认证及代收费功能，偶尔还会提供资金支持。此外，终端用户已经拥有了手机、平板电脑等硬件，且通过社交平台（SNS）实现了互联（图 0-2）。因此，初创企业需要具备的是超乎想象的创意和所向披靡的热情看起来貌似不仅仅局限于初创企业，任何企业都可以成为创造性破坏者，实则不然，因为大型企业往往缺乏速度和激情。

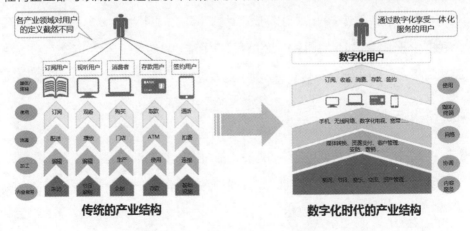

图 0-2 基于产业企业的功能分解与重组重新定义用户

另外，被 DD 威胁的行业或企业在怀有强烈危机感的同时也企图使自己变身为 DD。以下三个行业可以作为典型。

一、银行业

随着金融技术的兴起，银行业迎来变革。在二维码支付、无现金化加剧的现状下，需要重新审视工作日营业到下午 3 点[1] 的银行网点和 ATM 机还有什么存在的意义。即便是贷款一类的信用相关业务，乐天、Recruit（日本综合型互联网巨头）及通信运营商等企业也可通过自有的用户信用评价体系，开展针对企业或个人的资金业务。银行亟须重新思考自身的价值所在。

二、酒店行业

在以爱彼迎（Airbnb）为首的 DD 参与民宿产业的背景下，酒店行业也面临行业改革。挖掘自身的特有价值，被住宿者选中，才可以在激烈的行业竞争中继续生存。例如提供顶级服务的"加贺屋"（日本温泉居所）、以价格亲民和舒适的睡眠环境著称的 Super Hotel 与阪急阪神第一酒店集团下的 remm，以及通过使用机器人来降低成本的日本国际旅行社的"奇怪的 Hotel"。总而言之，毫无特色的企业想要在如今的酒店行业生存极其困难。其结果在 2020 年东京奥运会结束后将会更加明显。

三、汽车行业

共享汽车、共享专车乃至自动驾驶，都在推动整个汽车行业的变革。汽车厂商的竞争对手可能早已不是其他汽车厂商，而是像优步一样的创造性破坏者，或

---

[1] 日本银行法施行规则规定"银行上班时间为早上 9 点到下午 3 点"。

者是苹果、谷歌一类的互联网巨头。在从拥有汽车转变为使用汽车的时代背景下，汽车厂商到底该成为提供什么价值的企业？丰田汽车的社长丰田章男说："如果不转型成为提供移动服务的事业者，汽车企业将无法生存。"

企业（事业）的重新定义表现在各种场合，并逐步发展。现有的"行业""产业"这样的分类方式及边界也逐渐模糊，并被重新定义。这一现象早在 20 世纪 90 年代后期互联网革命时期就已经被指出，经过 20 年的发展，终于成为现实。

所谓企业的重新定义，就是更加突出自身的强项，挖掘自身的潜在优势，并致力于将之提升。将自有的服务或流程进行功能性分解，最后仅保留最具竞争力的功能。然后，将具备优势竞争力的功能与从外部引进的功能进行重新组合，构筑新的服务或流程，最终提供竞争对手无法提供的价值。这一过程不是一次性的，必要时需要进行多次的蜕变，才能在竞争中留存。

以前，电视行业以观众为目标、银行业以储蓄用户为目标、制造业以消费者为目标，每个行业有不同"面孔"的"使用者"。但是在数字化技术的牵引下，这些"使用者"统一成了享受服务的"生活者"。也就是说，企业的重新定义，其实就是将自己的用户进行重新定义的过程（图 0-3）。

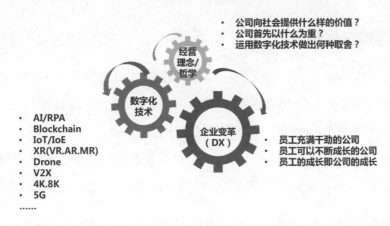

图 0-3　企业数字化转型的关键

数字化转型

所谓企业的数字化转型，是指企业在数字化技术的驱动下，转变成为可持续发展的企业。企业转型的过程必定痛苦万分。为了渡过难关，企业必须具备合理的经营理念与经营哲学，也就是要明确自身是为了向谁提供什么样的价值而存在的。为了达成这一使命，企业需要遵循自身的经营理念和经营哲学，集中目标事业的经营资源，缩减其他事业资源。同时也需要对员工进行再教育，重新分配岗位。在这个阶段就需要能够正确理解和使用数字化技术的人才。而从记事开始身边就有数字化硬件存在的一代，也就是"数字原生代"们，已经开始成为企业的中坚力量，掌控企业数字化转型的关键要素。

那么，老年人该如何应对这样的时代变化呢？社会确实存在老年人的赡养问题，从这个角度看，老年人不理解 DX，甚至将此视为麻烦也是情有可原的。可是如此一来，不就成了单纯的"老害"[1] 了吗？未来将是人生百年的时代，养老金的起付年龄很有可能从 65 岁延后至 70 岁。老年人是不是也该横下心来，开始学习数字化技术了呢？

5G 加速数字化转型

就在这样的时间节点上，5G（第五代移动通信系统）服务开始进入大众的视野。日本于 2019 年 3 月分配 5G 频谱，于 2019 年橄榄球世界杯期间进行试验，将在 2020 年东京奥运会之前正式开展服务。

移动电话的通信系统基本上以 10 年为单位进行时代交替。1G（模拟技术）→ 2G（数字语音传输技术）→ 3G（支持高速数据传输的蜂窝移动

---

[1] 原指老年人在企业或政治组织中持续掌握权力，对日本经济和福利制度造成巨大负担，对年轻人发展产生不利影响；后指代为老不尊、倚老卖老，给他人带来麻烦的老人。

通信技术）→ 4G（包括 TD-LTE 和 FDD-LTE），每升级一次，速度和容量都有所提升。到了 5G 时代会实现更快的速度与更大的容量，下行速度将会达到 20Gbps（有效速度为 1~9Gbps），这一特征也被称为"eMBB[1]"。在这一环境下，用户可以在移动过程中畅快地进行 4K 或 8K 高清影像的收发。

但是，5G 真正的优势在于 URLLC（Ultra-Reliable and Low Latency Communications）和 mMTC（massive Machine Type Communications）这两个特点。URLLC 是指在无线区间的延时可以达到 1ms（毫秒）以下的超低延时性，这一特点在自动驾驶和无人机、机器人的远程操纵等用途上可以发挥巨大优势。mMTC 是指连接控制 1 平方千米内的 100 万个无线终端的能力，将有助于实现搭载大量传感器的智能工厂或智慧城市。

日本三大运营商已经同企业或地方政府联手实施实验性案例。日本电信公司 NTT docomo 与机械制造企业小松合作实施建筑机械的远程操纵，电信公司 KDDI 与软银也在各自进行大型货车的远程驾驶及串联行驶（tandem）试验。5G 的 eMBB 和 URLLC 特点使距离和时间两个方面实现了飞跃式发展，有望加速推进企业的劳动方式改革及数字化转型。

5G 时代已经起航

即便如此，发挥 5G 真正的价值还是需要以大范围的服务为前提。日本从 2019 年 3 月开始使用的频段是 3.7GHz、4.5GHz、28GHz，而日本目前划分给移动通信终端的频段最高为 3.5GHz，3.7GHz 和 4.5GHz 突破了这一最高频段纪录。至于 28GHz 频段，至今仍是一个未知的领域。电波的频段越高，直进性就越强，也就越接近光的性质。而且，电波的到达距离与频段的平方是反比例

[1] enhanced Mobile Broadband，增强移动宽带，是指在现有移动宽带业务场景的基础上，对用户体验等性能的进一步提升。

关系，为了实现 5G 网络的全覆盖，需要建设密集的基站。如果仅仅是在现有的 4G 基站安装 5G 天线，那将会漏洞百出，所以需要寻找新的基站建设场地，且所有的基站都要用光纤连接。目前的 5G 网络还只是停留在工厂、场馆、施工现场等点状的布局。当然，目前针对拉长 5G 信号传输距离的研发活动也在进行中，预计将会在 2020 年后期实现 5G 区域从"点"到"线"再到"面"的扩展。

2018 年 6 月落地的 5G 标准 Release 15 中，虽然已经包含了 eMBB 和 URLLC 的部分功能，但有关 mMTC 的功能将延至下一次标准（Release 16）。预计 2024 年前后才能完成所有有关 5G 功能的标准制定及实际安装。

那么，是否在此之前 5G 并没有办法使用呢？答案是肯定的，也是否定的。实际上，4G 也在逐步发展，在将多个频段整合推进高速化的载波聚合（Carrier Aggregation，简称 CA）技术的基础上，已经实现了 1Gbps 的速率。在多层网络终端的叠加及视频影像编码、解码容易导致几十微秒延时的前提下，无线区间大约 10ms 的延时已经属于超低延时性。URLLC 方面，4G 目前也能连接大量的传感器。也就是说，面向 5G 实施的使用案例，在 4G 环境下也可以实现，从这个角度看，可以说"5G 时代"已经开启。

日本是少子高龄化的"领跑者"，全世界都在关注日本将如何破解这样的困局。日本企业及整个产业期待将东京奥运会的举办作为"5G 时代"的开端，通过以 5G 为首的数字化技术转变成为可持续发展的企业及产业。

序章Ⅱ 5G 时代，中国吹响通信技术反超的号角

5G 牌照发放，开启中国通信产业新篇章

2019 年 6 月 6 日，一个在中国有着"六六大顺"吉利意思的日子，中国工业和信息化部向 4 家中国运营商企业颁发了 5G 牌照，由此拉开了新一代网络建设的序幕。

这是一个有些玄妙的时机。此时正处于中美贸易战你来我往的白热化时期，中国在这一节点发放 5G 牌照可以说是既巧妙又微妙。

中国通信行业的领军企业——华为，正遭受着美国的制裁。美国一边逼迫断供，禁止美国的相关企业向华为供应元器件；一边切断销路，压迫美国的联盟国家不要采购华为产品。

华为正以一个企业之力对抗着世界上最强大的政府，却丝毫不显后退之意。针对断供，华为宣布：备件有储备，技术有后备。备品备件足够提供半年到一年的供应量。同时在为期 90 天的宽限期内，华为在欧美的供应商们也在加班加点地出货。技术方面，华为在芯片和操作系统的自研产品上也已经做了多年的筹备。华为消费者业务负责人余承东公开表示，华为的自主研发系统"鸿蒙"预计最快可以在 2019 年的秋季面市[1]。在中国社交媒体微博上，华为旗下芯片公司海思半导体的总裁何庭波在凌晨致员工的公开信中称"这是历史的选择，所有我们曾经打造的备

---

[1] 编者注：已于 2019 年 8 月 9 日正式发布。

胎，一夜之间全部'转正'"。面对美国的压制，华为可以说是信心满满了。

在这样的关键时期，中国政府无疑要送上"助攻"。5G 牌照的提早发放正是中国针对美国封锁市场的一记妙传反击。巨大的中国市场在 5G 进入商用网络的建设期拥有相当庞大的市场需求。在英国、新西兰、澳大利亚、欧盟国家、日本这些国家的 5G 市场，美国通过政治施压以阻挡华为进入。但仅仅一个中国市场就足够启动中国 5G 产业了。据全球移动通信系统协会（GSMA）预测，到 2025 年，全球 5G 连接数将达 14 亿，其中中国占 4.6 亿，超过北美和欧洲的总和，将位列全球第一。中国快速发放 5G 牌照，使得网络建设的市场需求随时面临爆发。有了市场，中国的 5G 产业链就有了成熟起来的基础。

而如果美国继续进行技术和市场封锁，对欧洲而言至少有两方面的负面影响。

一是 5G 部署和成熟将会滞后，并增加成本。据 GSMA 分析，禁止采购中国设备将使欧洲的 5G 网络成本增加 550 亿美元，并且可能导致 5G 进程延迟 18 个月左右。欧洲延迟普及 5G，必然会对其移动互联应用、物联网、智慧城市和智能制造产业造成影响。

二是西方 5G 设备在中国市场的销售将不可避免地受到一些负面影响。现在中国的通信设备制造商主要来自欧洲和中国国内，虽然中国强调平等对待外资企业，但在封锁之下，中国国内的客户必然或多或少倾向于国内企业。

5G 对于当前的中国通信运营市场来说并非刚性需求。不论是消费者端，还是政企市场，绝大多数 ICT[1] 场景都可以通过 4G 较好地获得满足。投资 5G 网络短期内的经济效益是不明显的，但如果上升到国家战略和扶植支柱产业的层面，用市场拉动技术成熟的举措正如当年发展高铁一样，就变得容易理解了。

可以说，5G 是中国在通信和高科技领域崛起的希望，是重要的国家战略。

---

[1] Information and Communication Technology，即信息和通信技术，是电信服务、信息服务、IT 服务及应用的有机结合。

早在 4G 正式商用后不久，5G 的筹划就提上了议事日程。3G 时代，中国基本错失了 10 年。工信部一直等到 2008 年中国自有知识产权的 TD 制式可用的时候，才发放了 3G 牌照，而当时日本 NTT docomo 公司的 3G 网络已经运营了 8 年。4G 时代，中国部署商用网络约落后日本 1~2 年，勉强算是同步。而 5G 时代，中国可谓迎头赶上，从一开始的策划、标准制定阶段就积极地参与和主导（图 0-4）。

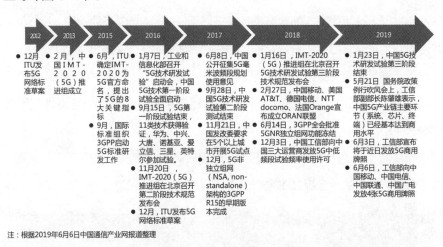

注：根据2019年6月6日中国通信产业网报道整理

图 0-4　中国 5G 发展历程

5G 与行业需求相结合，引领 5G 产业的爆发

政策的扶植和投资拉动是 5G 技术发展的牵动力，但需求侧的疲软则显示出这条路并不好走。这里主要有三方面的原因。

◆一是缺少杀手级应用。目前中国的 4G 已经普及，宽带也逐步进入百兆、千兆时代，但是唯 5G 不可替代的使用场景并不多。

◆二是网络覆盖要求高。5G 当前所占据的频段属于高频段，信号穿透力和覆盖范围方面的性能与低频段的 3G、4G 相比要差很多。也就是说，需要更多的基站才能够达到与 3G、4G 同样的覆盖效果。5G 商用初期，必然以热岛式覆盖为主，要达到完全覆盖的程度还需要多年的建设，全部行业普及利用 5G 实现数字化转型的路途还很遥远。

◆三是由于商用初期的高投入和不稳定性，5G 的经济性回报难以预期，业界的试验和观望心态大于实际利用的决心。

但是，5G 本身是一次全新的通信技术突破，相比 3G 和 4G，5G 有着明显的高性能特征——高带宽、海量连接和超低时延。并且，5G 还能够和 VR、AI、大数据等新技术充分融合，形成共振，为其他诸多领域的创新提供基础。

对于普通消费者来说，大多数应用场景中 5G 不是必需的，4G 的高速度已经够用。但是对于行业客户来说，确实有前瞻性部署 5G 技术的可能性。因此 5G 最初的爆点很可能诞生于行业应用。

华为预测了 5G 十大关键应用场景，其中只有家庭娱乐、社交网络完全属于消费者应用，剩下的则全部或主要应用于行业领域（图 0-5）。

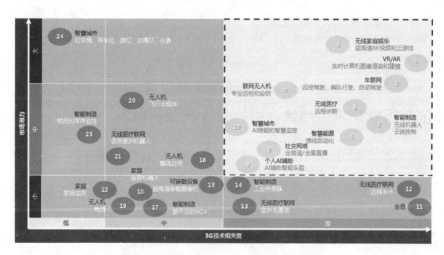

图 0-5　5G 的主要应用场景

5G 带来的转变已经初露端倪。从中国正在进行的 5G 实验项目中，我们可以看到一些业界对 5G 技术利用的理解和思路。

◆ 5G 将会驱动制造业向智能化、柔性化、去中心化发展；

◆ 5G 为公用事业运营领域带来精细化的资源调配和实时安全管理；

◆ 5G 将赋能智慧医疗，移动状态和野外状态下也可以通过远程诊疗、视频手术来利用高等级医院的医疗资源；

◆ 5G 将会催化运输物流行业实现全流程自动化。

5G 和制造业

物联网是 5G 最重要的应用领域，5G 的导入将大幅提升制造业的智能化水平，提高柔性生产[1]的能力，并不断实现生产加工的去中心化。

◆智能化：智慧工厂的核心是闭环控制，对时延要求达到毫秒级别。基于物联网技术，通过 5G 赋能自动化闭环控制，打造工业物联网平台，实现全工厂、跨地域工厂之间的云控制、实时协调。根据华为的预计，在 2022 年到 2026 年，5G 物联网平均年复合增长率有望达到 464%（图 0-6）。

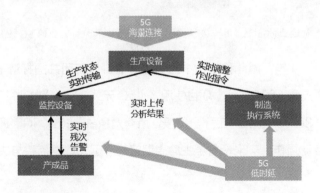

图 0-6 制造业的 5G 应用（智能化）

---

[1] 柔性生产，指主要依靠有高度柔性的以计算机数控机床为主的制造设备来实现多品种、小批量的生产方式。

◆柔性化：依托 5G 的大宽带和实时传输能力，可以实现对生产的全方位监控和对设备的实时数据采集分析，包括震动、转速、温度等，并通过自动化生产机器人在 1ms 延迟的无线环境下自由移动进行协同生产，把柔性生产做到极致。预计到 2025 年，工业机器人出货量将从目前的 36 万台增加到 105 万台（图 0-7）。

◆去中心化：基于 5G 与 AR 及远程触觉感知设备的联动，通过大数据和 AI 的大平台进行统一控制，将实现设计、生产、运维的远程作业，提高企业生产经营效率（图 0-8）。

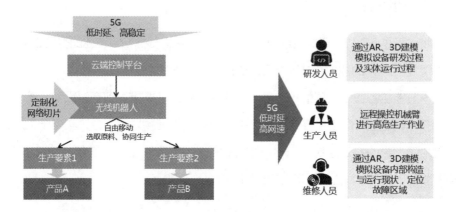

图 0-7　制造业的 5G 应用（柔性化）　　图 0-8　制造业的 5G 应用（去中心化）

例如 2019 年，湖北移动和中国信息通信科技集团共同打造了中国首条 5G 智慧制造生产线（图 0-9）。项目使用了"5G 无线 +5G 分布计算 + 移动云平台"组网模式，30 米六道生产工序全覆盖，所有对象统一接入 5G。通过基于 5G 的工业控制互动操作，实现设备全生命周期管理、运营数据监控与决策、订单全程追溯。

信号覆盖方式采用了 2.6GHz 5G 室分站点多模覆盖，保证数据吞吐量及可靠性。通过 5G 室分基站，实现对生产车间设备的全连接。另外，通过将移动边缘计算节点（MEC）部署在厂区，保证低时延的网络能力，并实现工厂内外流量灵活分流。同时，提供移动云IaaS，工业互联网平台部署在云端，为生产提供稳定安全的数据中心服务。如此的云化部署也是为未来进行大规模行业推广制造条件。

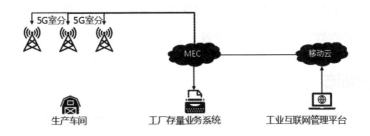

数据来源：伽马数据（CNG）《2018年电子竞技产业人才报告》，2019年2月

图 0-9　中国首条 5G 智慧制造生产线

5G 和公用事业

对于诸如供电系统需要应对的新能源发电负荷不稳定等问题，5G毫秒级的智能调配管理提供了解决之道，它可以将配电可靠性提升至99.999%，使故障隔离时间缩短至100ms。针对水电燃气等管线，利用5G海量连接的能力，加上低时延特点下进行险情实时告警的能力，可以做到广泛部署传感器以监控环境安全。同时，还可以利用5G通信的能力部署远程无人载具巡查或参与生产，代替人力进行危险环境中的操作。广东移动和南方电网、华为共同利用5G进行的智能电网外场测试就充分利用了低时延的特点，将端到端的时延降低到10ms以下，有效满足了电网配网自动化的需求，极大提升了电网运行效率和安全性。

5G 和医疗

中国目前的远程医疗主要集中在远程挂号、健康咨询等领域，5G到来之后，利用低时延和高速率的特点，有望实现生命体征实时传输、医疗设备实时交互、

优化和完善。

在两年以后，也就是 2021 年年底到 2022 年年初，可能迎来 5G 的爆发期。这是一个消费者和行业用户不断数字化觉醒，运营商、软件和服务商、终端厂商、设备厂商的产业链不断提升生产能力并降低成本的过程。4G 时代崛起的产业巨头是智能手机和操作系统，5G 时代崛起的可能就是物联网、大数据、AI 和 AR/VR 企业，他们将和运营商一起建设和推动 5G 产业向前发展。

结语

从市场规模、启动速度、政策力度、技术水平来看，中国很可能成长为全球 5G 最先进的地区之一，5G 也将是中国完成数字化社会转型的重要推手。行业应用是 5G 的重要突破点。

4G 和智能终端将中国带入了全面的移动互联网社会阶段。移动社交、移动支付、共享出行这些移动化服务成为日常，领先企业无不是行业巨头和独角兽。

5G、物联网、大数据、AI 和云会把中国继续带入全面数字化社会阶段，其中的商机也会孕育出一批呼风唤雨的企业。

INFORMATION
TECHNOLOGY
NAVIGATOR

01

2024 年，通信技术和媒体市场将会发生什么？

1.1 初露头角的电竞产业

何为电竞？

电竞（e-Sport）是电子竞技"Electronic Sport"的简称，广义上泛指使用电子机器进行娱乐、竞技、运动等项目，狭义上指进行视频游戏对战的竞技体育。视频游戏主要包含电脑游戏、家庭用游戏机游戏、智能手机游戏（Smartphone Game）、街机游戏（Arcade Game）。目前世界范围内的电竞人口已超过 1 亿人，相关的顶级比赛的优胜奖金也达亿日元级别。

虽然电竞在日本国内尚未得到充分认知，但在日本以外的人气指数已经毫不逊色于其他专业体育运动。2018 年雅加达亚运会上，电子竞技已经被列为演示项目，2022 年的杭州亚运会上将成为正式项目。目前，全世界都在关注电竞能否被列入 2024 年巴黎奥运会的竞技项目。同时，电子竞技市场规模也呈爆发性增长的趋势，预计 2021 年将超过 16 亿美元（图 1.1-1）。其中，广告及赞助商收入约占六成份额（图 1.1-2）。

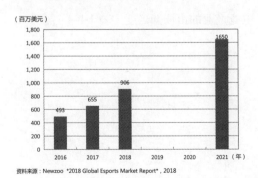

资料来源：Newzoo "2018 Global Esports Market Report"，2018

图 1.1-1　全球电子竞技产业市场规模

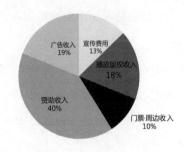

资料来源：Newzoo "2018 Global Esports Market Report"，2018

图 1.1-2　电子竞技相关收入分解

其他产业争相进入电竞领域

与世界其他国家相比，日本的电竞市场规模很小，但 2017 年以后，多个企业的相继进入推动了该行业的发展。2017 年 3 月，电信公司 KDDI 旗下的移动业务品牌 au 与运营专业电竞战队"爆炸游戏"（DetonatioN Gaming）的 Sun-Gence 公司签订赞助协议。

而在此之前，日本国内专业电竞战队的赞助商主要是游戏公司、电脑周边产品厂商及视频分发网站等与电竞直接相关的企业。因为 au 这样的大型企业的加入，消费者对该产业的关注度大大提升。此外，随着游戏公司以外的行业企业相继参与，电竞职业联赛的竞赛环境也开始不断完善。2018 年 3 月，爱贝克斯娱乐公司（avex entertainment）、Cygames（游戏厂商）、AbemaTV（以动漫为主的播放平台）、CyberZ（广告代理公司）等 4 家企业宣布将联合举办职业联赛"RAGE Shadowverse Pro League"。该联赛基于 Cygames 开发运营的人气智能手机游戏《影之诗》（Shadowverse）进行竞赛，选手分为 6 个队伍展开角逐，每位选手每个月有 30 万日元的保障费用。除上述的 au 以外，食品厂商、职业体育团队、电视台等大型企业及组织也纷纷加入，提升了电竞产业的市场知名度（表 1.1-1）。

表 1.1-1　加盟《影之诗》职业联赛的队伍及赞助商等

队伍名称	赞助商、官方合作伙伴等
au DetonatioN	职业电子竞技团队 "DetonatioN Gaming" 是由KDDI "au" 与赞助商合作所共同成立
名古屋OJA BABY-STAR	职业运动俱乐部 "名古屋OJA" 旗下的电子竞技团队。官方合作伙伴是yamamori、oyatsu company
LEVANGA☆SAPPORO	职业篮球队 "Levanga北海道" 旗下的电子竞技团队。官方合作伙伴是札幌啤酒公司
YOSHIMOTO LIBALENT	由电子竞技企业Libalent与吉本兴业联合成立
AXIZ	由日本电视台子公司ax entertainment成立
横浜F Marinos	职业足球俱乐部 "横浜F Marinos" 旗下的电子竞技团队

除此之外，日本职业足球联赛（Japan Professional Football League，简称 J.League）宣布将举办足球电竞大会 "eJ.LEAGUE"。房屋租赁管理及建筑企业 LeoPalace21 也宣布将举办电竞大会。在此类跨行业企业争相参与的背景下，电竞与传统的体育项目较大的不同在于它的参与门槛。由于不分年龄及性别，人人都可以参加，电竞对于年轻一代尤其具有吸引力。

在如今这个人手一台智能手机的时代，与前面提到的《影之诗》职业联赛一样使用智能手机进行的竞赛已不在少数，其玩家的年龄段主要集中在 10~30 岁。众多企业都想通过电竞来触达这一群体。实际上，上文提到的 LeoPalace21 宣布举办电竞大会的理由，正是想让入住者感受到他们可以参与电竞并在过程中获得酣畅淋漓的体验，以此收获年轻一代的关注。所以，预计今后将会有更多行业的企业参与电竞产业，日本国内的电竞产业将日益繁荣。

日本电竞产业扩大市场所面临的难题

日本素来有"游戏大国"之称，索尼的"PlayStation"系列和任天堂的"Wii""Nintendo Switch"等家庭用游戏机在全球范围内都广受欢迎。然而日本电竞产业却远远落后于其他国家，即使 2018 年出现了兴起的势头，整体上看仍然落后不少。如今全球整体电竞市场规模已经达到 1000 亿日元，但根据日本总务省"电子竞技产业相关调查研究"（2018 年 3 月）报告来看，日本国内电子竞技市场规模尚未达到 5 亿日元。电竞在日本本土市场普及迟缓的原因主要有以下几点：

①根据日本法律的规定，很难举办附有高额奖金的比赛；

②日本国内对电竞的认知度较低；

③相关团体及组织杂乱丛生。

针对第一点，是因为日本国内的"赠品表示法"中有明文规定，限制了赛事举办方向获胜选手提供奖金。但在 2018 年 3 月，日本消费者厅宣布，"电子竞技大会参赛者根据自身娴熟的技术赢得观众的喜爱，且获得作为报酬的奖金时，不论是职业选手还是业余选手，该奖金都不属于赠品表示法中的'赠品类'"（出处：《周刊 Fami 通》3 月 8 日刊）。此举化解了"赠品表示法"所带来的阻碍。而除"赠品表示法"以外，比赛附带奖金的形式还有可能触犯刑法（赌博及彩票相关犯罪）、风俗营业等的相关规定及业务正常化的相关法律（风俗营业法）。因此，法律规定是日本国内少有高额奖金大赛的一大原因（图 1.1-3）。

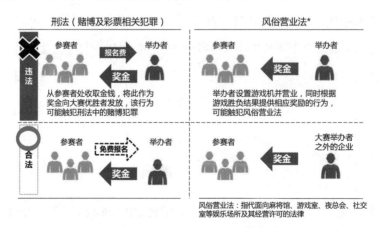

图 1.1-3　日本有关电子竞技的法律法规

根据日本对"赌博"一词的定义，基于偶然的胜败进行财务或财产上的利益争夺的行为方可算得上赌博。在这种意义上，由于围棋、将棋这样的活动也是基于偶然的成败分出胜负的，因此电竞极有可能与这些比赛项目划为一类，归属清流一派。所以，如果不向参赛者收取参赛费，就能够避免电竞成为法律意义上的赌博行为。一般来说，在日本"设置游戏机，开店营业"的情况属于风俗营业法管辖，相关法律是规定禁止根据游戏的结果提供赠品的。另外，就算不向参赛者征收参赛费，仅仅征收入场费或观赛费，也有可能触犯风俗营业法。若针对观赛者也不收取费用，并且由第三方提供赠品，就可以完全不受风俗营业法的管辖，但是如此一来，盈利模式就堪忧了。电竞大赛的举办，在现有的法律框架内仍有灰色地带，但今后也许会有诸多部门像消费者厅一样，针对电竞公布新的适时的声明。

对于第二点，即电子竞技的认知度低，根据野村综研《信息通信服务问卷调查》（2018 年），"听说过或了解电子竞技"（"听说过电竞且有所了解""听说过电竞，但不太了解"的合计）的人约占整体访问人数的一半。除去回答"不太了解"的受访者，真正了解电竞的仅剩两成左右（图 1.1-4）。

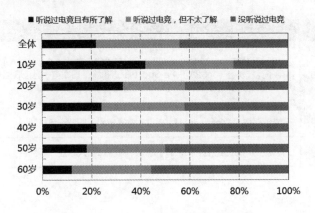

图 1.1-4　日本民众对电子竞技的认知

　　10~30 岁的年轻人中，约有四成受访者回答"听说过电竞且有所了解"，而在 50~70 岁年龄段的受访者中，这一回答仅有一到两成。此外，根据 CyberZ 公司《电子竞技相关用户认知度调查》（2017 年）中的"初识电子竞技的时间"这一问题，在回答"知道电子竞技"的受访者中，有一半以上的人回答半年以内。这恰好证明了日本现在正处于对电竞认知的提升阶段，预计今后电竞将以年轻群体为中心逐步扩散。

　　关于第三点，即相关团体及组织杂乱丛生，2018 年 2 月日本有关电子竞技的三个主要团体进行了整合，成立了"日本电子竞技联合会（JeSU）"（表 1.1-2）。此次整合主要是以加盟日本奥委会（JOC）为目的。因为任何竞技体育想要代表日本参加亚运会或奥运会，必须加盟 JOC，而加盟 JOC 必须满足"为此项竞技领域唯一的国内统一团体"。但 2018 年 5 月，正当这三个团队整合并准备加盟 JOC 时，一个新的团体——日本电子竞技联赛协会（JeSA）横空出世。不过，该新团体的成立恰恰证明社会对电子竞技的关注度正在提升。总而言之，为了促进日本电子竞技发展，该行业的整体步伐需要调整一致。

表 1.1-2　日本主要的电子竞技团体动向

时间	内容
2017年9月	日本计算机娱乐供货商协会（CESA）、日本线上游戏协会（JOGA）、日本电子竞技协会（JeSPA）、e-Sports促进机构、日本电子竞技联盟（JeSF）五大团体联合发布将整合电子竞技团队、设立新组织
2018年2月	日本电子竞技联合会（JeSU）成立，并宣布引入职业许可机制
2018年5月	日本电子竞技联赛协会（JeSA）成立，并宣布引入职业许可机制

如何让电竞成为"新体育"？

日本茨城县决定于 2019 年举办"都道府县电子竞技对抗赛"，作为国民体育大会文化项目。虽然大家对电竞的认知度逐渐提高，但仅停留在其作为"游戏"的认知上，还未将其当作一项"体育运动"来看待。在日本，sport 一般指"运动、体育"，但原本 sport 还包含"娱乐、竞技"的意思，因此电竞从业者需要思考、制定战略，提升电竞的技术性，才有可能使其成为真正的 sport。

为了更好地将电竞作为"体育"运动去推广，明星选手的偶像力量及构筑可供青少年健康竞技的环境，都是不可缺少的。日本也有一些电竞明星，如日本职业电竞玩家第一人 Umehara（梅原大吾）、出身东京大学的职业玩家 TOKIDO（谷口一），但他们也只是游戏领域的明星。如果这些人能冲破游戏领域的界限，成为国民级的明星，那么日本的电竞发展应该会有一个大的飞跃。如果将电竞的"乐趣"和"竞技"属性通过职业玩家的明星形象传递给大众，相信必有奇效。

自从 2018 年 7 月日本电视台播放了日本第一个电子竞技节目之后，以前仅在网络上播放的电竞节目曝光度提升，一般大众也开始接触电竞。今后类似举措的增多将使一般群众接触电竞的机会随之增加。由电视节目牵头，为进一步推广电竞，大众媒体、社交媒体等媒体平台所承担的责任也十分艰巨。

今后的日本电竞

电竞并不仅仅是企业举办大赛、选手竞技和观众观赛。有很多国家正在尝试将电竞投放到教育项目中。比如，有一种多人在线战术竞技（Multiplayer Online Battle Arena，简称 MOBA）的电竞形式，由 3~6 人组成一组通过战略及战术进行

竞技，选手们可以在游戏过程中提升解决问题的能力，培养与伙伴之间的合作、交流、协调能力，这种电竞形式是一种很好的教育工具。

实际上，中国早在 2016 年就在大学、大专、职业学校的课程中设置了"电子竞技运动与管理"科目。比如，中国传媒大学新成立了艺术与科技专业（电子竞技分析方向），该专业的学生在学习竞技战略制定及操作技术提升的基础上，还要学习数据分析、游戏心理学、视频制作、电子竞技指导技术等内容。

不只在中国，欧美多个国家的大学也都引入了电竞课程。日本国内其实也有部分大学开设了电子竞技课程，在培养学生的技术和沟通能力以外，也要教授英语技能，以便学生日后在全球范围内开展活动。

不仅在教育领域，电竞在医疗领域也有用武之地。其中一个就是对老年人阿尔茨海默病的预防。正如象棋和围棋可以有效预防阿尔茨海默病，调查显示，游戏有助于提高记忆力并预防阿尔茨海默病，那么电竞也可以达到同样的效果。

电竞本身其实有多种多样的可能性，但正如前面提到的，它在日本国内的社会地位依旧较低。但是当游戏玩家一代成为父母之后，必然会推进社会对电子竞技的进一步理解，这项运动的社会地位提升指日可待。此外，2020 年编程教育将成为日本小学的必修课程，游戏也会更加贴近生活。电竞正一步一步地渗透日本，作为曾经的游戏大国，日本也完全有可能成为电竞大国。

聚焦中国：电竞崛起

2018 年，"电竞"这个词以一种积极、正面的形象闯进了大众视野，8 个世界冠军让这一年成了当之无愧的"中国电竞冠军年"。

但回顾历史，中国电竞产业一路走来实为艰辛。长期以来，中国电子游戏产业在官方和民间的视野中都难登大雅之堂，政策的压制和舆论的反对让中国电子竞技产业尚未萌芽就惨遭压制。直到 2011 年，电子游戏《英雄联盟》（LOL）登陆中国，引爆了国内游戏市场。之后几年，政府对游戏产业的态度逐渐转向引导和支持。而随着移动游戏市场的爆发，虎牙、斗鱼等游戏直播平台也纷纷涌现。在多重因素的助力下，国内电竞赛事的数量不断增加，规模不断扩大。2017 年，大量资本涌入产业链的各个环节，电竞行业正式进入爆发期。

现阶段，电子竞技在中国受到了前所未有的重视，甚至在国务院的政府工作报告中被提及。国家发改委、国家体育总局已经发文表示支持电竞产业的发展，教育部也在《普通高等学校高等职业教育（专科）专业目录》中增补了"电子竞技运动与管理"专业。2018 年 5 月，电子竞技更是被确定为 2022 年杭州亚运会的正式比赛项目，这说明电子竞技的影响力已经可以比肩传统体育项目。

此外，中国电竞用户的规模也非常可观。伽马数据的报告显示，2015—2017 年，中国电竞用户的增长率持续保持在 20% 以上，用户规模增长超过 1 亿人，并仍有巨大的增长空间（图 1.1-5）。

数据来源：伽马数据（CNG）《2018年电子竞技产业人才报告》，2019年2月

图 1.1-5　中国电竞产业用户规模

　　有趣的是，与游戏大国日本相比，中国的电子竞技事业发展更为顺利。在中国，电子竞技战队、电竞比赛和比赛直播等已经成为成熟的产业，并且获利丰厚。而在日本，这些则受到政策阻碍，发展相对缓慢。

　　资本的入局、政策的重视、庞大的用户基数，无不证明了中国电竞产业的未来空间广阔。可以预见的是，未来3~5年，我国的电竞赛事会更加专业、更加普遍，同时，电竞产业的商业价值也会逐渐凸显。中国电竞，已经崛起。

1.2 与下一代 IT 相呼应的商业航天

何为商业航天？

　　商业航天可分为以下三种：近地空间航天（包括地球轨道人造卫星、火箭的制造和发射）、宇宙空间航天（包括国际空间站相关事业及太空旅行等在宇宙空间的活动、航天飞船的制造及发射）、宇宙深空航天（对小行星、月球、火星的资源探测及人类移居探索，火箭或航天飞船的制造及发射）（图 1.2-1）。

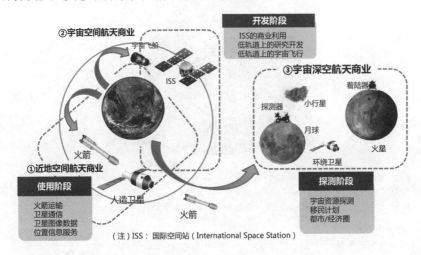

　　（注）ISS：国际空间站（International Space Station）

图 1.2-1　宇宙商业的构造

　　一方面，在以火箭和人造卫星为主的近地空间航天方面，民间主导的商业活动较为活跃，并且以卫星数据使用为中心，非常欢迎 IT 企业等跨行业企业的加入（使用阶段）。

　　另一方面，宇宙空间航天和宇宙深空航天依然由政府主导。但以美国为中心，出现了一些新型的民间企业，该领域的民间产业开始萌芽。预计到本世纪 20 年代中期，由欧美各国政府主导的国际空间站将会退出历史舞台。在宇宙空间航天方面，国际空间站有一定的商业开发（开发阶段）；在宇宙深空航天方面，仍以各天体的信息收集、分析类的勘察活动为主（探测阶段）。

2017 年，全球航天商业市场规模约 3500 亿美元（约 380000 亿日元）。由民间主导的近地空间航天商业规模约 300000 亿日元，约占整体市场的八成（图 1.2-2）。其中，卫星相关业务（卫星利用服务、卫星制造服务）的占比最高，约占四成（同见图 1.2-2）。近地空间航天的市场规模在从 2007 年到 2017 年的 10 年间，扩大了 2.2 倍（图 1.2-3）。

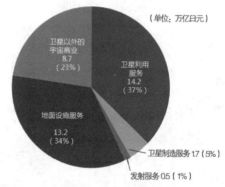

出处：SIA "2018 State of the Satellite Industry Report", June 2018

图 1.2-2　全球航天商业的市场规模

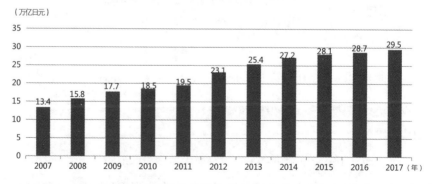

图 1.2-3　全球宇宙商业的市场规模（近地空间航天商业的变化）

"新航天"的兴起

到目前为止，日本的航天开发都是由国家航天机构 JAXA 为主的国家主导型事业，民间企业主要参与周边产业。而现在，政府逐渐转变角色，从商业航天产业的引导者转变为民间企业自主发展的支持者。

根据 2017 年 5 月 29 日日本宇宙政策委员会公布的《宇宙航天产业展望2030——第四次产业革命下的航天创造》，宇宙航天事业被定义为"日本经济产业革命的旗手"，这表明日本政府明确将商业航天作为支撑和拉动 GDP 的重要产业，开始大力推动其产业化发展。

与之相呼应，JAXA 在 2018 年 5 月启动了以"共创"为主题概念的"宇宙创新伙伴（J-SPARC）"项目，积极支援初创企业和大型企业的新事业创新。

现在，解锁商业航天模式的关键词之一就是"新航天（New Space）"。2010年前后，新航天在欧美普及，逐渐渗透到日本。顾名思义，新航天即"新的航天"，但严格来说又不太准确。HobbySpace.com[1] 将该词定义为"与 NASA 或既有的航天产业形成的主流产业不同的宇宙开发方式"，维基百科解释为"由民间航空航天产业共同参与的崭新且全球化的活动或哲学"。

新航天的重点在于"通过技术革命降低成本""以初创企业为主的民间航天开发""跨行业企业参与航天产业"。特别是在人造卫星制造及数据使用方面，新航天的潜在价值正逐渐显现。

---

[1] 一个让业余空间爱好者可以以某种方式参与太空探索和开发的网站。

航天连接成本降低，卫星星座时代到来

在范围广、多样化的新航天事业中，目前最有可能实现并能催生出新商业模式的是近地空间航天事业。初创企业通过研发革命性技术，发射大量低价且高品质的小型卫星，卫星运营企业再通过这些低价卫星提供的图像拍摄和通信网络服务，创造出新的产业，形成完整的产业链。

在这之前，人造卫星以单价数百亿日元的大型高性能卫星为主，常常一颗就重达数吨，价格昂贵，因此数量较少。近年来，由于低成本小型卫星制造技术逐渐成熟，发射成本也有所降低，全球范围内小型卫星的发射数量迅速增加。2017年2月，印度航天研究机构（Indian Space Research Organization，ISRO）的 PSLV（极轨卫星运载火箭）一次性发射了 104 颗小型卫星，成为热门话题。

如果可以一次发射多个单价数千万至数亿日元的小型、超小型卫星，并且使用统一的编队系统，就能够构建"卫星星座"。这一模式下的商业应用也备受瞩目（图 1.2-4）。

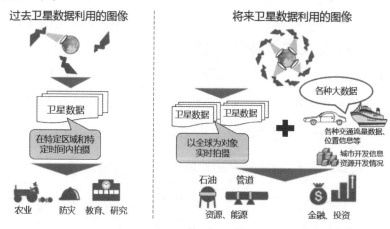

图 1.2-4　过去与将来卫星数据利用的区别

但要想真正实现卫星星座，需要具备两大前提。

其一是半导体的性能在 18 个月里实现翻倍，也就是依据所谓的"摩尔定律"实现硬件小型化和低成本化。如此一来，就可以实施以民用品为基础的开发，打破先前只有专攻航天技术及具备巨额资金的企业、机构才能参与的行业壁垒，推动初创企业参与研发制造小型卫星的潮流。

其二是亚马逊云、谷歌云等低价云服务的普及，使得即使不具备大型数据中心及服务器的企业和机构也可以进行大容量的数据存储及分析。资金实力薄弱的初创企业也可以通过卫星数据分析建立大数据解析的商业模式来一决成败。

卫星数据与地球环境、海洋、农业、经济统计、消费者数据等各种数据组合在一起形成大数据，经分析后可以创造出更具附加价值的商业模式。比如，通过对广域且高频次拍摄所得的遥感卫星图像的 AI 解析，可以推测出各个国家和地区的原油储备量。将该数据与能源相关统计数据、原油期货交易数据相结合，可以构建原油价格变化演示模型。

小型卫星的多样化

截至 2018 年 9 月，在日本及欧美国家，拥有由 1 吨以下人造卫星组成的卫星星座的民间企业至少有 30 家，每家企业运用的卫星种类也是千差万别。其中，250kg 的小型卫星多数为光学遥感卫星。近年来在该规格的小型卫星中，合成孔径雷达（SAR）卫星备受瞩目。SAR 适合在光学相机难以观测的夜间或恶劣气候条件下进行摄像。以前都是 1 吨以上的大型卫星，而现在很多机构都在研发小型 SAR 卫星，如 ICEYE[1]、QPS 研究所[2]。而在 250kg~1t 的重量级中，小型通信卫

---

[1] 芬兰卫星公司，提供合成孔径雷达（SAR）数据的地球观测公司。
[2] 日本福冈市的创新企业，致力于卫星开发技术。

星比较多。

除此之外，一些初创企业将掌握船舶位置信息的 AIS[1] 传感器、掌握飞机位置信息的 ADS–B[2] 装载在人造卫星上，以此掌握地球上任何一个海域内的船只及空域内飞机的位置信息，有助于有效控制管理航海及飞行风险。

在种类繁多的人造卫星应用之中，最大规模的卫星星座计划属于通信领域。

通信卫星星座事业者的诞生

近年来，在美国等国家出现了通过低轨道卫星（数百至两千千米高度）提供网络服务的运营商。低轨道运行的卫星由于相较于原本承担通信任务的地球同步卫星（在距离地面约 3.6 万千米的轨道上，以与地球自转相同的速度运行）更加接近地球，可以实现高速、低时延通信。但因为是低轨道，一颗卫星覆盖的区域面积较小，而且无法像同步卫星一样定点静止，覆盖固定的区域。当然，也可以将低轨道卫星组成密集的卫星星座，提供覆盖全球的网络服务。目前，人类已经开始对低轨道卫星和地球同步卫星的组合通信系统进行研究。

美国北方天空研究所（Northern Sky Research）的调查结果显示，全球通信卫星市场今后将持续扩大（图 1.2–5），到 2025 年将会产生 200 亿美元的年收益（图 1.2–6）。作为低轨道卫星通信业者，美国 OneWeb 公司在 2016 年获得软银集团 10 亿美元的投资，引起了世界的关注。除此之外，还有众多业者也参与到该事业领域当中。

---

[1]　Automatic Identification System，船舶自动识别系统。
[2]　Automatic Dependent Surveillance–Broadcast，广播式自动相关监视。

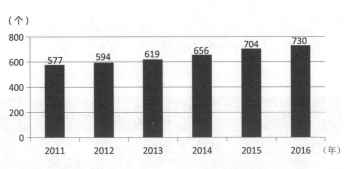

出处：SIA report 2012—2017

图 1.2-5　全球通信卫星个数

出处：Northern Sky Research "Global Satellite Capacity Supply and Demand,13ᵗʰ Edition"，July 2016

图 1.2-6　全球通信卫星的收益预测

　　所有想要实现通信卫星星座的业者，都在进行大量的卫星发射和运营计划。遥感卫星业者，比如美国 Planet 公司，正在筹划 200 颗卫星左右的星座计划。但在通信卫星领域，筹划数千颗卫星计划的业者也不在少数，这或将组成一个覆盖全球的卫星系统。这其中，数量最多的当属 SpaceX[1] 所筹划的，由 4425 颗卫星组成的宽带卫星星座。2017 年 6 月，FCC（美国联邦通信委员会）承认了 OneWeb 的部分卫星（720 颗）。2018 年 3 月，SpaceX 也获得了官方认可，该公司的计划

[1]　美国太空探索技术公司，开发了可部分重复使用的猎鹰 1 号和猎鹰 9 号运载火箭。

实现指日可待（表 1.2-1）。

除此以外，波音和 Facebook 也推出了各自的通信卫星星座计划。

表 1.2-1　主要的低轨道卫星通信企业 [1]

公司名	OneWeb	SpaceX	LeoSat Enterprises	Iridium Communications
创立年月	2012年	2002年	2013年	2001年
投资者	软银、高通、空中客车、可口可乐、国际通信卫星组织、维珍集团等	谷歌等	Sky Perfect JSAT、HISPASAT	-
卫星颗数	2000颗以上	4425颗以上	120~140颗	66颗
频率	Ku频段、Ka频段（FCC已申请）	Ku频段、Ka频段（FCC已申请）	Ka频段（FCC已申请）	L频段、Ka频段（FCC已通过）
通信速度	下行线：50Mbps 上行线：25Mbps	1Gbps per user	1.2 Gbps	下行线：最高1.5Mbps 上行线：最高512kbps
计划开展服务时间	2020年	2020年	2021年	2018年卫星配置完成

通信卫星星座的用途

构筑低轨道通信卫星星座有以下三个目的：

①对互联网未普及地区进行移动通信覆盖；

②作为灾害发生时的应急通信保障备份，以应对救灾时的高稳定性和高强度通信需求，即通信基础设施的业务持续性计划 [2]（Business Continuity Plan, BCP）；

③完善交通工具（船舶、飞机、互联网汽车等）的物联网基础设施。

---

[1]　LeoSat Enterprises 是一家卫星互联网公司，其宗旨是通过在 LEO 轨道构建一个高通量的卫星星座来实现高质量的数据服务。Sky Perfect JAST，"天空完美日星"，是亚洲最大卫星运营商。HISPASAT是西班牙国家卫星运营商。Iridium Communications，铱星通信公司，是全球卫星电信提供商。
[2]　业务持续性计划是组织为了避免关键业务功能中断，减少业务风险而建立的一个控制过程。

互联网未普及地区的移动通信

2018 年，全球约 76 亿人口（联合国《世界人口展望》2017 年修订版）中，无法连接互联网的人口超过 30 亿。虽然也有因国家政策无法使用互联网的国家和地区，但大多还是没有充分的基础设施，导致互联网无法在山区及沙漠等地使用。

在这样的情况下，上述的低轨道卫星被寄予厚望。在地面部署通信基础设施，需要建设大量的基站和通信线路，成本花费巨大。但如果用卫星来解决的话，地面只需要设置信号接收器，在学校或者住宅等房屋内设置专用的接收器，会比建设基站、铺设线路的成本低很多。表 1.2–2 对比了地面无线通信、静止卫星通信（以前的卫星通信）、低轨道卫星通信的部署成本。如果全球各个欠发达国家的城郊区域也可以连接互联网，那么将新增 10 亿互联网用户，以移动终端为载体的 B2C 内容市场将会迎来爆发式增长。这一市场也是众多通信卫星星座业者都想占领的市场。

表 1.2–2　过去型卫星通信系统和未来型卫星通信系统的比较

比较项目	地面无线通信	（过去型）静止卫星通信	（未来型）低轨道卫星通信
对象地区	山岳地带及沙漠等，一部分区域内无法使用	靠近极地等通信困难地区	如果能形成卫星星座，就能覆盖全球
通信速度	下行线：~1Gbps 上行线：~100Mbps	下行线：~100Mbps 上行线：~30Mbps	下行线：~400Mbps 上行线：~100Mbps
延迟时间	50ms	数百ms	50ms
通信费（每月）	5000~10000日元	数十万日元	— （预计与无线通信类似）

作为救灾通信基础设施的 BCP

通信卫星在灾害发生时也是非常有用的。地面的基站和线路比较容易受到灾害影响，比如在 2011 年东日本大地震时，日本三大运营商都受到了影响，曾发生过短暂的通信中断现象。当时，有些运营商就运用了卫星。而抢修回程线路（距

离移动终端最近的交换机与无线基站连接的线路网）则用了近 1 个月的时间。如果平时就使用不易受到地面灾害影响的通信卫星，那么回程线路也不会受到破坏，灾后的恢复作业工作量也不至于很大。通信卫星星座在灾害发生时，可以维持跟平时同样水准的通信网络。软银集团投资 OneWeb 的理由之一便是东日本大地震的教训。

完善交通工具物联网基础设施

通信卫星在船舶的自动航行、飞机的监控、飞机内部的 5G 网络环境、互联网汽车及自动驾驶等方面被寄予厚望。比如，罗尔斯罗伊斯公司（Rolls-Royce，英国著名的航空发动机公司）研究船舶物联网，计划开发全自动航行系统。作为其核心技术，卫星通信星座将发挥重要作用。目前该公司正在与芬兰政府合作进行相关研发。

今后的卫星通信

在卫星通信实用化的过程中，有两大难题：

① 如何防止服务价格的上涨；

② 如何进行高效的通信带宽管理。

小型卫星同以往的卫星相比，具有重量轻、价格低的优点，众多业者也都以此为目标进行研发。但发射数百、数千颗小型卫星也需要很大的成本，很有可能导致为了收回成本而抬高服务价格的情况。20 世纪 90 年代，低轨道卫星通信业务也曾兴起，但正是服务价格偏高抑制了该类服务的普及。

同时，在现有的通信系统基础上，卫星星座、5G、物联网等技术迅速发展，使通信容量不断增加。因此，需要开发综合控制信号频段的技术。

目前，针对上述难题，一些企业已经有了举措。

① 为防止服务价格上涨，OneWeb 开发了一款薄型天线，此天线与以往的大型天线（直径约 1.2m）不同，一般乘用车也可以装载。这样就有可能降低售价，在全球范围内大量普及，无须等待新兴国家及地区建设完善的宽带基础设施，就可以构筑全球互联网，提供低价服务。日本的 NICT（国家信息与通信研究所）为了实现天线的小型化，于 2015 年进行了低轨道卫星与地面之间的光卫星通信实验并取得了成功。由于光通信相较电波通信在能源传输方面更加高效，按照此原理，小型天线也可以获得收益。

② 日本初创企业 Infostellar 开发了天线共享平台，可以将各国卫星通信天线在云端用统一的系统进行管理。如果可以实现商用，那么将会大大提升地面信号接收容量，并加快卫星通信速度。

上述举措如果真的能开花结果，那么 2020 年以后，由通信卫星组成的互联网将实现商用。

聚焦中国：商业航天新征程

十年前，大众对"商业航天"这个词还很陌生，航天似乎天生就是国家和政府的事情。但是，随着全球商业航天"大航海时代"的渐行渐近，特别是作为业界领军者的美国商业航天企业 SpaceX 做出一个个壮举后，商业航天逐渐进入大众视野。

和 20 世纪末就将火箭发射业务开放给民营企业的美国不同，中国的商业航天肇始于 2014 年的国务院 60 号文件，发展历程只有短短的四五年。在"军民融合"的国家战略导向下，不少初创企业开始涉足商业航天领域，中国开始追赶商业航天大国。经过几年的酝酿，翎客航天、零壹空间、蓝箭空间、星际荣耀等初创企业都有所突破，例如星际荣耀和零壹空间在 2018 年 9 月相继在酒泉卫星发射中心发射了亚轨道火箭。

对刚起步的中国商业航天企业而言，如何存活下去是一个需要考虑的问题。尽管中国商业航天市场前景广阔，但由于起步晚，整个生态相对封闭，人才、资金等资源的进入都很缓慢。另一个难题就是商业模式。这是一个前期投资大、回收周期长的产业，确保持续的现金流以支撑火箭或卫星的制造和发射，是商业航天企业存活下去的基础。就产业现状来看，商业航天企业倾向于选择研制和发射以业务应用或科学研究为主的低轨小卫星，这些卫星可用于对地观测、遥感及科学实验等。只有持续提供商业服务，这些卫星才能支撑企业继续发展。

当然，对大多数商业航天企业而言，部署卫星星座更具诱惑力——规模化效益会大大降低成本，而一旦组网成功，就能提供覆盖全球的通信服务，市场空间无限。这也是国外领军企业 SpaceX 和 OneWeb 的计划。不过，摆在国内初创企业面前的困难是实实在在的，卫星星座的部署需要成熟的发射技术和庞大的资金支持，这对蹒跚学步的中国商业航天来说尚言之过早。

同时，基础通信领域也是一个略敏感的行业。有这种技术可能性，5G 的后期或者 6G 时代，运营商可能希望通过卫星网络来部署传输网，或者完成一部分室外覆盖。但是这很可能需要国家相关部门的许可，或者只能允许现有的基础运营商作为网络覆盖的补充技术手段引入。在证照方面，这仍是一个模糊的领域，而且频段也是一个问题。

商业航天产业的发展离不开产业链上各个环节的成熟和完善。对现阶段的中国商业航天企业而言，只有悉心培育包括系统、产品和技术在内的完整产业链，逐步探索出清晰可持续的盈利模式，才能获得更充沛的资金支持，也才能推动一颗又一颗卫星飞入太空。

1.3　扶持初创企业的深圳式创业生态

中国的创新政策与成果

　　中国长期以来被冠以"世界工厂"的称号，但近年来受到人工成本增加、经济增速放缓及环境问题加剧等一系列因素的影响，以传统制造业为代表的劳动密集型产业的增长模式遭遇困境。在此背景下，中国将产业发展提升至战略高度，并在国家发展战略中对创新相关政策进行重点描述。2006 年，中国政府发布了《国家中长期科学和技术发展规划纲要（2006—2020 年）》，并在纲要中提出了"用 15 年时间使我国在 2020 年进入创新型国家行列"这一战略目标。而在 2015 年发布的 10 年规划——《中国制造 2025》中，面向实现制造强国的目标，中国提出了"创新驱动、质量为先、绿色发展、结构优化（生产型向服务型转变）、人才为本"的基本方针。与此同时，在"双创"（大众创业、万众创新）、"互联网 +"（通过互联网与传统产业融合实现产业发展创新）等政策的鼓励下，中国兴起了全民创业、企业创新的热潮。

　　2016 年，中国的学术论文发表数量首次超越美国，位居全球首位。除发表总数外，近年来，中国进入前 1% 高被引排名的论文数量也急速增加，并超越日本，仅次于美国、欧洲，位居全球第三。与此同时，为了激发创新力，中国政府也加大了人才引进、人才培养等方面的投入，并在 2010 年发布的《国家中长期人才发展规划纲要（2010—2020 年）》中，提出了到 2020 年实现研发人员增加至 380 万人的目标。这里顺带援引一组数据，据《联合国教科文组织科学报告 2015》显示，2013 年全球的研发人员总数为 776 万人，其中中国占 19%（约 147 万人）。如果中国政府要在 2020 年达成 380 万人的增长目标，意味着届时中国的科研人员

数量将占到全球的 1/3，这是一个宏伟的目标！

创新的地区特征

在中国，区域的创新特征呈现较大差异。最受瞩目的是北京、上海和深圳。

北京汇聚了包括清华大学、北京大学在内的多所知名院校，聚集了全国的优秀学生，以院校发起的 AI（人工智能）、图像识别等软件系的初创企业居多。其中一部分企业坐落于北京西北部的中关村内。而中关村则形成了涵盖众多初创企业及风险投资（Venture Capital，简称 VC）的重要生态系统。

上海拥有众多外企，但通过先进技术创新（如大数据、区块链等）展开创业的企业较少。

由于深圳曾作为"制造的聚集地"，因此以制造为主的初创企业较多。这些制造型企业多为电子部件的生产者与加工者，这也是同北京、上海存在较大差异的地方。而在经济文化方面，深圳一直以来的定位是"中国对外开放的窗口"，是一片自由度较高的地区。与以政府、大学、国有资本为主导的北京，外资占比较高的上海相比，深圳是一座以民间资本为主导的城市，也是一座对中国国民经济有重大影响力的城市。

2015 年起，"双创"政策正式在中国落地。由政府主导，面向以孵化器[1]、创客空间[2]联合办公室为代表的，为支援创业提供各类平台的"众创空间"的运营提供从政策面到资金面的支持（图 1.3–1）。

---

[1]　提供初创企业所必要的办公室，以及提供经营、管理上支持的场所。
[2]　提供初创企业在制造生产上所必要的各种加工设备和测量机器，推动或运营联合办公空间的场所。

图 1.3-1　深圳的众创空间

　　同时，由于政府的大力扶持，围绕风险投资、天使投资、投资基金这一以"人、钱"为核心的创业支援生态系统得以形成。根据上海财经大学发布的《众创空间发展报告（2016）》，截至 2016 年年末，中国众创空间数量达到 3155 家，主要集中在北京、上海及广东省内。而中国科学技术部、商务部联合发布的《全国创业风投机构统计调查（2017 年）》指出，近年来备受关注的一个趋势，就是风投机构在挖掘初创企业信息时，很多情况下都积极利用众创空间这一渠道。事实上，在 2015 年后，利用众创空间获取创业企业信息的占比实现了快速增长，到 2016 年已占到创业企业信息获取渠道整体的 11.3%（图 1.3-2）。今后，在对企业的扶持、发掘方面，众创空间将作为一个重要的据点获得更进一步的发展。

（占比：%）

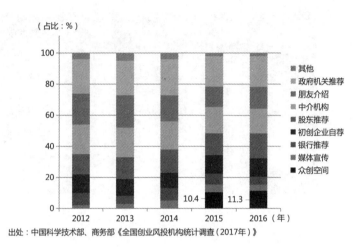

出处：中国科学技术部、商务部《全国创业风投机构统计调查（2017年）》

图 1.3-2　风投机构挖掘目标投资企业的信息来源

特别是深圳，在政府一系列优越政策的扶持下，呈现出繁荣的创业景象。截至2017年，深圳已经拥有超过250家众创空间，初创企业云集，创意想法层出不穷。以众创空间为代表的创业聚集生态，有别于美、欧、日及中国国内的北京、上海，可以说是深圳的一大特色。

加速中的深圳式开放创新

1980年，深圳经济特区成立。进入90年代，深圳作为以金融等服务型产业为主的经济型城市快速发展。随着政府各类优惠政策的陆续推出，包括深圳在内的广东省内地区，开始陆续聚集从香港、台湾等地来的电子器件制造业企业。此外，包括日系、韩系、欧美系等电子机械制造商在内的国外制造业企业，也陆续将工厂迁移至深圳。

在此大背景下，深圳逐渐开始进行"城市产业基石"的调整。以华为、腾讯、比亚迪为代表的中国知名企业，无人机市场份额排名全球第一的"独角兽"大疆，全球最大的基因组学研发机构 BGI（华大集团）等企业相继在深圳落地开花。围绕这些巨头所形成的零部件生产、加工等上下游关联企业，在深圳超过了数万家。而在位于市中心偏东方向、号称深圳第一的电子配件街——华强北，形成了以华强北为辐射圈的电子配件 2 小时送达的供应链生态系统。如此高密度、可快速实现电子配件供给的区域，可以说在全球范围内都绝无仅有。

大疆自创业后历经 12 年，成为占据全球无人机市场份额 70% 的巨头企业，深圳功不可没。尤其是深圳在电子线路、半导体等部件及智能手机制造方面所积累的经验，为无人机在开发、制造中所涉及的采购、测试、生产等工序环节提供了得天独厚的发展优势。

同时，深圳也因聚集了众多的优秀青年人才而备受瞩目。深圳从过去仅仅拥有 3 万人口的小渔村，经过 40 年改革开放的洗礼，目前人口已增长了约 400 倍。在此发展过程中，深圳吸纳了众多来自全国各地的优秀人才，进而实现了城市的发展。深圳 65 岁以上人口仅占 3%，平均年龄 31 岁，可谓是中国最年轻的城市。从深圳的创业者年龄分布来看，20~30 岁的创业者占了六成，创业人群整体的年轻化特征非常明显（图 1.3–3）。

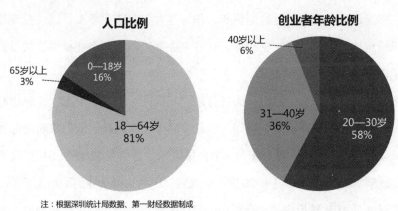

注：根据深圳统计局数据、第一财经数据制成

图 1.3–3　深圳人口比例（2016 年）及深圳创业者年龄比例（2015 年）

深圳目前的创业者，特别是高科技领域的创业者，多毕业于国内外理工科知名院校，拥有出色的研发能力与创新想法。例如在上文中提到的大疆的创始人汪滔毕业于香港科技大学，在 26 岁时创业。教育机器人公司 Makeblock 的创始人王建军毕业于西北工业大学，在 27 岁时创业。而在 2014 年，柔宇科技（Royole）开发出了当时全球最薄的触屏面，其创始人为毕业于美国斯坦福大学，于 29 岁归国创业的刘自鸿。

这些极为优秀的人才聚集在深圳创业，一个主要原因是政府积极地为初创企业提供各种资金补助。同时，深圳也始终贯彻"出钱不干预"的企业扶持态度，为企业经营发展创造了自由的空间。如此多优秀的人才齐聚深圳，也为城市的创新奠定了坚实的基础。

深圳的创新生态

前文已提到，在深圳，来自国内外知名理工院校的人才是激发创新的重要动力，而深圳也拥有众多承载这些人才的企业。除了先前提到的创客空间、孵化器之外，阿里巴巴、腾讯等互联网巨头，华为等大型制造业巨头，以及投资基金、风险投资机构等，也活跃在创投界。这些企业通过对初创企业提供扶持，共同构筑起了创新的生态系统。

例如总部位于深圳的腾讯，通过打造"互联网 + 创新"生态、"去中心化"网络，在全国开展"腾讯众创空间"项目。其中，深圳腾讯众创空间是深圳地区规模最大的众创空间，占地面积约 10000 平方米，是拥有 1200 个工位的联合办公区域。截至 2018 年 6 月，已有 70 家企业入驻。这些初创企业的平均人数约 15 人，以接受过 A 轮或 B 轮投资的企业居多。具体来看，六成初创企业的创始人来自腾讯与华为，以及毕业于海外名校的归国人才。中国的电动汽车制造商蔚来（NIO）

也是从该众创空间发展起来的。另外，像腾讯这样通过发挥自身企业优势资源设立众创空间的大型知名企业还有不少，例如京东、联想及海尔等。

在资金方面，民间资本的有效运用也是实现创新不可或缺的因素之一。中国顶尖的风险投资机构——深圳市创新投资集团有限公司（下称深创投），在国家政策支持下，通过联合各省企业投资基金来设立新基金的方式，成立了约 20 家管理资本规模达到 4.6 万亿日元（约合 2800 亿元人民币）的基金机构。截至 2018 年 6 月，以高科技初创企业为中心，投资覆盖 IT、物流、AI、IoT、生物、能源环保等多个领域，投资项目共计 889 个，投资总额超 6000 亿日元（约合 360 亿元人民币）。以深创投为首的在深圳的风险投资及私募基金的机构数量约有 4.6 万家，资金管理规模达到 16.7 万亿日元（约合 1 万亿元人民币），已占到全国的三分之一。

同时，大企业、风险投资、私募基金也扮演了驱动深圳创新生态系统发展的创客空间及加速器[1] 的角色。具有代表性的创客空间和加速器包括 x.factory（原柴火创客空间）、TechSpace、SZDIY、HAX 等。近年来，备受瞩目的加速器机构 HAX，每半年就会从全球招募入驻者，并在超 1000 家报名团队中选出 15 支团队。被选中的团队必须迁入深圳，并接受为期 3 个月的项目培训。培训内容包括零部件的采购、开发与供应链构建、市场营销、知识产权保护等全套创业指南。之后，通过众筹实现商业化或者参加全球知名的家电展示会——如美国消费电子信息展（Consumer Electronics Show，CES）等方式，为创新团队提供对外展示的机会。深圳不仅像美国硅谷一样，为初创企业提供 VC、PE（私募股权）或者孵化器，同时，类似像众创空间、加速器等在开发层面所形成的一套创业扶持机制，共同铸就了深圳特有的创新生态系统。

---

[1] 大企业等向初创企业提供本公司的资源，旨在通过合作、投资挖掘本公司的新事业，并加速初创企业的发展而设立的机构。

深圳在全球的定位

2015 年 8 月，硅谷的初创公司 Nebia 在众筹平台 Kickstarter 上公布了其"节水淋浴器"产品项目。该产品融合了太空学技术，可节约 70% 的消费水量。该项目吸引了包括苹果公司 CEO 蒂姆·库克在内的投资者。尽管该项目成功募集了300 万美元的资金，但资金规模仍不足以支撑从试商用到商用这一过程。随后，Nebia 通过与总部位于深圳的爱尔兰企业 PCH 合作，成功实现了产品试商用及量产。从产品发布到成功量产，这个过程仅仅耗时 9 个月的时间。

在硅谷遇到的困难，为何在深圳可以如此快速地被解决？这是因为从零部件的采购到试商用再到量产，深圳可以用 1 周时间实现快速的供应链支持，而在硅谷，这一流程可能需要花费 1 个月。PCH 公司利用深圳强大的供应链网络，将 Nebia 的产品从设计理念向量产化改进，并建立起 Nebia 产品与零部件厂商间的适配，用最经济高效的手段进行物流的配送。总而言之，在深圳，只要你具备独特的创意理念，不用说开发实验室、工厂、仓库，即使连办公场所都没有，也能够实现产品的量产。

像上述这样合作创新的例子，目前也逐渐成为趋势。深圳通过和美国硅谷、以色列"创业之城"特拉维夫、欧洲的创新据点、北京、上海等地开展相互合作，共同推进创业项目落地。如此看来，深圳作为全球化的支撑创业企业、初创企业发展的重要基地，正在与时俱进。

迈向全球的深圳初创企业

大家是否听说过传音控股这家智能手机制造企业？小米、华为、OPPO、联想等中国的智能手机制造商，无论在中国还是在全球范围内都为人所熟知，而传音则不同，即使是中国人也并不一定了解。然而这家正在从深圳崛起的初创企业，在 2017 年超越了三星、苹果，坐上了非洲智能手机市场份额第一的宝座。2017 年第一季度，在中国向非洲出货的智能手机数量上，传音拔得头筹，其出货量是排名第二的华为的两倍以上。传音之所以可以在非洲市场取得成功，主要是因为其推出了符合非洲消费者需求的产品。例如传音的手机带有能适应非洲人肤色的拍照摄像头，多个 SIM 卡插口，能续航长达半个月的电池，等等。在深圳华强北起家的传音，可以说融入了华强北定制化开发的 DNA 文化。大约在 10 年前，深圳还有众多的山寨制造商，然而就在 5~6 年前，这些企业纷纷推出了许多创新的产品，不断匹配消费者需求，从小批量生产开始推出试用产品，并根据市场反馈再进行大规模生产，通过这种方式来实现产品的迭代创新。例如推出带有投影功能的或者上文提及的具备多个 SIM 卡插口的智能手机产品等。

最令人震惊的应该是它们的速度。就在全球的大型智能手机制造商模仿曾经的"山寨"企业推出多 SIM 卡插口的新型智能手机时，这些曾经的"山寨"企业早已经投入其他新功能的研发中。通常大企业从研究市场现状到将商品投入市场需要 1.5~2 年的时间，而这些曾经的"山寨"企业，则可以迅速地应对市场变化，在 2~3 个月时间内将产品打入市场。

回望历史，20 世纪的日本，在模仿美国汽车制造工艺后，通过不断追赶迅速达到领先位置，并最终成为全球汽车制造大国。同样的，现在的深圳，也正在经历从模仿阶段向创新阶段迈进的时期。进一步来说，由于试错成本低，可以开发许多试验性产品，深圳对失败及风险的承受度相较于日本与美国更高。就如同硅谷的创新模式难以被复制一样，深圳的模式也难以被复制。因此，对在产品的开发、测试、生产方面具备较强优势的深圳而言，与其同外部竞争，合作发展可能是更加明智的做法。

2016 年 11 月，阿里巴巴在深圳设立了国际运营总部与具备云计算开发能力的阿里中心。就在阿里中心的附近，百度也设立了研发中心。再加上总部原本就在深圳的腾讯，代表中国 IT 产业的巨头 BAT 纷纷在深圳落脚。他们的真正目的，是希望通过 IoT、云计算、大数据等技术，实现深圳制造业的进一步发展。凭借互联网 + 制造业的优势能力，深圳未来的发展将更令人期待！

1.4 劳动方式的质变——以人力资源技术为例

劳动方式改革面临的阻碍

2018 年，全日本对劳动方式改革的热情空前高涨。随着《使推进劳动方式改革相关法律更加完备的法案》的出台，很多企业都产生了紧迫感，纷纷开始调整业务开展方式和员工劳动方式。

日本政府在 2017 年提出了《劳动方式改革实施计划》[1]，该计划站在劳动者的立场上，对劳动制度进行了彻底的改革，以此改善劳动生产性。当然，这一计划也是为了确保劳动者生活与工作的平衡，缓解人口结构问题带来的人力资源不足，解决创新能力欠缺导致的企业生产性提升不明显的问题。

但是，现在这些改革措施真的能解决上述问题吗？多数的劳动方式改革只是在缩短劳动时间，并没有实现既减少业务量又能保障工作输出品质的目的。

然而通过技术手段真的有可能做到"又要马儿跑，又要马儿不吃草"，软件流程自动化（Robotics Process Automation，以下简称 RPA）就是其中一种方法。

---

[1] 劳动方式改革实现会议，《劳动方式改革实施计划（概要）》，平成二十九年三月二十八日。

现在把简单重复的业务交给机器人程序的企业越来越多，RPA 就是将人进行的个别操作，按照规定顺序和内容实现自动化处理。在劳动力不足的情况下，大型制造企业、中小零售企业、政府机关等多个行业都开始普及 RPA，但是，目前 RPA 也只能用于提升部分业务的效率。

日本瑞可利职业研究所曾在 2017 年 10 月针对规模在 300 人以上的 161 家企业进行了"劳动方式改革相关调查"，被调查企业中约 45% 的员工表示"长时间劳动者人数和整体劳动时间有减少"，认为"业务效率和劳动生产性提升""新事业和商品开发、创造性取得进展"的员工仅为 31% 和 4%。从调查结果可以看出，减少加班时间的目的确实实现了，但并没有实现对非核心业务的取舍，也没有节省出业务创新的时间。

为了提升 RPA 导入的效果，要将个人及部门的不同工作内容进行标准化。而如果想把自动化的范围进一步扩大，可能会出现目前的业务内容及工作流程难以导入 RPA 的情况。企业为了最大限度地享受 RPA 和 AI 等自动化技术带来的便利，有必要将业务内容及流程进行优化，实现业务的质的提升。

劳动方式改革必须做到既减少人的工作量，又确保工作的高质量。下面，以被称为"劳动方式改革中枢"的人力资源管理为例，了解一下通过导入技术手段以实现劳动方式质变时所面临的课题。

人力资源管理领域面临的劳动方式改革的课题

人力资源管理领域作为劳动方式改革的主要推进部门，正在逐步导入包括 RPA 在内的各种自动化解决方案。

比如，软银集团从 2016 年开始采用 AI 进行应届毕业生的录取工作，札幌啤酒公司也从 2018 年开始导入 AI 进行测试。AI 的导入，大大减少了人事专员筛选

求职信及简历的作业量。亚马逊和苹果公司采用在线面试管理系统"HireVue"，可以极大地缩减企业在人事录用过程中消耗的时间。同时，该系统可以录制面试画面，由多人确认面试内容，实现高效且公平的招聘。

与上述先进企业不同的是，许多企业使用先进技术服务的时候，误以为所谓改革只是单纯地把部分招聘工作数字化。将目前的个别业务一一自动化，在上述RPA的基础上进一步发展，可以形成所谓的"数字化人力资源部门"（图1.4-1）。这一类先进服务技术的导入，使部分部门的业务实现了数字化，人力资源部门内部也实现了数据的共享。但是，除人力资源以外的部门也在实施人力资源相关的业务内容及流程的改革，这些部门还没有享受到数字化转型带来的好处。

图1.4-1 简单自动化业务和一站式化业务的区别（人事、人才管理领域）

企业想要实现劳动方式的质变，需要解决以下三个课题：

① 数据的整合；

② 综合数据分析；

③ 整体业务的匹配和重构。

IT 导入和业务改革双轮驱动，实现劳动方式质变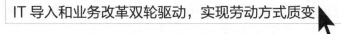

图 1.4-2 显示了人事考评等企业内部整体的人力资源相关业务。如果实现数据整合、综合数据分析、业务重构，即整合人力资源管理相关数据，并体系化运用到日常工作中，就可以形成图 1.4-3 所显示的样子。

图 1.4-2 人力资源相关业务全貌

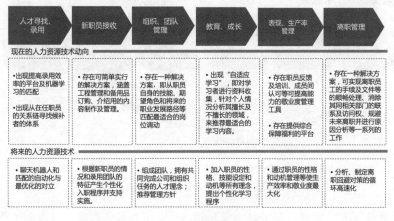

图 1.4-3 人力资源相关业务全貌

美国智能穿戴设备公司 Humanyze 研发了一种卡片式传感终端"社交徽章"。使用该终端，可以获取并分析员工在办公室的对话及行动时的语音、运动、位置等数据，进而评价每个员工的劳动质量和组织活跃度。今后，数据的使用将会得到进一步发展，分析出企业内高效率员工的特点，招聘时可以更准确地把握所需人才的要素。

上述的 HireVue 解决方案从以前的线上面试支撑工具，发展成为基于 AI 技术的业务优化工具。应聘者的面试内容被录制成视频，数字化记录对话内容、语音、表情、态度等属性信息，然后使用人工智能评审支撑功能对应聘者进行分类。由此，企业在招聘时便可快速判断应聘者属于哪一类人才，继而以此为依据，进行岗位分配、制定培训计划等，实现位得其人。

以解决三大课题的形式导入人力资源技术，从招聘录用到离职管理，对人力资源管理的全流程数据进行串联整合，可以有效提升导入效果。最终的目的是实现全公司的整体适配，提升效率及生产性，其中当然也包含业务部门的人力资源相关业务（图1.4-4）。人力资源技术的服务技术群就是基于这一理想状态而构建的。

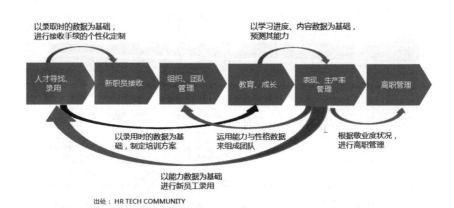

图 1.4-4　人事过程中活用数据的例子

推进劳动方式质变过程中最为重要的一点，就是具备彻底进行业务改革的决心。业务改革包括：重构适合于数字化环境的业务流程、废除不必要的业务、剔除重复业务、整合分散的业务、重新探讨业务的实施顺序。导入人力资源技术，不仅仅要完善数据、构筑数据分析基础，同时也要重新审视业务内容，并行推进减少人员工作量的措施。

劳动方式质变之后

自动化最开始实现的效果，是人工作业被自动化替代，从而减少人工业务量。日本企业现阶段实现的自动化，也只停留在这个阶段，其中很大一部分就是采用前面提到的 RPA 替代单纯重复的业务。在今后，如能同时实施业务精简化及以人力资源技术为首的业务数字化改革，实现数据共享与数据使用，将会创造出新的业务机遇。如此一来，也会出现高精度的业务环节，比如开展新业务时将财务数据与人力资源数据进行组合演示，进行全球规模的员工心理状态分析，实施位得其人的岗位匹配与招聘计划，等等。业务的数字化发展，也可以为员工提供更多时间去进行新业务策划等更富创造性的工作。

聚焦中国：数字化办公场景下的创新实践

"钉钉，一个数字化工作方式"，这是阿里巴巴旗下的移动办公通信平台"钉钉"的新 Slogan。

从 2015 年年初发布起，钉钉的用户就一直保持着高速增长态势。截至 2018 年 12 月，注册用户已突破 1 亿人，钉钉成为移动办公领域当之无愧的 No.1。不过，钉钉的野心绝不仅仅在"移动办公"这个市场。同月，钉钉召开了一场盛大的发布会，推出了基于办公场景的全链路数字化解决方案，这一方案贯穿了企业内部人、财、物、事各个方面。

人：数字化商务人脉，可以在线高效管理人脉信息，3 秒内即可交换上百张名片；

财：数字化企业支付，企业报销全流程数字化，大幅提高企业财务效率；

物：数字化理想办公室，覆盖网络中心、前台和会议室三大场景，其中包括文件闪传、人脸识别、无线投屏等功能；

事：数字化智能客服中心，可实现精准客服管理，大大降低来电漏接率。

钉钉发布这套全链路办公数字化解决方案，就是将自己定位为"数字经济时代的企业操作系统"。在数字经济时代，企业的一举一动都转化为业务流、信息流和资金流，而钉钉就是抓住了企业数字化转型这一机遇，助力企业实现经营和管理的数据智能与高效协同。借助钉钉的办公数字化解决方案，企业能够显著提高沟通效率、助力员工业务协同、实现内部流程电子化，从而提升整个企业的生产经营效率。

像钉钉这样的企业用即时通信和办公工具还有许多，可以与之相提并论的还有企业微信。企业微信是腾讯在微信的基础上开发，并能够和微信联动的企业即时通信和移动办公工具，优势就在于和微信的联动。

云应用是另一个远程工作的催化剂。虽然谈不上全面普及，但是在某些领域已经成为渗透率很高的企业应用，比如 IT 和技术开发领域。

最为普及的是多方视频工具，当然也可以将其视作某种云应用。很多互联网教育公司利用视频工具开发了远程课堂。Zoom 和 Skype 一类的多方视频会议系统，可以接入各种桌面或移动的终端，完全基于互联网，极大地方便了在各处移动中的团队成员开展协同工作。比如，咨询行业经常需要出差，团队成员分散在各地，却又经常就一个项目共同工作，在利用视频会议系统后，就可以远程分享和修改同一份报告材料，长时间地在线讨论并分工协作，减少了必须实地集合在一起工作的麻烦。

在中国，数字化办公已经越来越普遍。在 Skype 和 Zoom、云桌面应用及企业即时通信工具的加持之下，在家办公、移动办公、远程工作协同成为企业的可选之项，也给企业带来更多雇佣形式上的可能性。

在中国的一二线城市，少子化、老龄化已经成为显著问题。一方面，虽然因为人口补充，暂时还没有劳动力缺乏的问题，但是，大城市的工作压力巨大，"逃离北上广"也成为一种趋势，劳动力缺乏的可能性始终在未来等着我们。另一方面，随着二孩政策的开放，越来越多女性开始感觉到工作和家庭难以兼顾，若工作压力持续增大，"996"成为新常态，企业还会流失一些职场妈妈。如果能够充分利用远程办公协同的数字化工具，办公的时间和地点就可以灵活选择；加上共享办公的兴起（比如 WeWork），办公区面积也可以大大缩小，灵活部署。如此，对企业来说，雇佣成本、办公成本和商旅成本可以极大地下降；对个人来说，对工作时间的掌握则更为灵活。

数字化办公创新在中国和日本处于同步发展的水平，其动因是相同的社会和企业需求，而阻碍因素也是类似的，比如雇佣相关法律的限制、大企业的转变节奏缓慢等。

1.5 以个人数据运用为目的的数据治理

所谓数据治理，是指制定一定的规则，有效管理并利用企业内部分散的数据。具体来说，就是将无法使用的原始数据与其他数据结合进行字段整理，或附带元数据[1]方便二次使用，或配备专业责任人，统一应对公司内部查询。

数据当中最具价值的是个人数据[2]。近年来越来越多的企业采用信息系统管理个人数据。但是，也有很多企业受困于个人隐私信息保护等合规性问题。在本节中，将以个人数据使用现状和问题为背景，介绍一种在全球广泛使用的数据治理框架——"五个安全"。我们将思考部门之间、集团之间、企业之间应如何安全且有效地使用个人数据。

个人数据使用的现状

笔者作为咨询顾问，近年来经常接到组织及企业有关数据使用方面的咨询。比如"希望帮助我们制定规则及设计系统功能，以便跨部门安全高效地使用业务部门保管的个人数据""集团正在推进跨公司数据共享及使用，需要制定个人隐私信息处理保管规则及分析、加工规则，希望在最新个人信息保护法的前提下提供建议"等。

在人工智能迅速发展及物联网普及的背景下，如何有效利用大数据，成为事业发展和国际竞争的关键。

---

[1] 元数据，用于说明目标数据、为方便检索而整理添加的数据。
[2] 个人数据，指与个人相关数据的总称。个人数据中包含能识别出特定的某个人的个人信息。

野村综研在 2018 年 6 月到 7 月实施的《信息通信服务问卷调查》中，向受访者询问了所就职企业内部个人信息的共享程度。回答"在企业内各业务部门之间可共享并使用"的受访者占 37.5%，回答"集团内各企业间可共享并使用"的受访者占 11.7%，回答"各企业间都可共享并使用"的受访者占 5.7%。从该结果可以得知，个人信息使用的门槛，是按业务部门之间、集团内各企业之间、不同企业之间的顺序层层递进的（图 1.5-1）。

【Q50】企业在什么范围内可共享及使用个人信息？ 请选择适合的选项。（可多选）

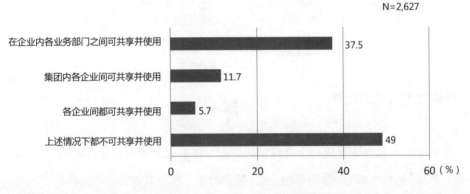

图 1.5-1 共享及使用个人信息的范围

为了冲破业务部门之间、集团内各企业之间甚至不同企业之间的壁垒，需要构筑集约化管理和使用数据的基础（以下简称"数据库"），其中有两个主要问题（图 1.5-2）：

① 可以共享并提供的数据；

② 最终用户可以接受的数据采集和使用范围。

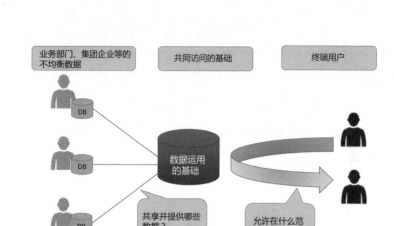

业务部门、集团企业等的不均衡数据

共同访问的基础

终端用户

DB

DB

数据运用的基础

DB

共享并提供哪些数据？

允许在什么范围内使用哪些数据？

图 1.5-2 围绕数据运用的课题

数据加工方式的极限

关于个人信息中可以共享并提供的数据，需要充分理解"易识别性"及"提供方基准"这两个概念。易识别性是指，特定的信息在与其他信息相结合的情况下，是否容易判断出特定的某个人。提供方基准是指，从作为提供方的企业的视角出发，判断该信息是否属于个人隐私信息。

个人信息的定义是可以识别特定的某个人的信息。但日本《个人信息保护法》第2条用括号补充了"与其他信息相结合的情况下，是否容易指出特定的某个人"。这一括号内的内容指向的就是易识别性，我们需要根据这一特性的有无，来区别个人隐私信息和非个人隐私信息。但现在尚无对易识别性的明确判断标准。如果按照以上的法律，依据提供方基准对易识别性进行判断，那么就算是匿名数据，也可能被认定为个人隐私信息。在这样的法律规定之下，很难开展数据销售业务。

比如，零售店 A 提供会员积分卡服务，将在会员注册时获取的个人信息与销售数据统一纳入数据库进行管理，将该数据库作为数据包 P，分性别和年龄掌握商品销量情况，用于自身的营销活动分析。如果零售店 A 开展数据销售业务，可以删除数据包 P 里面的姓名、出生日期等个人信息，制作新的数据包 Q，将匿名化的数据销售给数据库公司 B（图 1.5-3）。

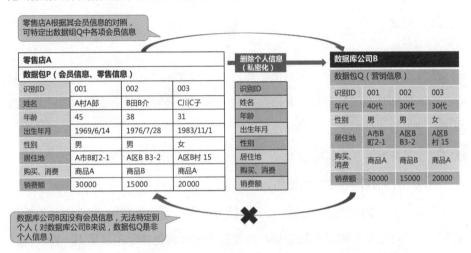

图 1.5-3　个人信息易识别性的具体案例（对照对象的信息在企业者内部）

在原来的法律规定下，零售店 A 的数据包 P 因为可以识别出特定的会员，所以数据包 P 就是个人隐私信息。而数据包 Q 对于零售店 A 来说，因为可以随时反溯、识别特定会员，一旦产生纠纷，也有可能被认定为个人隐私信息。但对于数据库公司 B 来说，因为没有零售店 A 的会员信息，利用数据包 Q 无法识别某个特定会员，所以数据包 Q 属于非个人信息（此处暂不考虑与外部个人信息进行核对的可能性）。

在修订后的《个人信息保护法》中，为了解决依据提供方基准判断易识别性出现混乱的问题，重新定义了"匿名加工信息"。在对数据进行技术性加工处理的基础上，增加了禁止识别行为等数据使用上的规则，降低了识别出特定的人的风险。由此修订后的法律，减少了对个人信息使用的制约，可以不经过本人的同意，在原有目的之外使用或向第三方提供个人信息。

但是，匿名加工信息的加工基准和使用规则都很严苛，尚未充分普及。想要更好地使用个人数据的企业，正在寻求匿名加工信息以外的其他方法。

"五个安全"

想要有效使用包含个人隐私信息在内的个人数据的不只有民间企业，还有政府机构。特别是在统计领域，政府在研究了多年匿名数据的使用方法之后，对数据进行了体系化的整理。《统计法》的立法走在了《个人信息保护法》的前面，规定了"匿名数据"及其使用方式[1]，该方式也可应用于民间领域。

英国统计局在匿名数据的使用方面尤为先进。他们开发了"五个安全"模式，将多个统计调查的问卷数据进行安全连接与分析，这一模式从2003年开始沿用至今。"五个安全"模式在欧盟被广泛使用，也被其他多个国家采用，既在统计数据时使用，也作为数据使用的安全规范。随着数字化商业的兴起，民间领域也开始采用"五个安全"的观点及框架。

"五个安全"的优点在于，将确保安全性的对策从五个方面出发进行组合，全方位保障安全。（表1.5-1）

①安全的项目（Safe Project）

②安全的使用者（Safe People）

③安全的数据（Safe Data）

④安全的设备环境（Safe Setting）

⑤安全的分析结果（Safe Output）

---

[1] 在日本《统计法》2条12项中，"'匿名数据'指以一般的利用为目的提供，将调查得来的信息加工成特定的个人、法人及其他团体无法识别的状态（也无法对照其他信息进行识别）"。

表 1.5-1　"五个安全"

观点	
安全的项目（Safe Project）	数据使用的目的、方法是否符合法律和社会规范
安全的使用者（Safe People）	使用者是否以适当的方法使用个人信息数据，值得信赖
安全的数据（Safe Data）	数据本身是否有机密泄露的风险
安全的设备环境（Safe Setting）	设备环境是否对未经许可的利用进行限制
安全的分析结果（Safe Output）	分析结果是否有机密泄露的风险

出处：Tanvi Desai, et al. "Five Safes: designing data access for research", University of the West of England

用"五个安全"的框架，思考图 1.5-2 的课题的解决方案，以数据库为中心，将"共享并提供哪些数据"的课题作为"输入必要条件"，"允许在什么范围内使用哪些数据"的课题作为"输出必要条件"，用"五个安全"的各个方面进行描绘（图 1.5-4）。

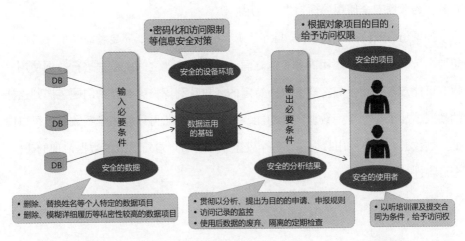

图 1.5-4　基于"五个安全"的数据管理框架——平衡五个要素，综合确保高安全性

对应输入必要条件的是安全的数据。即删除姓名、ID 等容易被识别出特定身份的数据项，以及进行敏感信息的随机置换等。为了最大限度确保数据的有效性，

需要最大限度地降低加工处理的程度。这种情况下，就需要严格把关"五个安全"里的其他方面，整体保障数据使用的安全性。反言之，正因为可以调整其他方面，不需要在数据加工处理环节确保安全性，才可以合理地保留数据的有效性。

确保数据库的安全性指的就是安全的设备环境，也就是通常所说的信息安全对策，如加密、访问限制、证书管理等。

对应输出必要条件的是安全的项目、安全的使用者、安全的分析结果。在安全的项目和安全的使用者方面，通过用"项目"和"人"分别管理连接数据库的条件来确保安全性。如果是项目，那么首先需要定义目的，再依据此目的，开放连接数据库中相应数据的权限。如果是人，需要经过严格的培训，并通过提交保证书等方式进行保障，设置访问权限。在安全的分析结果方面，制定下载或打印已经加工及分析好的数据的规定，通过第三方检查等方式保障安全。

各企业可以按需调整"五个安全"中的各个方面，在确保数据有效性的前提下，将其作为数据安全使用的框架进行应用。

如果想有效使用个人数据，除了《个人信息保护法》，还要考虑隐私[1]。同时，想要突破部门之间、集团内各企业之间乃至不同企业之间的壁垒进行数据使用，很有可能产生互相争夺客户、仅有特定的客户获利等伤害利益的问题。遇到这样的情况，如果充分发挥数据治理功能，就能迅速判断可以使用哪些数据、可以向谁提供数据、如何使用数据。"五个安全"作为可以进行有效的数据治理的架构，今后将进一步得到普及。

---

[1]　根据日本民法的规定，隐私有权利受到保护。

聚焦中国：数据利用，还是数据滥用？

大数据时代，企业越来越重视信息的价值，对信息的掌握也日渐成为企业的核心竞争力。企业纷纷加大收集用户和员工数据的力度，企图实现数据变现。

在数据商业化领域，企业通过对用户信息的加工处理，分析得出用户的消费偏好，从而实现精准的广告推送和服务提供，由此提升客户感知。但是，由数据商业化引发的数据泄露和数据滥用事件层出不穷。移动互联网应用程序超范围获取个人信息后，进行无授权的数据外泄、数据贩卖行为，加剧了短信骚扰、电话骚扰等事件的发生，严重影响了用户的日常生活。当前中国的用户个人信息泄露和滥用情况还没有确切的统计数据，但估计是非常严重的。对我们身边的人——包括我们自己——稍做调查就会发现，几乎所有人都接到过指名道姓的广告推销电话。

在企业员工数据利用领域，越来越多的中国企业主正在采集并利用员工相关数据，以期提升员工的工作质量和员工管理水平。但值得注意的是，并非所有企业都在有效并安全地使用员工数据。埃森哲的一项最新的市场调查[1]显示，仅有24%的被调查高管确信他们正在负责任地使用员工数据，而员工对自身被采集数据的安全性也存在忧虑，不愿意轻易向企业提供隐私数据。其实企业也会对员工信息使用有很大忧虑，负责任的大企业会担心因此产生劳资纠纷，引发网络大讨论。这样的"网络爆红事件"对企业形象的伤害是很大的。

好消息是，数据保护这一议题已被提升到国家战略高度，个人信息保护法和数据安全法等相关法律已被列入立法计划。未来，随着大数据应用法律框架的逐步完善，我国企业数据利用行为将更加合法、健康，利用数据服务用户、管理员工也将更加人性化。

---

[1] 《解码组织 DNA》（*Decoding Organizational DNA*），2019。

INFORMATION
TECHNOLOGY
NAVIGATOR

02

终端市场：站在新阶
段前夜

终端市场进入新的发展阶段

数字化转型过程中的终端市场发展方向

近年来，人们对数字化转型的关注度越来越高。本书的上一版中，增加了对"无人机""语音控制终端（今年改为'智能音箱'）""VR"等新的终端市场的预测，今年又追加了"机器人"市场，并加以深入的分析。同时，继续针对从以前开始就关注研究的"3D 打印机""4K 电视、互联网电视、流媒体播放器""移动电话终端"等市场，尽可能地用新的视角进行分析，并对未来的市场方向进行预测。

数字化转型与以往所说的信息化是有区别的。多年来，计算能力已经大大提升，带动了科技的飞速发展。现有的技术条件下，可以实现充分满足用户需求的功能和性能（消除机能饥饿），同时大幅提升性价比。在

① 21 世纪以来快速发展的技术与经济的全球化

② 发达国家经济增长迟缓

③ 全球范围内利率持续走低

这三个背景下，行业应对用户需求变化进行新市场、新业务的拓展几乎是迫在眉睫。

此种形势下，"数据驱动手段"[1]正以突飞猛进之势急速成长。数据驱动使技术开发的性价比大幅提升，它能通过海量数据与人工智能技术的结合形成分析模型。由此，机器学习技术等领域的研发越来越活跃。而这些技术发展的基础，便是以物联网为代表的数据感知、识别，以及生成数据的大量终端。

---

[1] 从各角度分析所给数据，有助于预测未来的手段。

对新创造的期待

现实世界中,大量的终端处理着海量的数据。在终端侧的"边缘计算"和"雾计算"等信息处理技术的重要性大大提升的同时,也要考虑如何将这些技术与云计算进行最合理的联动。以前,面对信息管理(如信息处理、分析功能)的时候,人们总是采取"二分法"的态度,要么放数据中心,要么放终端。但随着计算能力的快速发展,机能饥饿已经不再是问题,设备也具有高性价比,人类正逐步迈入"异构计算"[1]时代。

而且,正如近年来量子计算机受到越来越多的关注,人们对技术模式创新抱有很高的期待。

日本今后的终端市场将往何处去?

市场模式转变的过程中,需要同时进行终端的营销模式和研发模式的改革,详细内容会在本章的各个小节中阐述。在终端业务与终端研发方面,要充分考虑解决方案、服务的发展,以及整个生态系统的动向,从全局出发并用长远眼光制定战略。全球顶尖企业都争先恐后地投入人工智能使用的专用集成电路及量子计算机的研发。日本也正在明确研发方向,加快确定大学及政府研究机构的路线方针。

---

[1] 组合不同种类的演算处理装置(如 CPU 等)来处理信息的技术。

2.1 移动电话终端市场

本节摘要

1. 基于全球智能手机用户换机周期延长、功能机向智能手机迭代速度迟缓这两大现实情况，2018 年全球手机终端销量约 20 亿台（包括智能手机在内），整体增幅不大。预计今后将持续这一趋势，全球手机终端销售量趋于饱和。

2. 在全球手机市场中，苹果依旧稳居高端机市场的优势地位，而韩国三星和以华为为代表的中国手机品牌对中低价位市场的争夺将会愈发激烈。

3. 就日本市场而言，由于功能机向智能手机迭代速度缓慢、换机周期延长，以及个人对第二台手机的需求减少，2018 年以后日本的手机销量呈现缓慢减少的态势。

4. 为了激发日本市场的活力，有关提升中小企业智能手机利用率及二手手机市场活跃度的举措备受期待。对于中小企业来说，提升智能手机利用率除了关注手机硬件本身，还需要设计使用场景及配套的解决方案和服务。针对二手手机市场，当务之急则是要借鉴欧美国家建立特定的交易市场，同时增加二手手机的供应量并且保障二手手机品质。

市场定义

> 移动电话终端全球市场：指全球范围内销售的包括智能手机在内的移动电话终端市场。本节涉及的智能手机，指安卓系统手机、苹果 iPhone 等高性能移动电话终端，不区别通信运用上的技术规格，即所有使用开放操作系统的终端。
>
> 日本市场：指在日本国内销售的包括智能手机在内的移动电话终端市场。

市场规模预测

全球市场：智能手机销售量趋于饱和

全球移动电话终端市场早先主要依靠中国、印度及东南亚的新增量进行牵引，但到了 2017 年，整体增长速度开始放缓，移动终端市场疲软，表现出明显的增长钝化。

究其原因主要有以下两点。首先，智能手机的换机周期拉长。早先的手机终端性能提升较快，刺激了用户的换机需求，但现在终端的性能和设计的变化不再像以前那样明显，导致了换机周期越来越长。其次，功能手机向智能手机的迭代进入迟缓状态，使得全球市场整体的销量增速明显下降。预计这一趋势将会持续，2018 年移动终端销量为 20.62 亿台，2024 年将达到 21 亿台（图 2.1-1）。

图 2.1-1　全球手机终端销售数量的推移和预测

苹果公司依旧占据寡头地位，中低价位手机市场竞争加剧

在全球智能手机市场中，苹果公司依然是整个市场的中心。2017 年秋天，苹果公司推出 iPhone X，发售时有报道称销量不佳，但后来表明是受到零部件供应不足的影响。2018 年 1 月以后情况明显好转，苹果公司 2018 年 4 月到 6 月的销售额达到了 533 亿美元，较前一年同期提升了 17%。iPhone X 的销售情况和苹果公司的业绩恰恰证明了其在高端智能手机市场中的优势地位，而且在整体智能手机市场的销售利润中，苹果公司的占比也仍然居高不下。

中低价位手机市场主要由中国厂商华为、小米和 OPPO 主导。华为的产品线较为丰富，除了高端手机，还有以新兴国家市场为目标的中低价位手机，以期扩大其在新兴国家的市场份额。总体来看，在高端手机市场被苹果长期主导的情况下，日后中低价位手机市场的竞争将愈发激烈。

日本市场：智能手机销量长期处于缓慢下降的趋势

在日本国内市场，智能手机用户的换机周期基本没有变化。但是从消费者的意愿来看，未来换机周期还会进一步拉长。从功能手机到智能手机的迁移速度也将放缓，而且一个人拥有多个移动电话终端或智能手机的需求也在减少。长期来看，智能手机销量将会持续缓慢减少（图 2.1-2）。

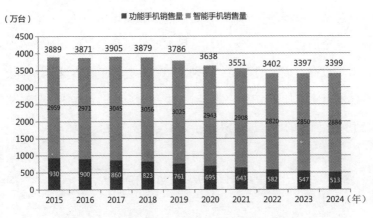

图 2.1-2 日本手机终端销售数量的推移和预测

自从 2014 年智能手机的用户普及率超过五成以后，每年都有所增加，但增幅逐渐减小。用户不愿换机的理由主要分为"智能手机使用费用太高"和"目前使用的功能手机可以充分满足需求，没有换机意向"这两种。针对前者，如果通信运营商推出新的资费套餐或促销活动的话，或许会推动用户更换智能手机。但针对后者，在手机本身没有故障的情况下，基本上很难引导用户更换智能手机。今后，功能手机用户仍将在移动电话用户中占据一定的比例。到 2024 年，日本市场还

会有约两成的功能手机用户。

期待中小企业利用率提升和二手终端市场的发展

从企业的功能手机和智能手机的利用率来看，约六成的大型企业员工持有政企客户合约终端，而中小企业员工不到三成。面向个人用户的智能手机市场普及率增幅减缓，今后面向政企用户，包含解决方案及服务的智能手机的普及将备受期待。

从移动电话终端市场整体的流通性来看，与其他国家相比，日本的二手终端市场流通量较少，今后该市场是否会继续成长也是一个问题。目前，日本二手终端的销量不足整体市场的一成。如果之后能像北美市场一样，建立维修服务等售后服务体系健全的二手终端交易市场，增加终端供给量，保障品质，那么日本的二手终端市场也许有成长的可能。特别是 20~30 岁的年轻人群体，相较于其他年龄段的群体更有意愿使用二手终端，对二手终端会有一定需求。日本总务省也在就促进二手终端流通的课题进行探讨，今后应持续关注该领域动向。

聚焦中国：智能手机市场争霸战 🔍

中国手机市场正趋于饱和。由于消费者换机周期延长等因素，国内手机销量不断下滑。中国信息通信研究院（简称"中国信通院"）和国际数据公司（IDC）的数据显示，2018 年，国内手机市场总体出货量为 4.14 亿台，同比下降 15.6%，其中智能手机出货量为 3.98 亿台，同比下降 10.5%（图 2.1-3）。

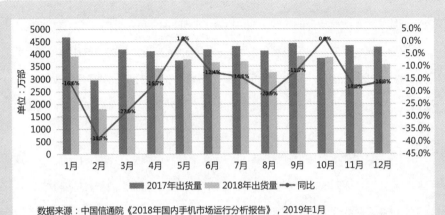

数据来源：中国信通院《2018年国内手机市场运行分析报告》，2019年1月

图 2.1-3　2017 年 /2018 年中国国内手机市场出货量情况

在市场整体低迷的态势下，国内手机品牌集中度却逐渐提高，华为、OPPO、vivo、小米和苹果进入寡头竞争时代，2018 年这五家企业的智能手机出货量占据了近九成的市场份额（表 2.1-1）。

表 2.1-1　国内五家手机厂商的市场占比

排名	厂商	2017 年市场份额	2018 年市场份额
1	华为	20%	27%
2	OPPO	18%	20%
3	vivo	16%	20%
4	小米	11%	12%
5	苹果	9%	9%
	其他	27%	12%

数据来源：Canalys 出货量统计，2019 年 1 月

值得注意的是，国内智能手机品牌正呈现出高端化的趋势，其中表现最为亮眼的无疑是华为。华为旗下有两大品牌：主攻高端市场的华为和主攻中低端市场的荣耀。依托厚积薄发的技术优势和强大的品牌影响力，华为已经成为足以叫板苹果的"安卓机皇"。2018 年 10 月发布的"华为 Mate 20"系列凭借性能极高的麒麟

980 智能芯片、媲美单反的拍照功能，以及 OLED 曲面屏、屏内指纹、3D 结构光人脸识别、无线反向充电等"黑科技"，一时间成为全球瞩目的"最佳手机"。除了华为，其他国内手机厂商也在积极向高端市场进发，特别是 OPPO 和 vivo，一改往日"中低端手机""二三线城市"的定位，投入上百亿资金研发创新，推出高端机型。

反观苹果，作为目前中国智能手机五大头部厂商中唯一一家海外厂商，其表现已经大不如前。面对国内竞争者的创新挑战，苹果如果无法为消费者持续提供"惊喜"，也许很快就会流失在中国多年积累下来的"果粉"。

中国的移动终端产业已经站上时代潮头。或许有一些插曲，比如美国对华为和中兴的"断供"从芯片、配件延伸到谷歌系统和服务，但是这已经难以改变中国是全球智能手机的最重要生产国这一现实。不仅仅在性价比方面，在手机创新方面，中国也可以说是全球领先。

再看日本，却是另一番景象。

日本手机终端的创新能力在 3G 时代可以说是引领世界的。在当时的日剧中不难发现，那些时尚美观、争奇斗艳的翻盖、滑盖、旋转屏手机，能发邮件、能买东西、能看网页，几乎能干所有的事情，手机厂商也几乎涵盖了大多数耳熟能详的日本数码品牌。

但是进入智能机时代，特别是近几年，iPhone 和三星统治了日本市场，本土系的手机几乎只剩索尼在勉力维持。3G 时代催生了日系手机的繁荣，4G 时代则见证了日系手机的没落，而同时，中国手机品牌走向了世界。功能机时代，日系手机引领了手机的外形和功能创新，但日系手机限于日本运营商各自的封闭式服务体系，走向世界之路始终艰难崎岖。智能手机和 4G 时代，中国手机力争创新，更因为安卓的开放式体系得以在全世界成功销售。

在中美贸易战的背景下，手机操作系统的开放性也受到了挑战。华为酝酿已久的国产操作系统呼之欲出，中国国内也有很多公司已经推出或正在研发手机、平板电脑、PC 一体化的操作系统。在技术封锁可能成为现实的情况下，手机操作系统的国产化市场是不是又一次打开了呢？基于中国市场的体量、中国移动互联网应用产业的发达程度，在下一代操作系统和生态系统中，中国国产操作系统占有一席之地的可能性越来越高。

2.2　4K 电视、可联网电视、流媒体播放器市场

本节摘要

1. 4K 电视受到换机需求及电视机大型化、电视机低价化的影响，2024 年其用户数将会增加至 2700 万户，东京奥运会、残奥会也将推动换机。
2. 可联网电视的用户数受到换机需求影响，2024 年将增加至约 3200 万户。其中，具备电波接收及联网功能的电视机用户约 2700 万户。将这些电视机进行联网的用户也将达到 2400 万户。单纯的视听功能电视机，正转变为具有多种服务功能的电视机。
3. 随着电视机可用的服务及应用的增加，比电视机具有更多功能、更好操作性，且更便宜的流媒体播放器的用户数将在 2024 年增加至约 1300 万户。

市场定义

本节重点预测 4K 电视、可联网电视、流媒体播放器三个领域的使用户数，可联网电视中也包含混合式电视。流媒体播放器是通过与电视或显示器连接来使用互联网服务的终端，分为电视棒和机顶盒，但是不包含采用安卓或 Windows 等开放操作系统，同时连接键盘和鼠标，作为电脑使用的便携式口袋电脑。另外，由于使用户数是分功能预测的，这三个领域有可能存在重复。

4K 电视：4K（K 即 kilo 的缩写）电视是指以全高清画质（约

207 万像素）的 4 倍像素（约 829 万像素）显示的电视。4K 电视以外，还有全高清画质的 16 倍像素（约 3318 万像素）的 8K 电视。但是本节中的预测不包含 8K 电视。一般来说，4K 应对电视是指可以显示 4K 画质影像的电视，4K 电视是在 4K 画质影像显示的基础上，可以接收 4K 实际播放使用信号的电视。本节中，将 4K 应对电视与 4K 电视统称为"4K 电视"。

可联网电视：可联网电视大致可分为互联网电视、智能电视、混合式电视 3 种。互联网电视是指通过连接互联网，进行信息的浏览、视频内容的浏览及视听的电视。智能电视是指搭载高于互联网电视的中央处理器（Central Processing Unit，CPU），跟智能手机一样可以在电视屏幕上操作各种应用软件的电视。混合式电视是指将连接互联网内容的控制信号融入广播信号中的电视。

流媒体播放器：Streaming Player，也叫 Streaming Media Player 或者 Media Player。通过连接网络从外部服务器接收视频内容，再通过终端进行播放，分为电视棒和机顶盒（Set Top Box，STB）两种。可以将智能手机或平板终端、个人电脑上的画面发送至电视屏幕上，一些终端也可以直接使用网络上的服务及应用。有很多机顶盒处理器速度快、支持 4K 高清，所以可以支持对硬件性能要求很高的游戏和内容。流媒体播放器的使用以连接无线网络或者固定网络为前提。

市场规模预测

超高清电视

　　2017 年度日本 4K 电视的家庭用户数约 400 万户（推测），预计 2024 年度将增加至约 2700 万户（图 2.2-1）。在当年超薄电视上市的周期里，2011 年 7 月 24 日模拟信号广播的终止刺激了民众更换数字信号电视的热情，2010 年度换机出货量为 2568 万台，2011 年度为 1660 万台，两年之内就超过了 4000 万台［根据日本电子信息技术产业协会（JEITA）公布的数据计算］。但是当消费者换机需求告一段落，出货量呈 2012 年度 577 万台、2013 年度 558 万台、2014 年度 545 万台、2015 年度 490 万台、2016 年度 467 万台、2017 年度 425 万台的趋势递减。考虑到电视机换机周期约为 9 年（除去消费税上涨及模拟信号广播停止服务的影响），当时在模拟信号广播停止时期购机的消费者，将在 2020 年前后到达换机时间点。同时，2020 年的东京奥运会也可能促使很多消费者提前换机。

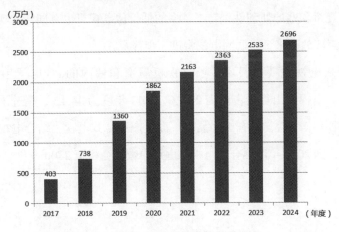

图 2.2-1　拥有 4K 电视的家庭数量预测

2014 年度日本 4K 电视机出货量占整体电视机出货量的 6.5%，2017 年度这一占比提升至 36.9%，接近四成（根据 JEITA 数据）。越来越多的消费者在购买电视机时倾向于选择大画面电视机。2014 年度出货量最大的电视机尺寸是 30~36 英寸（占比为 31.3%）。但到了 2017 年度，37~49 英寸的大型电视机的出货量显著增加（占比为 32.9%）。同时，50 英寸以上的电视机出货量占比为 19.8%，较 2014 年度的 12.8% 增加了 7 个百分点。在大型化及低价化的助推下，4K 电视得到进一步普及。日本电视机厂商除了研究超高清，还致力于有机发光半导体、提升亮度的高动态范围图像、高解析音频等研究，以期扩大联网功能，改善联网操作性能，提高电视的附加值。

可联网电视

2017 年度，日本可联网电视家庭用户数约 1900 万户（推测），预计 2024 年度将增加至约 3200 万户（图 2.2-2）。2017 年度保持网络在线（已完成接线的状态）的用户数约为 900 万户，2024 年度将增加至约 2400 万户。

日本电视机厂商生产的中等价位以上的电视都安装了联网功能。厂商向消费者主推电视机联网的便利性，越来越多的低价位电视机也有同样的功能。今后，随着换机高峰的到来，可联网电视将进一步普及。

混合式电视主要由日本 6 家电视机厂商和韩国的 LG 电子生产。2014 年度，混合式电视的出货量占比为 27.4%，2017 年度为 44.4%，超过了四成（根据 JEITA 数据）。今后，将有更多品牌厂商生产混合式电视，结合电视换机需求，可以预测，到 2024 年度混合式电视家庭用户数将会增至 2700 万户。

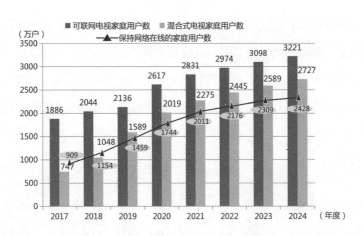

图 2.2-2　拥有可联网电视的家庭数量预测

流媒体播放器

　　2017 年度，流媒体播放器（有电视棒或机顶盒，或都有）的家庭用户数约为
570 万户（推测），预计 2024 年度将增加至约 1300 万户（表 2.2-3）。

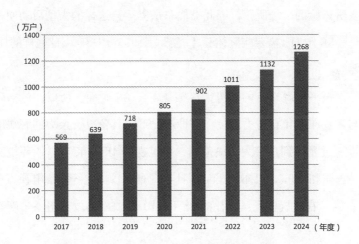

图 2.2-3　拥有流媒体播放器的家庭数量预测

日本市场上主要的流媒体终端有谷歌的 Chromecast（电视棒）、亚马逊的

Amazon Fire TV（机顶盒）和 Fire TV Stick（电视棒）。这些终端的处理能力及操作性能比具备同样功能的电视要强，且价格便宜，所以使用的用户逐渐增加。其性能在逐步增强，有些还搭载了语音识别助手功能。越来越多智能手机及平板电脑使用的服务和应用也可以同步在电视上使用，一定程度上带动了流媒体终端的发展。

市场趋势

4K、8K 电视市场

要扩大 4K 电视的需求，做好 4K、8K 节目播出的宣传活动

2018 年 6 月开始，可播放 4K、8K 画面（2018 年 12 月开始）的电视机在日本发售。4K 电视机的销售量占比一直以来都是由电视机换机需求带动提升的。如果可以很好地宣传 4K、8K 节目，那么其占比将快速提升。但是，仅仅用语言，很难将 4K、8K 的画质与以往全高清画质的差别传达给消费者。最好能有一个进行实际视听体验的"场所"，因此类似东京奥运会这样的大型活动便是很好的机会。特别是 8K 画面，需要实际体验才能感受到其立体感，因此这样的体验"场所"极其重要。

但是，很多家庭现有的环境无法感受 4K、8K 画面。所以，包括政府在内的相关参与者正在强化宣传力度。在这种情况下，具备投资余力的有线电视运营商正在推进通过光纤到户扩大传输范围，构筑视听 4K、8K 节目的环境。日本天空完美日星公司和 NTT 东日本、NTT 西日本宣布，日本光纤网络电视不仅将播放基于 BS[1] 右旋（右旋偏正光：以往的 BS 和 110 度 CS[2] 播放从卫星角度看是由右旋

---

[1] Broadcasting Satellite，直接广播卫星（直接广播）。直播卫星中，日本只采用右旋极化工作。

[2] Communications Satellite，通信卫星。只作为中继传送。

转信号送出的）的 4K 节目，从 2019 年夏天开始也将播放基于 BS 左旋和 110 度 CS 左旋（左旋偏正光：从卫星角度看是由左旋转的信号送出的）的 4K 及 8K 节目（需要配备专用转换器）。如果通过卫星直接接收信号，收看的节目会受到限制。所以 NTT 这样的有线运营商将会扩大 4K 及 8K 节目收视家庭的数量，同时也将推动可播放 4K 及 8K 节目的电视机的销售。

8K 电视的增长将以中国市场为中心

夏普在 2017 年 12 月发售了 70 英寸的 8K 电视机（门店市场指导价为 100 万日元左右），同时计划在 2018 年扩展 8K 电视机产品线，并提供可以播放 8K 节目的调谐器。夏普隶属鸿海精密工业股份有限公司，正在强化海外事业战略，并积极推进 4K、8K 电视业务，中国市场当然也在其中。中国是 4K、8K 电视机出货量最大的国家，有调查公司预测这一情形今后也将持续。

日本电视机厂商如果优先开展海外业务，扩大出货量并实现规模经济效益，那么日本国内市场的 4K、8K 电视机价格也会有所降低。特别是 8K 电视机，与全高清电视机和 4K 电视机相比，价格还是高出不少。降低价格才能进一步普及。但是，现在除了夏普，还没有电视厂商明确提出 8K 电视机的计划。目前各大厂商主要还是聚焦于 4K 电视机。只有多个厂商参与到 8K 电视业务的竞争中，价格才有可能降下来。

可联网电视和流媒体播放器

电视的"屏幕化"

电视机厂商正在积极推进电视的"智能化"，供智能手机和平板终端使用的服务和应用带动了电视的网络连接率的提高。同时，除了电视，通过外接设备实现同样功能的方法也逐渐增多。如前文所述，电视棒、机顶盒等流媒体设备价格较低，消费者购买方便，使用者逐渐增多。对于使用者来说，无法分辨联网的电

视上的服务及应用到底是广播电视内容还是网络内容，推动了电视的"屏幕化"发展。

同时，提供此类终端的企业，也通过制作内部原创内容，争取外部内容的独家分发资格来提高存在感。今后，争夺有限的电视画面的竞争将会愈发激烈。

可联网电视带来的业务拓展机遇

可联网电视用户逐渐增多，企业开始尝试直接通过电视来收集观众收看节目的数据，通过流媒体播放器收集家庭数据，此外放置在电视周围的智能音箱也具备这一功能。这些数据可以提供给广告公司以掌握节目收视情况，还可以根据收视数据掌握观众年龄段特征。今后，随着互联网连接的增加、数据收集范围的扩大、数据标准化的推进，各类参与者有可能会推出更多新服务，对观众来说也有很大价值。

聚焦中国：中国超高清电视市场概述

超高清电视正在中国快速普及。2012 年至 2018 年，中国 4K 电视的市场渗透率显著提升，目前已经超过 40%，4K 面板已成为 55 英寸以上大尺寸电视的主流配置。国内主要的电视机厂商长虹、创维、海信、TCL 等无不重兵布阵 4K 超高清电视，全面提升 4K 电视的研发和量产能力。目前，4K 电视已经基本占据增量市场，但全国 6 亿多台存量电视为 4K 电视带来了"存量替换"下的无限想象空间。

2019 年 3 月，工业和信息化部、广电总局和中央广播电视台三部门共同发布了《超高清视频产业发展行动计划（2019—2022 年）》，计划要求按照"4K 先行、兼顾 8K"的技术路线，大力推进超高清视频产业的发展，到 2020 年，符合高动态范围（HDR）、宽色域、三维声、高帧率、高色深要求的 4K 电视终端销量占电视总销量的比例超过 40%。

在政策的大力支持下，中国 4K 终端发展已经非常成熟，京东方、华星光电、SDP、惠科电子等面板厂商的产能水平全球领先，多条 10.5 和 11 带线的面板已经或即将投产。但是，4K 内容的短缺阻碍了 4K 电视市场的进一步发展。好消息是，随着央视 4K 频道、广东 4K 频道和各地 IPTV 的 4K 专区的开播，越来越多的 4K 内容将登上 4K 屏幕。此外，春节联欢晚会、中华人民共和国成立七十周年庆典等国家重大活动，也将进一步促进 4K 超高清直播或转播的水平。

在国家政策的支持和面板厂商、终端厂商、内容生产方等多方努力下，中国超高清电视市场必将进入战略机遇期。

中日电视机产业发展的程度基本相仿，大事件对电视机升级换代总是有推动作用，2020 年东京奥运会将促使日本国内换机升级市场呈现繁荣的面貌。中国虽然也有国庆七十周年等重大活动，但其对中国电视机换代升级市场的刺激可能并不会太强烈。

2.3 VR 市场

本节摘要

1. 在 VR 硬件的出货量方面，消费者市场（B2C）较为低迷，行业客户市场（B2B）销量将在 2022 年以后超过 6 万台，提升至与消费者市场同等销量级别。

2. 面向 B2B 市场，VR 的应用不分行业都会有所增加，行业使用场景正逐步具象化，今后这一趋势也将持续。

3. 消费者有无 VR 体验机会与是否购买 VR 硬件密切相关，相关企业需要向消费者提供自然体验、接触 VR 的活动及服务。

市场定义

> VR 是"Virtual Reality"的缩写，意为"虚拟现实"。用户通过专用的非透视型视觉装置，体验到具有纵深立体感的影像，会有置身影像中的感觉（自我投射，即代入感）。通过用户的动作和直接操作，产生假想空间的变化。VR 专用终端是指连接电脑的高端 VR 产品，如 Microsoft HoloLens[1]、Oculus Rift[2]、HTC Vive[3]、OSVR[4]、PSVR。智能手机专用 VR 终端是指使用手机屏幕进行体验的 Gear VR、纸盒和纸板 VR 眼镜等设备产品。

市场规模预测

预计到 2024 年度，全球 VR 专用终端的出货量将达到约 21 万台（图 2.3-1）。本书 2018 年版中曾有预测，VR 设备将较快地在 B2C 市场得到普及，但索尼互动娱乐股份有限公司（以下简称 SIE）的 VR 设备"PlayStation VR"（以下简称 PSVR）的销售成绩未能达到预期。面向该产品领域先行者的销售告一段落，故 2018 年以后日本该领域的 B2C 市场销售增量将趋于平缓。

---

[1] 微软首个不受线缆限制的全息计算机设备，能让用户与数字内容交互，并与周围真实环境中的全息影像互动。
[2] 一款为电子游戏设计的头戴式显示器。
[3] 是由 HTC 与 Valve 联合开发的一款虚拟现实头戴式显示器产品。
[4] 开源虚拟现实系统（Open-Source Virtual Reality），雷蛇（Razer）及其合作伙伴联合创建的一个虚拟现实开放式平台。

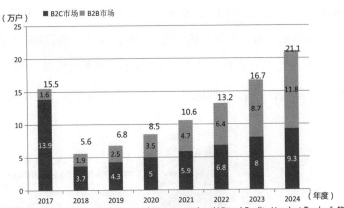

（万户） ■ B2C市场 ■ B2B市场

注：2017年相关数据参照IDC "Worldwide Quarterly Augmented and Virtual Reality Headset Tracker" 的实际数值

图 2.3-1　VR 专用终端的市场规模（出货量）预测

另外，商用 VR 进入了活跃阶段。在发展初期，VR 的商用有很多门槛需要突破，大规模普及较为困难。但之后一些 VR 企业和用户企业会积极采用 VR，如建设行业的模拟演示、新员工培训等。这些示范性应用推动了其他企业采用 VR，并衍生出很多成功案例。今后，VR 在医疗场景（如手术室）、施工现场等特殊环境下的应用也将得到进一步研究与发展。VR 在行业领域内的使用进入成熟阶段之时，其市场规模很有可能超过消费者市场规模。以往的 VR 专用终端必须进行有线连接，而现在正在推进无线连接产品的开发，这也将有利于市场的扩张。今后，VR 将会应用在更多场景中，帮助企业降低成本。

市场趋势

消费者接触 VR 的机会增加

2018 年六七月间，野村综研在针对消费者及企业 IT 采购负责人进行的《信息通信服务问卷调查》中，对 VR 终端保有率进行了调查。有 2.5% 的受访者回答

拥有可连接电脑或固定式游戏机的、被称为"高端机器"的VR专用终端（回答"同时购买并持有高端型设备及智能手机专用VR终端"和"只购买并持有高端型设备"的总和）（图2.3-2）。这一占比与过去（之前本系列书中的数据）没有太大的差别，持有者依旧以尝新群体为主。可以推断，B2C市场要发展起来还需要一些时间。

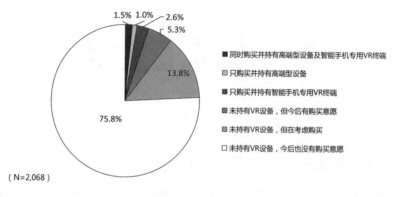

图 2.3-2　消费者持有 VR 设备的情况

本书上一版中分析了高端机型普及乏力，主要是因为"消费者接触VR的机会较少，普及遇到了瓶颈"。2018年的问卷调查也和上一年调查结果一样，针对"过去一年时间内有无VR的体验机会"的问题，目前持有VR设备的受访者中，九成以上回答"有体验机会"，未持有VR设备的受访者中，仅有不到一成的用户回答"有体验机会"（图2.3-3）。在这一问题上，2018年显示的调查结果比上一次的调查结果更具倾向性。增加VR体验机会，是今后扩大VR用户规模的重要战略手段之一。

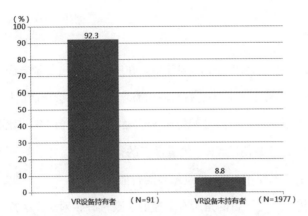

图 2.3-3　过去一年时间内 VR 设备持有者和未持有者有无 VR 体验机会的情况

　　从 2018 年的问卷调查结果可以得知，持有 VR 设备的受访者大多数体验 VR 的场所与 2017 年的问卷调查结果一样，是"自己或朋友家里"，其次是"游戏相关活动会场内的 VR 体验展台"（图 2.3-4）。而 2017 年占据第二的场所是"家电卖场、制造车间的 VR 体验展台"。对于没有接触过 VR 的消费者来说，比起 VR 体验专区，活动会场等可以间接接触到 VR 的场所显得更自然有效。今后，VR 相关企业需要增加这一类体验机会，推动售价较高的高端机器的普及。

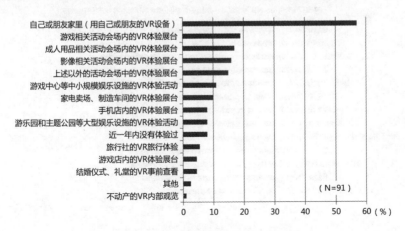

图 2.3-4　VR 设备持有者体验 VR 的场所

企业的 VR 应用

VR 终端对 B2C 市场的渗透才刚刚开始。在整体市场出货量方面，B2B 市场的 VR 终端预计会大幅增长，几年之后有使用需求的企业将会全面启用 VR 终端。2018 年的问卷调查显示，"已经开始使用 VR"的企业与 2017 年相比明显增加。分行业来看，"已经开始使用 VR"数量最多的行业是"医疗、福利业"，"现在没有使用，但正考虑使用 VR"数量最多的行业是"建筑业"（图 2.3-5）。从用途来看，"宣传、广告"目的是所有行业的主要选择，对于"医疗、福利业"来说，主要看中其在实际技能培训等教育方面的功用，"建筑业"则在模拟演示方面倾向于利用 VR。

在使用 VR 的理由中，"可以提供前所未有的产品及服务"比例最高，其次是"提升现有业务的效率，降低成本"。要让客户感受到产品的真实体验，搭建现实的展示空间和设备费钱劳力，而采用 VR 则会节省很大成本。因此，今后采用 VR 的企业将会阶段性增加。

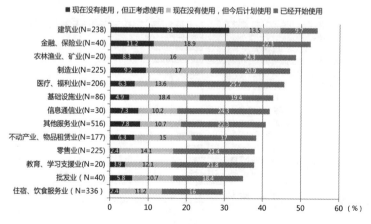

图 2.3-5　各行业的 VR 使用情况

虚拟主播能否带动市场发展？

2018 年，在 VR 领域，"虚拟主播"一词经常被提及。虚拟主播（VTuber）是 Virtual YouTuber 的简称。以往都是真人出镜在 YouTube 上录制节目，VTuber 则是利用通过 CG[1] 制作而成的架空的虚拟角色录制节目。具备三次元软件知识的人，都可以创作网络虚拟形象；由于种种原因无法露脸的人也可以作为 VTuber 开展活动。利用情感表达更加直接易懂的虚拟形象来替代真人，提升个人在网络上的沟通表现力，虚拟主播今后有望在 VR 会议及网络办公等场景中使用。2018 年 7 月，DWANGO[2] 和 Infinite Loop[3] 成立了专门面向 VTuber 的公司 Virtual Cast；同时，提供 VR 专用终端的 HTC[4] 等企业也多次强调 VTuber 的影响力。可见 VTuber 催生出的内容很有可能带动整体 VR 市场的发展。

总结

2017 年，多个企业计划加入并开展 VR 事业，多个行业也表示欲导入 VR 技术，并在 2018 年收获了一定的成效，推动了更多的企业采用 VR 技术。随着技术的进一步发展，以往需要连接电脑的高端机型逐步可利用无线。而人眼看物体时，视野分为注视区和其他区，今后运用符合人眼特性的错焦技术，将会出现更多更具真实感的产品和服务。在政府推进的劳动方式改革过程中，VR 技术也被寄予厚望。VR 很有可能帮助实现远程办公（Telework）、居家办公（SOHO）等灵活办公方式。

---

[1] 计算机动画，是借助计算机来制作动画的技术。大致可以分为二维动画（2D）和三维动画（3D）两种。
[2] 多玩国，日本的 IT 企业，日本著名视频网站 niconico 动画的母公司。
[3] 从事游戏、手机应用软件、VR/AR/MR 等开发的日本地方企业。
[4] 中国台湾的手机与平板电脑制造商。

同时，构建可以接触未导入 VR 企业的公共平台，或者创造产品及服务使用场景，将会更有效地促进 VR 在各行各业的应用。

聚焦中国：从 C 端到 B 端——中国 VR 产业的生存之道

2014 年，Facebook 收购 VR 厂商 Oculus，国内资本闻风而动，VR 成为中国新的投资风口。据《中国虚拟现实产业投融资白皮书 2017》[1] 的数据显示，2015 年中国 VR 投融资规模为 21.8 亿元，投资轮次 60 轮；2016 年投融资规模增长至 49.8 亿元，投资轮次高达 178 轮（图 2.3-6）。腾讯、百度、阿里、乐视、暴风、小米、爱奇艺等互联网巨头纷纷布局 VR 产业，蚁视、乐相、3Glasses 等一大批 VR 初创企业也如雨后春笋般冒出。一时之间，VR 的风头无出其右。

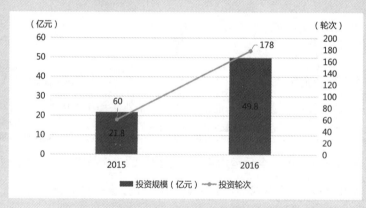

图 2.3-6　中国 VR 产业投融资规模

---

[1]　《中国虚拟现实产业投融资白皮书 2017》由工业和信息化部电子信息司指导的虚拟现实产业联盟投资促进委员会发布。

　　然而，在被资本疯狂追捧了仅两年后，中国 VR 市场就逐步遇冷。美国知名 AR/VR 市场数据分析机构 Greenlight Insights 的报告显示，2017 年，中国 VR 公开投资事件仅 59 起，投资额度约 2 亿美元。

　　中国 VR 市场热度断崖式下降的背后，是消费级市场的培育不足。VR 在国内爆发伊始瞄准的主要是 C 端消费者市场，其中 VR 硬件制造商占大多数。但是，很多硬件企业急于量产，并未专注研发设备，它们生产的很多 VR 头戴式显示器在使用时存在使人产生眩晕感等问题。更严重的是，VR 内容的制作成本很高，国内的 VR 内容制造商"烧不起钱"，导致 VR 内容严重缺失。在硬件和内容双双缺位的情况下，国内消费者根本无法形成对 VR 的消费需求，全国上千个 VR 线下体验店也只能像泡沫般一个个消失。

　　那么，中国 VR 产业的出路在哪里呢？多项产业政策的出台和各个领域内萌生的企业需求为现阶段中国 VR 产业指明了出路——B 端企业级市场。

　　从目前 VR 在 B 端的应用情况来看，国内 VR 企业最有发展前景的领域包括教育培训、工业制造、商贸创意等，其中，教育行业在政府的政策导向下，成为 VR 现阶段最重要的掘金场之一。2017 年，国务院发布的《国家教育事业发展"十三五"规划》中明确提出"支持各级各类学校建设智慧校园，综合利用……虚拟现实技术探索未来教育教学新模式"；同年，教育部办公厅下发《关于 2017—2020 年开展示范性虚拟仿真实验教学项目建设的通知》。可以看到，政府正在大力支持利用 VR 技术推动教育信息化。

　　此外，VR 可展示、可交互的特性也将在智能制造和创意设计等领域发挥重要作用，主要工业企业已经纷纷宣布引入 VR 技术提高传统的生产方式，VR "所见即所得"的沉浸式体验也将迅速打开 VR 看房、VR 广告、VR 换装等众多场景下的市场空间。

随着 5G 时代的到来，VR 将突破带宽和硬件的桎梏，VR 行业也许会迎来新一轮的爆发。

如此看来，中国的 VR 市场同日本相仿，或者说全球的 VR 市场差不多都在初期阶段徘徊，中国 VR 市场仍在等待杀手级应用的出现。即使是 B 端应用，也没有发现其能够明确地、立竿见影地提升企业和社会的效率，且成本在可负担范围内。可以预见，中国 VR 市场规模爆发暂时只能寄希望于商业用途。

本书并不讨论军用和特种用途的市场，但是 VR 或者 AR 倒确实有可能由军品市场引爆，比如微软的 HoloLens 2 混合现实设备据说备受美国军方青睐。以 HoloLens 2 为基础研制的 AR 眼镜名为"IVAS"，这个新设备集成了夜视仪、目标指示、地图信息交互等功能，图像被投射在使用者眼前的透明玻璃板上。这样的设备一旦大规模装备军队，生产规模将使产业链迅速成熟。以往这样的例子不胜枚举。以中国当今财力及科技水平，国产的 VR、AR 产业也有可能走先军用再商业爆发的"军转民"路线。

2.4　智能音箱市场

本节摘要

1. 2018 年，日本国内家庭的智能音箱普及率为 7%。根据年复合增长率 35% 计算，预计 2024 年普及率将提升至 45% 以上。

2. 提升普及率的因素主要有增加对接语音助手的智能家电、开发相关应用、安装互动对话功能三个方面。

3. 目前，智能音箱主要承担音乐播放器的功能。今后，随着语音可控家电的普及和优质应用的增加，智能音箱及其周边产品将使日常生活更为便利，并成为高效的信息收集工具。

本节在日本内阁府分年龄段人口统计的数据的基础上，加上今后总家庭数减少的趋势，对日本国内智能音箱的家庭普及率进行了预测。

智能音箱：可连接互联网并搭载可进行语音操控的语音识别功能的音箱。用户可以通过语音搜索信息、控制互连的家电设备、操作第三方应用。

市场规模预测

智能音箱认知度迅速提升

智能音箱有多种多样的功能，如可以语音播放音乐、播放新闻、打开家电开关等。目前日本大型家电卖场都在销售具备语音助手功能的各个品牌的智能音箱。在美国的亚马逊于 2014 年发售 Amazon Echo 之后，谷歌也在 2016 年推出了 Google Home。在两家 IT 巨头的牵头下，2017 年起，其他多个 IT 平台厂商及制造厂商也相继进入智能音箱领域，推动了该市场的迅速发展。2017 年，LINE、亚马逊、谷歌在日本发售智能音箱，各公司进行了大量的广告宣传，快速提升了大众对智能音箱的认知度。

随着对智能音箱认知度的上升，其普及率也必定逐渐提高。2018 年，拥有智能音箱的家庭达到了 370 万户，家庭普及率约 7%，预计 2024 年将会超过 40%（图 2.4-1）。

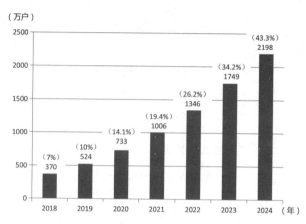

（万户）

图 2.4-1　日本拥有智能音箱的家庭数量及市场占比预测

市场趋势

智能音箱不是闲置品

2017 年，多个企业开始销售智能音箱，以大型家电卖场为主开展促销活动。随着对产品的认知度提升，先行者群体积极购买，人们对智能音箱的理解进一步加深。但在使用场景方面，仍以音乐播放为主。刚开始，消费者都颇有兴致地语音操控播放音乐，但大多数智能音箱都在几个月之后变成了闲置品。

其实，音乐播放功能仅仅是智能音箱的功能之一，今后将有越来越多的企业参与到使用语音识别操控功能的业务开发中来。而且随着终端技术的发展，智能音箱的用途将逐渐扩大，用户呼叫智能音箱的次数也会增加。现在的智能音箱仍处于市场发展阶段。

普及过程中的三个关键点

在智能音箱普及的过程中，家电厂商的语音控制家电研发、语音控制应用开发、IT 平台厂商的对话功能安装及功能提升是关键。

一、家电厂商语音控制家电的研发及语音控制家电数量的增加

搭载 AI 语音助手的智能音箱，于 2017 年和 2018 年连续两年在美国拉斯维加斯举办的 CES[1] 大展上"怒刷存在感"。在 2017 年 CES 大展上，发布搭载亚马逊语音助手"亚马逊 Alexa"的终端款式超过 700 种，亚马逊 Alexa 成为当年的一大焦点。2018 年，为了与亚马逊竞争，谷歌不仅在 CES 场馆，还在拉斯维加斯一带投放了大量的 Google Home 的广告，展示了谷歌语音助手的后发之势。智能音箱连续两年成为 CES 焦点话题，发布的搭载语音控制系统的产品除冰箱、洗衣机等白色家电以外，还有淋浴、便器、洗手台镜子等产品。这些产品有两种实现方式，一种是像冰箱一样"内嵌语音助手"，另一种是像可通过语音操控的照明设备一样"将设备设计成可受语音助手控制的模式"。目前许多国家都是通过这两种方式增加语音控制家电的品种。

在日本，有部分搭载语音控制功能的产品在市面上销售，如飞利浦的照明设备 Hue 和扫地机器人 iRobot Roomba，但整体来看数量仍然较少。在红外线遥控普及的日本，智能音箱的使用方法，主要是通过 Nature Remo[2]、eRemote[3] 等发挥红外线遥控器和语音助手之间的中继功能的设备，将语音指令转换为红外线遥控器指令来控制各种家电设备。今后，将有越来越多可以连接网络的物联网家电，也就会有越来越多装载亚马逊 Alexa 或谷歌助手等语音控制功能的家电。家电厂商通过研发生产语音控制的家电，可以挖掘用户的新需求，也能实时掌握用户日常生活中的产品使用方法，便于今后制定产品促销策略。语音控制家电的研发，也有助于厂家掌握和了解自家产品的实际使用情况。

---

[1] International Consumer Electronics Show，国际消费类电子产品展览会。
[2] 空调智能遥控器，可手机远程操控空调。
[3] 一款远端监控软件。

二、语音控制应用的开发及优质应用的增加

2018 年 3 月北美的亚马逊商店里管理的亚马逊 Alexa 的技能（skills，或称应用）为 3 万多个，从 2017 年 3 月起的一年时间里增加了 2 万多个，平均一天增加 55 个技能（图 2.4–2）。截至 2018 年 8 月，日本的亚马逊商店里共有 1107[1] 个技能，相比 2017 年 11 月的 265 个技能，平均每天增加了 3.1 个技能。日本市场与北美市场的开发速度相比稍有落后。但随着智能音箱成为众人瞩目的焦点，技能开发不仅仅依靠极客和发烧友，企业的工程师也加入到技能开发中来，因此技能的质量逐步得到提升。

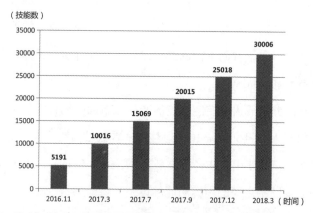

出处：Bret Kinsella "Amazon Alexa Skill Count Surpasses 30,000 in the U.S.", Voicebot.ai March 22, 2018

图 2.4–2　北美地区 Alexa skills 数量的推移

一直以来，开发语音应用的工程师和事业者没有收入来源是一个问题，而现在，技能开发者的盈利模式及环境正逐渐完善。亚马逊为在商店内评价分数较高的优质技能的开发者及事业者提供资金，苹果商店已经出现通过开发语音应用获得收益的工程师和开发者。今后，语音应用将越来越广泛地应用到各事业者自身

---

[1]　参照 SmartHack DataBank 2018 年 8 月 1 日的数据。

的服务中，语音应用开发本身也将成为一种商业。

三、IT 平台厂商的对话功能安装及功能提升

目前，智能音箱仍以接收固定的指令播放音频为主，主要是通过读取用户声音，转换成开发人员设定好的指令。智能音箱使用了高度的自然语言处理技术和语音识别技术，但智能音箱的能力远不止于此，今后也将实现进一步发展。在这个过程中，第一个转折点便是对话功能的安装。

Google Home 已经安装了简单的对话功能，但是亚马逊 Alexa 仍没有实现，如果用户下达未登记过的指令，便无法操作。曾经有用户为了不忘记动作指令，在 Amazon Echo 的周围贴满记有指令的标签。而今后安装了对话功能，就可以解决这一问题。

安装了对话功能的智能音箱，即便是在用户指令含糊的情况下，也能通过与用户的反复对话正确理解用户的语音指令需求。比如，用户在发出"告诉我银行余额"的指令时，目前的亚马逊 Alexa 如果未收到一套技能性名称和指令，就不会做出反应。但如果加上对话功能，那么收到相同的指令时，智能音箱将会询问"您想要知道哪个账户的余额"。对话功能的加载，使得智能音箱与用户之间的沟通更加顺畅，可以应对的指令数也会增加。IT 平台厂商通过智能音箱积累了大量的语音数据，在不久的将来，对话功能就能得到普及。

语音助手使用领域逐渐扩大

随着智能音箱的普及，语音输入也将常态化，智能音箱的便利特点可以在商业领域中广泛使用。亚马逊已经推出了 Alexa for Business，面向办公室场景推广 Amazon Echo。除了办公室以外，语音助手还能在企业、酒店前台、餐厅、外语翻译场合等多个领域发挥作用。

汽车行业一直非常期待语音助手能够带来技术革新。在汽车行业中，自动驾

驶领域的竞争异常激烈。在多个汽车厂商所做的未来自动驾驶演示视频中，基本上都是用语音输入操作方法。已经有很多家厂商的汽车搭载了亚马逊 Alexa，今后，在 IT 平台厂商与汽车厂商的合作下，语音助手的表现将更加令人期待。

将来，随着语音控制家电及语音应用的增加、对话功能的安装，智能音箱在 B2C 市场将快速普及。在 B2B 市场上，语音助手发挥的作用也不容小觑。

聚焦中国：靠低价抢占市场之后，智能音箱厂商下一步该做什么？ 🔍

2014 年，亚马逊推出了智能音箱 Echo，引爆了全球智能音箱热潮，中国也随即跟进。

2015 年 5 月，京东在国内率先发布"京东叮咚"，但由于当时尚未明确智能音箱的战略地位，京东未能成功抢占国内智能音箱市场。之后两年，国内企业逐渐意识到，智能音箱极有可能成为物联网时代的流量入口，于是各大厂商纷纷入局：喜马拉雅、小米、阿里巴巴、腾讯、百度、华为等互联网巨头扎堆推出了自己的智能音箱，中国智能音箱市场规模呈井喷式增长。市场研究公司 GfK 的零售监测数据显示，2015 年中国智能音箱销售量仅 1 万台，2017 年暴涨至 165 万台，而到了 2019 年，仅上半年就达到 1556 万台，接近 2018 年全年销量。

在市场规模暴涨的同时，市场格局也逐步趋稳：经过群雄逐鹿的大混战后，中国智能音箱市场目前已经形成了天猫精灵、小米小爱和百度小度三分天下的格局。

2017 年 7 月，阿里发布了主打"语音购物"的天猫精灵，售价 499 元。这一价格相对同档次竞品并不高，然而其销量也不突出。到了当年的"双 11"购物节，通过会员折扣、领券等方式，天猫精灵的售价直接降至 99 元，瞬间"秒杀"了一众竞争者。凭借渠道优势和低价策略，天猫精灵销量飙升，"双 11"当天就卖出了 100 万台。截至 2019 年 3 月，天猫精灵累计销量已经突破 1000 万台。和天猫精灵几乎同时间发布的小米小爱也采取了低定价策略，在开售当日就被抢购一空。在 2018 年 4 月 3 日"米粉节"上，小米小爱也降价至 99 元，大幅度拉升了销量。

百度则属于这条赛道上的后发者。2017 年年底，百度发布了由渡鸦打造的 Raven H，售价 1699 元，定位高端智能音箱市场，但该产品很快折戟。2018 年 3 月，百度又联合小鱼在家推出了国内第一款带屏音箱"小度在家"，在发布前，李彦宏亲自决定将售价在原本 1599 元的基础上直降 1000 元，补贴后只要 299 元。三个月后，百度再次发布新品——一款促销价仅为 89 元的智能音箱"小度"。低价策略让百度后来居上，迅速挤进了国内智能音箱 Top 3。

互联网巨头的大额补贴策略激发了消费者的购买热情，使中国智能音箱市场快速扩张。目前中国已经成为全球第二大智能音箱市场，阿里、百度和小米的智能音箱出货量仅次于亚马逊和谷歌。但是，仅靠补贴是无法维持这个市场持续健康发展的，在凭借低价策略抢占市场之后，智能音箱厂商们必须思考下一步策略。

作为家庭场景下现实世界和网络世界交互的入口，智能音箱从一推出就注定具备智能语音交互能力。但目前国内智能音箱的语音交互技术显然还有待提升，误唤醒、识别差、语义理解能力差等问题严重影响了用户体验。如何提升智能音箱语音交互系统的精确度和稳定性，是众多厂商首要面对且必须解决的问题。

除了语音交互外，视觉交互也成为智能音箱新的发展趋势。毫无疑问，屏幕可以更大程度、更广范围地扩展和发挥智能音箱的功能，为使用者提供社交和娱乐场景下的更多可能，而百度的"小度在家"显然是国内带屏音箱的先行者。

当然，仅仅将智能语音交互系统（或许还有视觉交互系统）塞进一个音箱里，是远远不够的。不管是作为智能家居的中控平台，还是新一代的智能娱乐社交硬件，智能音箱的背后必须有丰富的内容和"万物互联"的生态系统。随着智能音箱进入客厅、卧室、厨房、汽车等场景中，智能音箱势必会成为智能生活的重要入口。在下一轮争夺战中，谁的生态搭建能力更强，谁就更有机会赢得胜利，这也是谷歌和亚马逊能统治欧美和日本的主流智能音箱市场的原因。

相应地，中国主要互联网公司都陆续推出自己的智能音箱也顺理成章。智能音箱不只是一种智能硬件，在互联网巨头眼中，这也是接触点和流量入口，是分发内容与销售商品和服务的门户。当前中国智能音箱市场虽然还处于混战阶段，但是背后没有互联网服务生态系统支撑的纯硬件厂商必然无法长久生存，最好的结局也是被巨头"招安"。与欧洲和日本不同的是，中国智能音箱背后的生态圈是纯本土的，而前两者的市场则被谷歌和亚马逊横扫了。

2.5 机器人市场

本节摘要

1. 2018 年度日本国内非工业用机器人（四大领域）市场规模为 1203 亿日元，2024 年度预计将扩大至 2490 亿日元。
2. 随着 AI 的发展，机器人可以处理更加复杂的工作，可应用领域也有所扩展。但在实际使用过程中，仍旧需要人工补充机器人无法实现的工作内容，即人机协作。
3. 今后，在机器人市场拓展过程中，AI 的发展必不可少。在 AI 或机器人开发领域经验较为丰富的企业，应与实际使用机器人的企业紧密合作并收集数据，构筑有利于推动 AI 发展的开发环境。

市场定义

本节将机器人定义为"自动处理、执行传感器输入的信息的机器"。机器人市场以部分该装置的硬件及软件为对象。本书中探讨的机器人包括已经形成市场的（以 2018 年为时间点）物流搬运用机器人、医疗看护用机器人、办公室门店用机器人、家用机器人这四个领域的机器人。医疗看护用机器人包括无法自行运作，但可以辅助操作人员完成动作的机器人，如手术辅助机器人、看护辅助机器人等。本书不探讨工业用机器人（工厂自动化的生产单元中使用的机器人等）及军用机器人。

市场规模预测

本节中的非工业用机器人（参照市场定义）包括物流搬运用机器人、医疗看护用机器人、办公室门店用机器人、家用机器人这四个领域的机器人（表 2.5-1）。

表 2.5-1　机器人分类及本书的研究对象

大分类	中分类	小分类
工业用	制造业用机器人	工厂自动化机器人
		协作机器人
	非制造业用机器人	农林水产业用机器人
		建筑业用机器人
非工业用	物流搬运用机器人	AGV（无人运输车）
		搬运机器人
	医疗看护用机器人	手术辅助机器人
		康复辅助机器人
		看护辅助机器人
	办公室门店用机器人	清洁机器人
		交流用机器人
		安防机器人
	家用机器人	家务机器人（扫地机器人等）
		家用交流机器人
	其他	智能音箱
		无人驾驶、基础设施巡检机器人

注：白色部分是本书的研究对象，灰色部分是除此以外的其他对象

2018 年度，日本非工业用机器人市场中，上述四个领域机器人的市场规模为 1203 亿日元，预计 2024 年度将增至 2490 亿日元（图 2.5-1）。

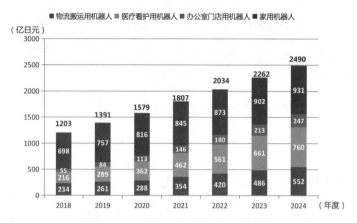

图 2.5-1　日本机器人市场规模预测

下面将分别对这四个领域的机器人市场进行说明。

一、物流搬运用机器人

主要指在物流仓库等地进行商品的搬运或在医院及酒店等地进行物品运送的机器人。该领域机器人市场规模预计在 2024 年度将达到 552 亿日元。

该领域的机器人主要可以分为在工厂及仓库的物流作业中使用的无人运输车和用于酒店客房服务及医院内药物运输的搬运机器人。以前这些机器人主要是在事先铺设好的轨道或磁力胶带上运动，近年来随着 SLAM[1] 技术的发展，其可利用领域大幅扩张。代表产品主要有在医院使用的搬运机器人——日本松下的"HOSPI"及美国 AETHON[2] 的"TUG"，在酒店送餐业务中使用的美国 Savioke[3] 的"Relay"等。室内物流用机器人市场正逐步扩大。

二、医疗看护用机器人

主要包括用于临床的手术辅助机器人、康复辅助机器人，用于看护的移动辅

---

[1]　Simultaneous Localization and Mapping，即时定位与地图构建，通过图像识别和测距传感器等信息，推测自身所处的空间方位，自动生成周边环境地图的技术。
[2]　一家美国供应链机器人公司，提供各种商业环境下的机器人运输。
[3]　服务机器人制造商、创业公司，主要致力于酒店和医疗服务机器人。

助机器人、排便及洗浴辅助机器人、关怀及理疗机器人等。在日本，该领域的市场规模预计将在 2024 年度扩张至 760 亿日元。

在手术辅助机器人领域，主流方式是基于内窥镜影像，由人远程操作机器人手臂进行手术，主要代表产品为美国直观医疗器械公司的"达芬奇"。

在康复辅助机器人领域，Cyberdyne[1] 的混合辅助肢体 HAL 等辅助步行的行走机器人正逐渐商用化。

在看护辅助机器人领域，可以承担看护过程中洗澡、排便、移动等负担最大的工作的产品比较火热。看护辅助机器人市场在政府扶持及法律规定方面都较为完善，经济产业省及厚生劳动省明确了"在看护服务中机器人技术使用的重点领域"，该市场未来势必将迎来增长。

三、办公室门店用机器人

办公室门店用机器人主要包括在办公室及店铺内进行清洁作业的清洁机器人、承担接待及引导工作的交流用机器人、承担监控及警卫工作的安防机器人。该类机器人的日本市场规模预计到 2024 年度将升至 247 亿日元。

在清洁机器人方面，近几年频繁有大型企业导入并使用该类产品，如 2018 年 3 月，住友商事和 Cyberdyne 公司宣布在办公楼导入该功能机器人。同年 4 月，三井不动产和松下也相继表明将在办公楼使用清洁机器人。由此可见，近年来该领域市场发展较为可观。

承担接待及引导工作的交流用机器人近似人形，可以通过声音识别及图像识别进行对话的机器人已经逐渐商业产品化，主要的代表产品有软银机器人"Pepper"和夏普的"RoBoHoN"。同时，大型购物中心 PARCO[2] 和日本优利公司 [3]、

---

[1] 源自日本筑波大学的机器人创新型企业。

[2] 日本最著名的购物中心之一，以时尚专营店为中心的大型商业设施。

[3] Nihon Unisys，美国 IT 系统公司优利（Unisys）在日本的分公司。

08WORKS[1] 共同开发的自律移动型机器人"Siriusbot",既有店铺内向导功能,又有库存确认功能。今后,具备更多店铺业务辅助功能的机器人将会逐渐增多。

在安防机器人方面,除了综合警备保障公司(ALSOK)的"Reborg-X"和西科姆 [2] 的"SECOM Robot X",明治大学的创业公司 SEQSENSE[3] 等也在紧锣密鼓地进行研发活动,部分办公室、商业设施、机场安防已经采用了该类产品。

四、家用机器人

主要包括以 iRobot 扫地机器人"伦巴"为代表的家务机器人及以索尼机器狗"AIBO"、DeAgostini[4] 的"罗比"为代表的家用交流机器人。家用机器人日本市场的规模预计将在 2024 年度拓展至 931 亿日元。

在家务机器人中,扫地机器人迅速普及,但除此之外其他功能产品较少,市场发展缓慢。2018 年,七个梦想家实验室 [5] 计划将叠衣机器人"Laundroid"产品化。今后,具有扫地以外功能的家务机器人的市场将迎来新的发展。

在家用交流机器人方面,截至 2018 年 7 月,自 2018 年 1 月开始发售的索尼 AIBO 累积出货量突破 2 万台。新款 AIBO 带有图像识别功能,可以区分主人及其家属,连接智能手机还可以使用更多的服务功能。随着近年来智能音箱的迅速普及和语音识别技术的逐渐提升,该市场将逐步扩张。

---

[1] 从事应用软件、服务型机器人开发等的日本创业公司。
[2] 日本最大的安全公司,同时也是布局全球的保全集团。
[3] 由日本明治大学理工学部教授黑田洋司创立,致力于机器人开发。
[4] 迪亚哥是一家致力于知识再造和传播的国际出版公司,总部在意大利。
[5] Seven Dreamers Laboratories,日本机器人初创公司,推出全球首款叠衣机器人。

市场趋势

机器人市场在 AI 技术发展趋势下逐步扩张

近年来，机器人市场受到 AI 技术发展的积极影响，其使用范围迅速扩大。在本节中提到的 AI 是指通过识别周围环境与作业对象的特征，进而生成机器人的自律动作及判断的技术。机器人身上负载的 AI，具备分析从相机与红外传感器、LiDAR（一种使用激光的测距传感器）等各种传感器得到的信息，并通过机器人回应需求的功能。

以工业用机器人为代表的旧式机器人被要求在与人分离的状态下准确且快速地作业。但是近年来，越来越多的机器人在店铺、商务楼、机场等人员密集的公共空间替代人工进行复杂且非定型的作业，作业精度近似于人类。这正表明 AI 在机器人领域得到了有效的运用。

图像识别技术作为 AI 活用的代表性技术，具备多种多样的用途。比如说，在物流行业备受期待的挑拣机器人（整理物品货架、从货架上取出物品的机器人），利用图像识别技术从相机拍摄到的物品画面中识别出物品的特征，计算挑拣的抓握点（物体容易抓握的点）。随着前文所述 SLAM 技术的发展，移动型机器人的活动范围迅速扩大，这一成果不仅可用于搬运机器人，安防机器人、扫地机器人等也都可以用到。

补足现有弱点是机器人使用的关键

随着 AI 的发展，机器人可以进行的作业领域正逐渐扩大并趋于复杂，但是许多领域中的操作业务还不能完全交给机器人单独处理。一般来说，如果想要把一项复杂的作业交给机器人操作，那么必然要增加搭载传感器和传动装置的数量，机器人整体的制造成本必定增加。所以，在构建机器人运用体系时，需要仔细研究机器人的业务内容，把与人的协调作业也考虑进去。2018 年 9 月，住友商事和 Cyberdyne 采用的办公楼清扫机器人"CL02"可以自动躲避障碍物，但是无法挪走障碍物，因此在实际使用过程中，需要由清洁人员事先整理地板上的障碍物，确保清扫机器人的运行路线后，再启动实际的清洁作业。

现在，有很多地方正在进行作业环境的整治，以方便机器人进行作业。大型购物中心 PARCO 和日本优利公司等共同实验研发的库存管理用自律移动型机器人"Siriusbot"，可以通过机器人搭载的 RFID[1] 读卡器远程扫描商品。由于这些商品上都预埋了 RFID 标签，因此机器人只需移动就能进行库存管理。

面向市场拓展

日本国内的少子老龄化问题导致劳动人口减少，因此今后机器人的使用范围将逐步扩大。特别是在人员严重不足的土木建筑行业、安保行业、看护行业，机器人的作用将得到进一步的发挥。

如上所述，在机器人市场扩张过程中，AI 技术的开发与发展不容忽视，在此过程中想要提升 AI 技术，首要任务是收集供 AI 学习的数据。近年来，AI 开发实力较强的企业与实际使用机器人的企业共同合作，通过现场实验获取大量数据的模式已经成为主流。今后，AI 的算法将会开源化，学习数据本身即是竞争的关键。2017 年软银收购了 Boston Dynamics[2]、SCHAFT[3]，2018 年发那科 [4] 收购了 Life

---

[1] Radio Frequency Identification，射频识别技术，是自动识别技术的一种。
[2] Alphabet 旗下机器人工程技术开发公司，后被谷歌收购。
[3] Alphabet 旗下的机器人公司，曾是以开发双足机器人技术而闻名的日本初创团队。
[4] FANUC，日本排名第一的机器人公司，在数控系统科研、设计、制造、销售上实力强大。

Robotics[1]，各种大型企业积极收购先进机器人技术创业企业的案例屡见不鲜，"大企业 × 创业企业"模式将加快机器人的研发速度。

聚焦中国：前景可观的服务型机器人市场

中国机器人市场正在持续高速增长。IDC 的研究报告《中国机器人市场预测 2018—2022》表明，2017 年中国机器人市场规模达到 245 亿美元，之后将保持 26.9% 的年复合增长率，到 2022 年，该市场规模将达到 805 亿美元，占全球市场的 38.3%。

中国电子学会将机器人分为工业机器人、服务机器人和特种机器人三类。其中，工业机器人在国内机器人市场占比 70% 以上，服务机器人则占 20% 左右的市场份额（图 2.5-2）。

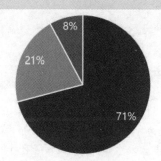

■ 工业机器人 ■ 服务机器人 ■ 特种机器人
数据来源：中国电子学会《中国机器人产业发展报告（2018）》，2018年8月

图 2.5-2 2018 年中国机器人市场结构

---

[1] 日本协作机器人研发制造商，专注于生产与人联合工作的协同机器人。

在人口老龄化趋势加剧的背景下，我国劳动力成本不断上升，机器替代人力的需求愈发强烈，服务型机器人市场潜力巨大，应用前景广阔。目前，我国服务型机器人已经在家政、物流、医疗、教育等领域开辟了多种应用场景，其中家政机器人和物流机器人的市场份额相对领先，以科沃斯为代表的扫地机器人尤为众多中国家庭所知，其在国内的市场占比接近 50%。

随着 AI 技术的深入发展，服务型机器人的应用场景将进一步拓展，应用模式将更加丰富。在医疗健康领域，医疗辅助机器人能够协助医生提升手术精度，导医导诊机器人能够通过语音交互的方式为就诊者提供咨询引导服务，康复机器人能够为术后患者提供辅助治疗，养老机器人能够为独居老人提供智能看护、互动娱乐、远程医疗等服务；在零售领域，机器人被广泛应用于营业厅、无人超市、百货商场等场所，提供集导购、推广、销售、结账于一体的智能服务。

未来 3~5 年，随着大众对机器人认知程度和接受程度的提高，服务型机器人市场有望迎来一轮爆发式增长。

2.6 工业用无人机市场

本节摘要

1. 2018 年日本无人机市场规模为 319 亿日元，测量、航拍、检查等市场将进一步扩大。今后随着技术开发及政府管制放松，无人机的使用范围将有所扩大，2024 年市场规模预计达 1520 亿日元。

2. 在无人机硬件方面，中国大疆占据全球七成以上市场份额。日本国内厂商主要专注于特定行业的技术开发、工程现场流程最优化等领域，以实现差异化竞争。

3. 日本政府正在推进技术开发并制定规则，以期在 20 年代初期实现无人机在城市地区的视线外飞行（在操纵者视线范围以外飞行）。2018 年已出台相关条例。

市场定义

本节将论述日本国内的无人机市场。这一市场主要包括"机体"和"服务"两个方面，分别有以下两种定义：

机体

◆机体重量在 150 千克以下，可通过无线电等手段远程操控

◆机体自带动力系统（降落伞等除外）

◆被应用于工业活动（出于个人兴趣的用途除外）

服务

◆使用机体提供航拍、物流等服务（不包括提供学习机体操控的培训）

◆处理无人机获取的传感数据，如进行测绘、图像分析等（不包括普通照片的解析）

满足上述定义的机体或服务将作为下文的重点论述对象。此外，市场预估中涉及的应用市场亦包括机体和服务两方面。

机体

①定翼型：适用于远程飞行的机体，包括通过人手投掷完成起飞的类型和装有旋翼能垂直起飞的 VTOL[1] 型。

②单轴机型：也被称为"产业用无人直升机"，是在喷洒农药时使用的大型无人机。其机体大多以内燃机而非电动机为动力系统。目前，日本雅马哈公司生产的发动机在日本国内的市场份额过半。

③多轴机型：是日本国内销售量最大的无人机型，机身配有

---

[1] Vertical Take-Off and Landing，垂直起飞和着陆。

多个电动机，是可以垂直起飞的旋翼机。多轴机型中，以蓄电池为动力系统的机体较多，且相比其他类型的机体更为小巧。目前，中国的大疆公司生产的无人机在日本国内及全球市场中占七成以上的份额。

服务

①农林水产业：无人机可应用于农地、山林及海上等环境，主要用途为喷洒农药、监测农作物生长情况、掌握森林的木材量等。

②检测／检查：通过分析无人机获取的传感数据（主要为图像）来把握设施设备的老化程度。现在的主要应用场景为检测桥梁、高压电线和通信设备等。

③航拍／监控：从空中视角拍摄图像或视频，或连续获取高空图像以察觉异常情况。主要用途为拍摄商业广告或电视剧、灾害发生时确认受灾情况及设施安全等。

④测绘：以无人机拍摄的航拍画面为基础，制作数字地形图或三维点群。主要用途为土木工程的施工进度管理及公共测绘等。

⑤运输：使用无人机来运送物资。主要用途为人口稀少地区及孤岛等地日用品的运输（目前处于试验阶段，尚未商业化）。

市场规模预测

预计到 2020 年度，日本无人机市场规模将会达到约 600 亿日元，2024 年度将会达到约 1520 亿日元（图 2.6-1）。以下是无人机各类用途的特征，及其今后各方面市场将面临的重要课题。

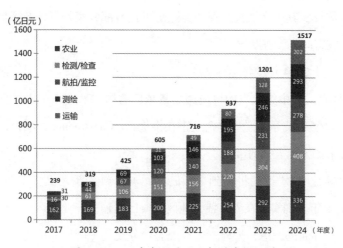

图 2.6-1　日本各用途无人机的市场规模

农业（预计 2024 年度将达到 336 亿日元）：如前文所述，通过制度放宽和技术创新，多轴无人机喷洒农药这一应用场景将有所增加。但其中部分场景可以被无人直升机替代，因此市场整体的增速将比较缓慢。在精细化农业方面，可以利用无人机探测器对农作物生长状况进行测定，从而提升整体生产效率。实际上，由于无人机或监测软件的投资回报率问题，高价值的应用案例十分有限，预计 2024 年度市场规模将止步于 80 亿日元左右。

检测 / 检查（预计 2024 年度将达到 408 亿日元）：到 2024 年度，无人机依旧无法应对各种公共基础设施检测中的全面性要求，如精密度和检测具体流程的契合度等。因此，使用无人机巡检的公共基础设施数量占总数的一成不到。然而公共基础设施的老化依旧是日本的一大问题，例如，据国土交通部的数据调查，预计到 2033 年度，全日本 40 万架桥梁中约有 61% 的桥龄将超过 50 年。在此情况下，需要运用无人机检测的基础设施数量肯定会增加。若无人机的检测能力有所提升，其市场规模的增速或许会超过预期。

航拍 / 监控（预计 2024 年度将达到 278 亿日元）：预计到 2020 年度，市场

的增速将会放缓。其中无人机监控功能除了可代替部分室外设备的警报系统，还可用于掌握灾害时的受灾状况。

测绘（预计 2024 年度将达到 293 亿日元）：公共测绘的整体市场规模在 100 亿~150 亿日元，其中无人机的可应用场景依旧有限。然而在土木工程现场进度监管领域，如今小松等大型基建企业正在推进"i-Construction"项目，可期待通过该类项目来扩大无人机的市场。

运输（预计 2024 年度将达到 202 亿日元）：预计无人机将于 2019 年度和 2020 年度上半年分别实现在人口稀少地区和市区运输的商业化运营。但在市区，都市安全是一方面的顾虑，另外，还有现有业务规则（例如，送达目的地后如何签收，现场人手不足的情况下由谁来管理无人机，等等）方面的相关法律法规需要修正。这方面制度设计的滞后有可能会延缓市场的发展。

市场动态

制造商的动向

在目前全球无人机市场中，中国的大疆无人机占据了 70% 以上的市场份额。大疆无人机在机体机动性能的稳定性、摄像机的稳定性、价格等方面较其他公司产品有压倒性的优势。大疆在航拍、农药喷洒、检测等领域各有细分的产品分类，可谓是独占鳌头（见表 2.6-1）。在日本国土交通部所颁发的飞行许可申请中，超过 90% 的产品来自大疆，而大部分在日本境内售卖的企业用无人机也几乎都出自大疆。

表 2.6-1　被运用于产业的大疆产品

机体种类	价格范围（万日元）	特征
Mavic	10~15	• 趣味性强，一部分航拍工作者会运用
Phantom	15~20	• 适用性强，可广泛运用于航拍、测量、点检等 • 产业用途上属于入门机
Inspire	25~40	• 飞行功能强，是应用于电影等高度摄影的航拍专用机
Matrice	60以上（不含摄像机）	• 根据用途可进行个性化定制的大型机 • 摄像机常会产生高额费用
Agras MG1	180以上	• 喷洒农药专用机

* 价格会根据电池和摄像机等周边元件的差异而超过上述范围。
出处：大疆网页等（2018年8月）

　　针对这一现状，日本本土制造商们正在开发专业设备，该类设备拥有大疆产品所不具备的特殊性能，或者是针对日本独有的业务流程进行机体最优化设计。制造商们期待通过这样的努力，实现差异化竞争。例如，位于千叶县的创业公司——自动控制系统研究所，正在开发一项名为"Visual SLAM"的技术，该技术可通过画面识别来判定当前位置。以往的无人机由于无法获得 GPS 信号而难以在室内操作，而这项技术有望填补这一方面的空白。另外，曾与索尼携手开发机器人的 ZMP 公司[1] 投资的一家合资公司——AeroSense 公司，正致力于运用自家无人机和软件进行特性化测量，通过无人机完成既有图片的位置信息获取、制作 3D 模型等工作，而在以前，这一切仅仅依靠无人机机体本身是无法实现的。同样，大疆也在同小松公司合作开发无人机，用于土木工程现场的进度管理。为了与业界领军企业合作推动无人机产业化发展，日本本土无人机制造商应及时了解生产第一现场的需求，并大力开展技术研发工作。

---

[1]　日本机器人初创公司，以供应机器人起步。

政府动态

　　工业用无人机市场的扩大，离不开正确的政策导向。政府在"小型无人机应用环境整顿官民协商会"上制定了《2018 年天空产业革命蓝图》，正式开启了相关方面的无人机应用工作。该蓝图计划于 2018 年开始允许无人机在无人区进行视线外飞行，于 2020 年上半年开始允许无人机在人类活动区域（第三方空域）进行视线外飞行。其中，无人机的使用等级被划分为 4 级（见表 2.6–2）。等级 1（视线内操纵飞行）和等级 2（视线内自动 / 自发飞行）现在已经投入实际应用。从国家及地方公共团体的应用需求考虑，有必要扩大无人机市场。而针对等级 3（无人地区视线外飞行）和等级 4（人类活动地区视线外飞行），政府正在持续推进由政府主导的技术开发、应用条例制定和基建环境整顿等工作。在技术开发领域，新能源和产业技术综合开发部门计划在 2017 至 2021 年的 5 年内建立系列项目，例如无人机航运管理系统、冲撞回避技术等新技术开发项目，即《积极应用机器人 / 无人机创建节能社会计划》。另外，针对等级 3 以上的无人机视线外飞行，经济产业部和国土交通部在 2018 年 3 月共同发布了《无人机视线外飞行相关文件》，计划在 2018 年年中实现孤岛、山区等地的无人机物流作业。

表 2.6-2　无人机飞行等级及运用的具体案例

等级	概要	具体案例
1	视线内操纵飞行	• 喷洒农药 • 影像内容的航拍 • 桥梁、输电线等基础设施点检等
2	视线内自动/自发飞行	• 空中照片测量 • 太阳能电池板等设备的点检等
3	无人地带*视线外飞行（不安排辅助者）	• 离岛和山中的货物配送 • 受灾状况的调查、行踪不明者的搜查 • 长且大的基础设施的点检 • 河流测量等
4	人类活动地区（第三者上空）视线外飞行（不安排辅助者）	• 都市的物流、警备 • 灾后救助、避难引导、消防行动的支援 • 都市基础设施点检等

* 指第三者难以进入的地区（如山区、海域、河流湖泊、森林等）。
出处：经济产业省《2018 年天空产业革命的蓝图——小型无人机安全运用的技术开发和环境治理》的补充资料

结语

　　一方面，随着数年来的技术革新，曾经仅被航拍爱好者们使用的无人机现已在各类生产中实现了高度多样化的应用。伴随着政府主导下相关规则的完善，今后无人机的应用将持续拓展。另一方面，企业若想将无人机正式投入到生产工作中，必须对无人机降低工作负担和节省时间成本方面的优势进行量化。为此，无人机制造商和企业用户们必须携手开发新业务，不仅要开发高性能的机器，更要充分开发搭载日本企业引以为豪的传感器和具备解析技术的机器。

　　在世界范围内，优步公司已经提出载人运输的"空中客车"概念。[1] 在日本，丰田汽车公司等出资建立的飞天车团队"CARTIVATOR"也正在研究开发相关机体。这一切暗示着无人机从"飞行的物联网设备"向"空中机动设备"逐步转型。

　　在无人机业界存在感尚低的日本企业将如何在工业用途方面寻找突破口，让

---

[1] 中国的亿航智能、欧洲的空中巴士飞机制造公司也发布了概念并完成了原型机升空试验。——译者注

我们拭目以待。

业界观点：正在"起飞"的扩博智能

扩博智能的创始人严治庆并不认为扩博算是工业无人机公司，尽管现在这是扩博非常重要的两个核心业务之一。笔者有幸和严治庆先生就工业用无人机、视觉识别、AI 进行了一些讨论。人工智能 + 物联网（原话是 AIoT），这是扩博对自身的定义，笔者则进一步将扩博当前的业务核心定义为：针对视觉识别技术的人工智能和物联网。

扩博智能成立于 2016 年 11 月，聚焦计算机视觉和机器学习技术，现在主要服务于两个行业——零售和风电。扩博以无人机为载具，以视觉识别加人工智能，在风电的风机叶片损伤检查方面提供一种全新的服务。以往的无人机风机巡查需要有经验的飞手操纵载机，对风机叶片进行绕飞拍摄，然后人工检查照片或视频，当然，这已经比更传统的用望远镜和照相机检查要方便得多了。但是，飞手的能力有差别，飞行的环境也比较恶劣，因为风机总是建造在风力强劲的偏远之处，很多还是在海上，一旦操作不好，无人机撞在风机上，就会损失惨重。扩博的解决方案是以基于计算机视觉和三维无人驾驶技术的全自动无人机自动绕飞拍摄高清照片，通过深度学习建立的叶片损伤模型比对照片，自动找到可能的损伤点，再由有经验的工程师加以判断。同时，通过计算机视觉技术自动拼接出风机叶片的全景照片以帮助识别缺陷位置和尺寸。无人机绕飞的过程由程序控制为主，飞手协同。如此，飞手的工作压力减轻了，判别的准确度也提高了。

在这个应用场景中，实际上有两大核心：飞行载具、视觉识别。

扩博的飞行载具是大疆无人机的改装版，这也许是扩博并不把自己视为无人机行业应用厂商的原因。在行业应用中，无人机起到的是硬件平台的作用，而真正的核心，是通过软件和硬件共同协作，完成应用场景中所需要的工作。严治庆介绍说，当前大量所谓成功的无人机行业应用，实际以无人机巡查为主。以电力巡线来说，沿着电力线路飞一圈，发现哪里断了、损坏了，工作就完成了。以往电力行业会用直升机，价格非常昂贵，现在可能会改成先开车到某个点，再放飞无人机查看，真正上不去的地方才用直升机。在这样的无人机应用中，载具本身完成了工作的八成；但有些应用，载具只能解决五成甚至更小比例。

因此，如大疆之类的无人机厂商在工业无人机市场中的出发点是机体本身，而应用的软硬件设计，则需要厂商具有很深的行业理解。比如专注于农业领域的极飞公司，早已经从无人机领域延伸到整个农业"最后一公里的生意"，成为一家农业公司了。

消费无人机起家的公司也不具备 ToB 的商业基因，因其整个产业是从发烧友 DIY 无人机开始的。大疆把整机做到了世界第一，但是整个消费无人机产业还是有很深的极客风格。产品经理以追求酷炫感为荣，要的就是自我、自信的劲头。但是，做面向行业的无人机产品，不仅需要仔细了解客户行业的情况，成为行业专家，还需要有咨询式的服务，帮助客户解决实际生产问题，而不是卖出产品就万事大吉。实际上，行业应用的无人机可能更大程度上是一种服务，而不是实体产品。因此传统的消费无人机厂商进入工业无人机领域，会选择从提供机身做起，提供最好、最适用的载机平台，其他的就让别人去完成吧。

在这种产业环境之下，行业应用的企业也不可能守在无人机上发展。因为他们的重心不在此，而是在对行业数字化转型、行业效率提升的理解上。

所以，前面提到的扩博的两个核心业务之二——零售，也就顺理成章，同样是基于视觉识别的核心技术，解决零售领域的工作效能提升问题。我们在后面的零售科技一节中，还会再提到扩博智能的货架陈列巡视的解决方案业务。他们已经和世界领先的食品饮料公司签约，提供在中国的从货架到冷柜的陈列巡视业务。

回到无人机领域，扩博智能也和行业中最重量级的客户签约，如上海电气、龙源集团等，目前扩博智能与英国最大的风电运维商 GEV Wind 签署深度战略合作协议，将业务进一步拓展至北美、欧洲、东南亚和非洲等地。大疆等消费无人机厂商走向了世界，而在行业无人机领域，中国是不是也会走出一个"大疆"呢？

无人机几乎可以用在所有和巡视有关的业务上。现在中国可见的无人机巡视案例和世界各国差不多，军用、警用、反恐之类的我们暂不讨论，工业用途主要还是在各类设备的巡视检查上。电力、矿业、石油、科考、船舶、通信线路，这类需要巡视检查的工作，原来很多是由直升机来执行，多数由人工目视检查，现在纷纷换成了无人机。但是无人机也有航程近、留空时间短的问题。归根到底，一个是电池问题，一个是通信距离问题。当然，如果用上内燃机动力、太阳能动力，再加上卫星通信的话，这两个问题就能完美解决。只是在当前的产业发展状况下，成本会高得离谱，也存在航空管制的问题。不过，未来或许可以期待。

除视觉识别替代目视之外，还可以在载机上安装别的设备来进行各种检查，比如通过红外线、雷达等进行勘测方面的工作。但是，这些市场也存在上述的问题，市场规模小、要求高、需求各有不同，所以难以通过规模化来降低成本。对扩博这样的初创公司来说，在一个领域做深做全，然后成为行业最佳，是很自然的选择。正如最近上市的 Zoom，专注于视频会议，成了很成功的公司。扩博紧盯视觉识别为核心的 AIoT 领域，把自己定义为一个解决行业数字化问题的公司，而非单纯的无人机公司或图像识别公司，是非常正确的战略。

工业无人机市场在不久的将来可能还处于摸索阶段，技术的发展可以带来新的行业应用场景。比如 5G 可以为更高精度的拍摄和更复杂的视觉识别模型提供高带宽和低时延的传输能力，或许能够进一步加强无人机的智能化，电池的发展也可以让机体拥有更长的留空时间。工业无人机的应用场景可能会更加广泛，从而提供更多低成本的空中巡视服务。但是当前每个领域的使用规模都还比较小，还没有形成消费无人机那样的势头。在行业应用碎片化如此严重，行业理解要求如此高的情况下，短期内出现一家或几家巨无霸型的工业无人机企业的可能性不大。但是好在中国行业市场足够大，所以立足中国走向世界的企业，一定会不断涌现并逐步壮大。

2.7 3D 打印机市场

本节摘要

1. 2018 年，日本国内面向专业市场的 3D 打印机（硬件价格 50 万日元以上的机型）市场规模约 120 亿日元。今后这一市场将会持续增长，2024 年预计将达到 240 亿日元。
2. 增材制造设计及生成式设计等作为 3D 打印前提的设计理念和技术，正在以海外企业为中心逐步向全世界渗透。
3. 日本政府正在推进"关联工业"，将与制造相关的数据整合并加以应用，以便解决相关行业课题，这将有助于扩大 3D 打印机的应用范围。

市场定义

3D 打印机是指基于专用软件设计出的三维数据（诸如三维 CAD 数据或三维 CG 数据等），通过层面堆叠的方式打印出三维实体的机器（不包括通过切削加工素材而打印实体的 3D 绘图机）。

市场规模预测

3D 打印机是使用专用软件创建的数据形成三维实体的机器。虽然实体的成型方法因机型而异，但通常使用输入的 3D 数据作为设计图，以此堆积材料（树脂、石膏、金属等），进而输出三维实体。因此，3D 打印机可以无缝创建内部空心或者形状复杂的实体。价格上，商用 3D 打印机的价格在数百万日元至数千万日元不等。而针对个人的低价产品也在不断推出，甚至有几万日元即可购买的型号。图 2.7-1 显示了专业 3D 打印机（单机价格超过 50 万日元）的市场规模预测，可以看出，2018 年 3D 打印机的市场规模约为 120 亿日元。随着成型方法和材料的创新迭代，新产品不断涌现，加上用户规模逐步扩大，到 2024 年，3D 打印机的市场规模预计将扩大到约 240 亿日元。

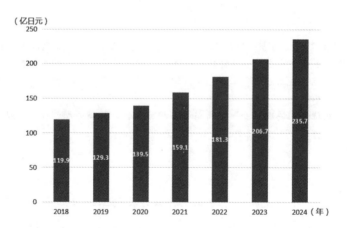

图 2.7-1　日本面向专业群体的 3D 打印机（本体）市场规模预测

市场趋势

新晋出现的 3D 打印技术

一、3D 打印的设计理念——增材制造设计

3D 打印机使用一种名为增材制造的方法，通过堆叠材料层而形成物体。与现有的切割和铸造等制造方法相比，这种方法具有高度的自由度，3D 打印机可以更容易地制作出晶格结构，以及具有多孔体性质的结构。同时，3D 打印机还可以将现有方法下需要组合多个部分才能成型的物体进行一体化输出。而且，同一个机器还可以利用多种原材料制造出同一个物体。

3D 打印机的特性可以总结为以下三点，我们需要在零件生产中对此加以充分利用。

◆ 多品种小产量的制造生产（可以快速输出高度个性化实体）

◆ 对应即时需求（只在必要的时间、地点，输入输出必要的数量）

◆ 打造新形状 / 新功能（可以输出能通过增材制造实现的任何形状）

如上所示，这一充分利用 3D 打印机特性的新型设计思想被称为增材制造设计（DfAM）[1]，并在 3D 打印机制造商、3D 打印服务供应商、3D-CAD[2] 供应商中引起了广泛热议。

许多操作人员知道如何应用拓扑优化、晶格结构、多孔结构、复杂部件的一体化、多材料输出等，使这些部件的价值最大化。将来，这些数据将反映在 3D

---

[1] Design for Additive Manufacturing，基于增材制造技术，通过形状、尺寸、层级结构和材料组成的系统综合设计最大限度提高产品性能的方法。

[2] 三维机械设计。

打印机控制系统和设计软件中，人们可以更便捷地操作 3D 打印机。

二、依托计算机的生成性设计

为了推进增材制造设计，另一种通过计算机自动生成设计的尝试也被推向了大众视野。近年来，桌面金属公司作为金属 3D 打印机制造商备受关注，通用电气公司（GE）的前首席执行官杰夫·李·伊梅尔特（Jeffery R. Immelt）从该公司的生物形态生成方面得到启发，发布了可通过 AI 自动生成的"活部件（Live Parts）"这一设计软件。该软件通过输入结构上的约束条件，可以生成 3D 打印才能形成的独有形状，从而使成品的重量相比以往减轻 25%~60%。

此外，还有众多依托计算机设计的尝试，例如美国欧克特公司的 Netfabb 2018，ParaMatters[1] 的 CogniCAD 和 Sculpteo[2] 的敏捷金属技术等。预计今后的软件领域在此类技术的支持下，设计的案例将不断增加。

三、3D 打印机的输出能力仍在高速发展

以上这些设计的改进都旨在突破 3D 打印机的限制，熟练操控打印机。另外，人们也在不断尝试提升 3D 打印机自身的打印能力。近年来，因收购概念激光金属 3D 打印机制造商和 Arcam[3] 而受到业界关注的 GE，基于其自身经验，已经开展了 GE 增材计划，并且正在研发名为 "Project A.T.L.A.S." 的大型金属 3D 打印机。该打印机最大尺寸为 1.3m × 1.3m，将专门针对大型实体的打印。同时，因销售 3D 打印车辆而声名大噪的美国洛克汽车公司（Local Motors），宣布导入特大型 3D 打印机 Thermwood LSAM（Large Scale Additive Manufacturing，大型增材制造设备），其体积达 3m × 12m，据称它将用于制造自动驾驶电动车 Olli[4]。

---

[1] 是美国自主拓扑优化软件的开发商，致力于拓扑优化、计算力学、CAD 和人工智能的专家团队公司。
[2] 法国 3D 打印服务商。
[3] 瑞典知名增材制造公司，成立于 1997 年。
[4] IBM 与洛克公司合作制造的第一款使用沃森认知计算平台的自动驾驶车辆。

在材料方面，Stratasys 公司[1]发布了最新材料 Vivid Colors。作为世界上首台全彩色和多材料 3D 打印机 Stratasys J750 的强化素材，Vivid Colors 强化了色彩的再现能力，将以前的 36 万种颜色扩展至 50 万种以上。与此同时，该产品通过连接软件来提升对实体模型的解像度，可以在更大程度上还原实际产品的表面质感。

3D 打印机的进步主要集中在打印机本体规格的提升，如速度和精确度的提升、可使用材料的扩展等，其发展可谓日新月异。同时，为了让用户更熟练地使用打印机，技术方面的支持也在不断增强。为了解决用户买了不会用的问题，以 AI 为首的新技术也在不断推陈出新。

3D 打印机相关参与者的动向

一、日本国内的外企正式展开布局

2018 年，GE 宣布在日本正式部署 3D 打印综合服务业务之一的 GE 增材计划。迄今为止，GE 已经在飞机引擎制造等 3D 打印应用方面积累了很多经验。该 GE 增材计划提供两方面业务：一是 3D 打印的综合咨询业务，称为 Addworks；二是 3D 打印机的设备销售业务。Addworks 业务主要是为日本制造业在 3D 打印机应用的各方面问题提供解决方案，包括 3D 打印机的最优设计、样品打印、量化生产、过程合理性评估等一系列支援。

而作为 3D 打印服务机构的德国 FIT 增材制造集团（以下简称 FIT）也在 2018 年 6 月宣布成立其日本公司 FIT Japan。FIT 成立于 1995 年，是 3D 打印机界的元老级企业，在汽车、航空和医疗等领域积累了深厚经验。目前该公司已经在美国、罗马尼亚、俄罗斯等国开展业务，本次进军日本市场，将重点开展汽车领域的业务。

---

[1] 美国 3D 打印解决方案供应商。

二、大规模开展海外投资、收购、开辟新市场等业务

日本以外的其他国家对 3D 打印机的投资正盛。例如，德国主要的化学公司巴斯夫（BASF）于 2018 年 7 月宣布投资 2500 万美元，用于优化 3D 打印材料和软件。同月，其拓展新业务的子公司巴斯夫新业责任有限公司（BASF New Business）收购了两家 3D 打印材料的供应商——德国的 Advanc3D Materials 和法国的 Setup Performance。日本三菱化学于 2018 年 3 月收购了欧洲领先的 3D 打印材料制造商 Dutch Filaments，并通过收购大型化工公司进军 3D 打印材料行业。截至目前，用于 3D 打印机的材料主要由风投公司和 3D 打印机制造商自行研发，但未来有可能因主流化学公司的积极投入而加速发展。

亚马逊网站销售的自有品牌 3D 打印材料也可视为其进入新市场的趋势之一。自 2013 年以来，亚马逊一直在销售 3D 打印机、材料、外围设备等，为 3D 打印机相关产品在市面上的流通做出了贡献。从 2018 年 8 月开始，亚马逊计划销售私人品牌"亚马逊倍思（Amazon Basics）"的新产品——全新的 3D 打印材料。

3D 打印机这个词在日本已经不再陌生，其他国家对 3D 打印机的投资和收购也仍然活跃。亚马逊不仅在销售环节参与其中，更在制造过程中投入精力，提升了企业存在感。今后，这类企业也将根据打印机的实际用途，进一步考量以后的行动。

互联产业和 3D 打印机之间的关系

日本首相安倍晋三在 2017 年 3 月德国的国际信息通信博览会上提出了"互联产业"这一概念。互联产业旨在通过机械、数据、技术、人才和组织的协调，实现新数字社会。这一概念通过高效利用数据，将解决技术革命、生产效率提升、技能传承等种种难题。互联产业是涉及自动运行和移动服务、双重素材、成套设备和基础设施保护、智慧生活等多个领域的重要概念，在制造和机器人技术方面

也具有极其重要的影响。每个重要领域都设立了小组委员会。就制造和机器人技术方面来说，将对协作领域最大化、人才培育与研究开发、支援中小企业等内容做进一步的探讨。2018 年，日本《未来投资战略 2018》中提到了互联产业，今后预计将更多地考虑政府和民间部门的实施问题。

互联产业实现的数据流通和利用与 3D 打印机的发展紧密相关。通过数据的利用，3D 打印机本身的实用性将有所扩展，也可与现有制造过程相协调。

对于互联产业来说，其所谓的"虚拟和现实的融合"与前文提到的生成式设计[1]密切相关，它能通过将 AI 的设计与数据的实际输出结果相匹配来实现打印的准确性。此外，通过将质量管控数据与 3D 打印机的输出参数和建模环境数据相结合，可以更加顺利地识别错误原因并采取措施。

对于 3D 打印机来说，当考虑是否应该 3D 打印产品或部件时，如果现有构造方法中的相关数据和 3D 打印机的数据可以无缝匹配，人们将更容易比较生产率、准确度、成本、质量等。另外，通过利用 3D 打印机的控制软件，实时链接工厂的执行数据（生产资源管理、工作安排、生产指令、进度数据等），可以提高整体流程的效率。

迄今为止，3D 打印机发展中遇到的设计困难和工艺限制正逐步得到解决，互联产业也将成为一种新趋势。有许多公司曾在 3D 打印机正盛时放弃引入这项技术，但当时那些公司所遭遇的问题，很有可能通过演变至今的 3D 打印机得到解决。我们希望本文能够引发业者对 3D 打印机引入的再思考。

---

[1] 指通过计算机程序生成设计方案的技术手段。在生成设计方案之前，需要设计师在程序中设定相关的设计参数，比如弹性、重量、持久性等，程序根据参数自动生成设计方案。

聚焦中国：中国 3D 打印市场概述 🔍

　　3D 打印早在 20 世纪 80 年代就已出现，但直到 2012 年，随着媒体的大规模宣传，3D 打印这一概念才在中国流行起来。由于 3D 打印技术在工业制造、航空航天、创意设计、医疗健康等领域具有广泛的应用空间，因此被认为是能够推动行业转型的革命性技术。

　　近年来，中国持续出台了多项政策支持 3D 打印产业的发展，其整体市场规模正在以极高的增速迅猛发展。Statista 的统计数据显示，中国 3D 打印市场规模在 2012 年仅为 1.6 亿美元，而到了 2017 年，市场规模已经扩大到 16.7 亿美元，复合增长率高达 47.83%（图 2.7-2）。

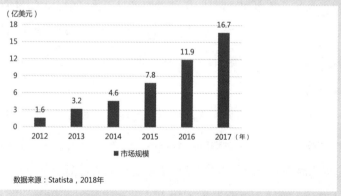

数据来源：Statista，2018年

图 2.7-2　中国 3D 打印市场规模（2012—2017 年）

　　但是，似乎隐隐有一种力量阻碍着 3D 打印技术在中国的大规模推广。受制于国内市场对 3D 打印的认知程度，目前中国 3D 打印的用户基础仍然薄弱。同时，由于缺乏核心技术，国内的 3D 打印产品和服务成本居高不下，也为 3D 打印的推广和普及制造了障碍。

不过，随着智能制造的进一步发展，国内越来越多的企业正在尝试运用 3D 打印解决设计难题。大型民航企业中国商飞公司研发组装的大型商用飞机 C919 就使用了 3D 打印技术，有效缩短了零部件的交付周期，快速响应了优化需求。可以预见，随着国内先进生产理念的普及和 3D 打印产业链的逐步成熟，更多的中国企业将在各自的领域内运用这一技术。

INFORMATION
TECHNOLOGY
NAVIGATOR

03

网络市场：网络自由来了吗？

迎接自主选择网络和终端的世界

本章将以"2019—2024 年的网络市场"中的固网宽带市场及移动无线网络市场为对象，旨在预测未来的移动市场，就多数读者想要了解的关键疑问进行解答。

手机的网络与终端是否会分离?

日本公正交易委员会在 2018 年 6 月发布了《有关手机市场竞争政策的课题》的报告。报告书中写到，"在通信与终端捆绑销售时，如果采取大幅压低终端售价的方式，来挤压其他事业者的业务开展，很有可能触犯《独占禁止法》（反垄断法）"。这里的"其他事业者"主要是指虚拟运营商。现在日本整个手机市场的大背景是，想要打破三大移动运营商稳定垄断手机市场的局面，就必须振兴第四个选项，即虚拟运营商。这与日本总务省在移动市场上推行的竞争政策不谋而合。今后，日本将进一步推进旨在提高三大运营商自有竞争的举措。比如可能要求三大运营商停止"2 年在网合约"及终端"4 年捆绑"的业务形式，解除 SIM Lock（所销售的终端只能使用本运营商的 SIM 卡）等。

同时，公正交易委员会在 2018 年 7 月发表了就苹果日本公司针对三家运营商的违反《独占禁止法》案件的审查结果。苹果早前与三家移动运营商签订了"iPhone 协议"，约定 iPhone 购买者在签订合约（"2 年捆绑"等）时，三家移动运营商必须通过"每月补贴""每月优惠""月月优惠"等方式提供一定额度的终端补贴。由于苹果公司受到不当行为的指控，从而改签了"iPhone 协议"，因此三家移动运营商现在可以提供没有终端补贴的套餐。

NTT docomo 已经推出了没有终端补贴的"docomo with"廉价套餐（不享受月月补贴），受到了部分希望长时间使用现有终端的用户的欢迎，但也仅限于使用安卓系统的中等价位终端的用户。今后，随着以捆绑销售大幅降低终端价格的做法逐渐被限制，终端补贴也会缩减，新款 iPhone 等高端终端也会受到影响。因此，终端使用周期较长的用户或成为运营商的核心关注点，网络与终端将会逐渐分离。

另外，au 已经与苹果公司进行了协商，针对苹果用户实施无终端补贴的"正合适套餐"，用户需要连续使用 4 年以上 au 的"正合适套餐"，才能与原本 7 万~8 万日元的终端补贴持平。由此就出现了加入"正合适套餐"需要进行"4 年捆绑"的限制条件，但事实上，2 年后更换终端即可免除终端的剩余未缴纳金额，免除金额其实就相当于终端补贴。也就是说，只是把"月月优惠"替换成了剩余未缴纳金免除。今后，随着 au 终端购买补贴进一步缩减，"4 年捆绑"的作用也将就此终结。软银的情况与 au 相似。

想要实现用户自由选择网络和终端，即自主选择"享受终端补贴但需要加入高资费套餐"或"不享受补贴高价购买终端但可以选择低资费套餐"，取决于公正交易委员会和总务省是否可以合力缩减或禁止终端补贴。当然，缩减的补贴部分应通过降低资费等途径回馈给用户。

手机资费是否还会进一步降低？

菅义伟官房长官的"移动通信运营商盈利过厚""手机资费仍有下降四成的余地"等言论引起了轰动。但实际上，三家移动运营商已经通过阶段性资费套餐、无终端补贴的低价套餐等方式来推进降费。同时，随着"超低价智能手机"的市场份额逐渐扩大，手机整体的资费都在降低。但是，这也仅仅是就每用户平均收入[1]而言。

伴随着一人多号（终端）的增多，老年人和青少年用户的智能手机普及带动家

---

[1] 每用户平均收入（ARPU），指一个时间段内运营商从每个用户处所得到的收入。其是用于衡量电信运营商业务收入的指标。

庭平均签约号码数量的增加，每用户平均收入和每个家庭的消费金额却未必会降低。

与此同时，基于智能手机和平板终端的视频播放、4K 动画文件的上传、直播等必定会持续推进流量的暴增。如果三家移动运营商不降费，用户的通信资费支出自然就会升高。再加上预计从 2020 年开始收取的 5G 资费，就连每用户平均收入也未必会下降。

在日本消费税提至 10% 的时间节点上，社会大众对手机资费负担增加的反对必定不会少。自然，让用户承担数据流量暴增导致的资费提升一定不是一件容易的事。现在，日本三家移动运营商正在携手合作伙伴开展 5G 使用的合作与创新，也就是所谓的"B2B2X"。让合作企业即中间的"B"承担通信资费（的一部分），或者最右的"X"即终端用户能利用中间的"B"所提供的服务减轻通信资费的负担。就目前来看，从以 B2X 为中心的市场到以 B2B2X 为中心的市场转换是减轻终端用户通信资费负担的关键之一。

2018 年 6 月，美国联邦通信委员会废除了要求运营商平等对待所有互联网内容的"网络中立性"法规。这样一来，运营商就可以向搭便车的 OTT 收费。比如，运营商可以限制产生数据流量过多的 YouTube 和网飞（Netflix）等的流量，追加费用流量，甚至将这些费用返给终端用户以降低其通信资费。

乐天能否作为第四大移动运营商崛起？

2018 年 3 月，乐天被分配了 4G 网络频率，成为继 2005 年 E-mobile 之后时隔 13 年的又一个移动运营商。很多人认为乐天的业务规划"过于乐观"，但也有言论称"乐天有作为乐天的价值"。从通信政策来看，可以说乐天的加入有些晚。因为现在日本总务省为打破三大运营商和谐的寡头垄断状态，正将虚拟运营商作为第四方培养，而乐天在这一成果刚开始显现时才加入移动运营商阵营。

为应对 NTT docomo 一脉的虚拟运营商的增加，KDDI 旗下的 au 推出"UQ

WiMAX", 软银推出 "Y!mobile" 进行对抗。与此相对，NTT docomo 若推出前述无终端补贴的低价套餐，au 和软银将会设计阶段性资费套餐等，通过这种竞争实现市场整体通信资费的低廉化。

被乐天称为榜样的法国第四大运营商 Free Mobile（以下简称 Free）也是在本国三大运营商垄断市场导致通信资费过高的时间点上加入的。Free 推出 "SIM-only" "无捆绑" 等简单且具有价格破坏性质的套餐，成功从三大运营商手中夺得客户。对此，三大运营商立刻组建旗下子公司进行对抗，最终实现了法国通信资费整体大幅下降。

Free 获得成功的最大原因是，根据漫游合约，一开始就在全国范围内提供服务。而法国市场份额第一的运营商 Orange 则在 Free 未覆盖服务的地区，与用户签订 Orange 的网络漫游合约。

这样的交易成立的背后，是法国电信监管机构 ARCEP 强力的支持。当然，Orange 从 Free 处收取巨额漫游费也是一个重要的原因。这也不难理解，若非如此，Orange 无法对股东说明接受竞争企业漫游的事。

现在（2018 年 9 月末），乐天和三大运营商正商讨漫游相关协议并处于进展不顺的阶段，暂时还不清楚乐天是否要求和 Free 同样的漫游合约。就算乐天通过各种途径，说动了总务省和三大运营商，但作为接受方的三大运营商也不能缔结对股东不利的交易。

虽然如此，但其实在 2006 年，软银收购沃达丰（日本）加入手机市场时，谁也没法预测其能否成功。乐天真的 "过于乐观" 吗？还是说 "乐天有作为乐天的价值"？其结果将在不久后见分晓。

3.1 固定网络市场

本节摘要

1. 截至 2017 年年度末，日本固定网络线路数与上一年度相比仅提升约 2%，市场整体饱和。固网线路数预计将在 2024 年度增至约 3870 万户。

2. 日本主流运营商寄希望于"光合作模式"下的光纤宽带与智能手机的捆绑销售，以扩大光纤宽带市场，并提升市场存在感。

3. 视频等高流量消耗内容的普及，是今后光纤需求的重要支撑。运营商为了满足消费者流畅使用的需求，必须推进宽带提速，但同时将产生流量激增、设备投资负担过重等问题。

4. 为了解决日趋显性化的社会管理问题，IoT、AI 等基于 ICT 的服务不可或缺。固网宽带是支撑此类服务的重要的网络基础设施，它将与无线网络相辅相成，不断发挥其价值。

市场定义

本节以光纤宽带、ADSL（电话线拨号上网）、CATV（有线电视）网这三个固网线路的市场为对象。市场以面向一般家庭为主，不包括面向法人的市场。固网宽带资费包含互联网服务供应商的费用。

光纤宽带市场：光纤宽带服务指往独立住宅屋内直接引入光纤的服务；也指往集合住宅的各户直接引入光纤，以及往建筑物引入光纤，各户再使用基于既设电话线路的高速通信技术（VDSL等）或者安装以太网等的服务。在预估光纤宽带市场规模时，通常将其定义为面向独立住宅和面向集合住宅两部分的市场。

ADSL 市场：ADSL 是使用既存电话线路（铜线）实现高速数据通信的技术之一，以一般家庭使用的 ADSL 线路服务为对象。

CATV 网市场：指有线电视的广播放送系统商使用同轴电缆或者使用混合光纤同轴电缆网来提供的网络服务。

市场规模预测

2017 年年度末，日本国内固网线路数，合计光纤宽带、ADSL、CATV 网共约 3610 万户，市场规模约为 19000 亿日元，家庭普及率达 70%。从各类别的增长率来看，和上一年度相比，光纤宽带增长约 3%，CATV 约 1%，而 ADSL 约 -15%，呈大幅减少趋势，整体情况为光纤宽带牵引市场。固网线路数的增长率与上一年度相比停留在 2% 左右，呈现市场饱和状态。原因主要在于，未使用固网的目标用户属于对网络和电脑不太熟悉的消费群体，加上手机普及带来的无线网络的普及，固网要想获得新用户变得异常艰难。

今后，以视频为代表的高流量消耗的互联网内容，以及 loT 和 AI 等基于 ICT 的各类服务的普及，将支撑用户对光纤宽带的需求。虽然固网的家庭普及率已经达到 70% 左右，并且正向光纤宽带过渡，但还是很难指望其市场大幅扩大，顶多是保持微增的状态。

今后日本的固网线路数预计将从 2017 年年度末的 3610 万户增长到 2024 年年度末的 3870 万户（图 3.1-1）；从金额上来看，市场规模预计将从 2017 年年度末的约 19000 亿日元增长到 2024 年年度末的约 20100 亿日元（图 3.1-2）。

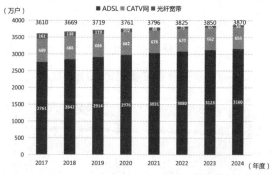

图 3.1-1　固定宽带线路接入数量预测（各线路种类）

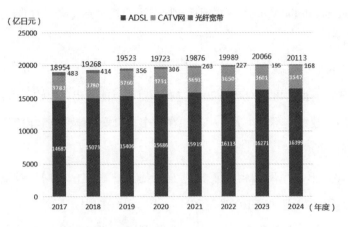

图 3.1-2　固定宽带线路市场规模预测（各线路种类）

市场趋势

以"光合作模式"提高手机运营商的存在感

　　截至 2015 年，NTT 东日本、西日本开展光纤宽带的批售服务"光合作模式"已达 4 年，这项服务给光纤市场带来了巨大冲击。手机运营商和互联网内容供应商等通信运营商也能加入一直以来以 NTT 东日本、西日本及 KDDI 等拥有自家光纤宽带设备的运营商为中心的市场，其中 NTT docomo 的"docomo 光"和软银的"软银光"这样的主流运营商将光纤宽带与智能手机进行捆绑销售，来提供比个别合约更便宜的服务，并以自家商店的销售力占据光合作使用市场的巨大份额。

视频内容的普及支撑着光纤需求，而流量急增也加重着运营商的负担

　　支撑光纤需求的主要是视频内容的渗透。无论电脑、智能手机还是平板终端，以 YouTube 为代表的视听内容平台对大多网络用户来说已经是稀松平常。网飞、

Hulu[1]、Amazon Prime Video[2] 等视频播放服务也会提供具有吸引力的视频内容，扩大其用户数量。

而且，可联网电视也在不断迭代中，2020 年东京奥运会的举办会加速这一进程。日本现在电视的可联网率为 20% 左右，但明显能看出，以购买为开端，电视可联网的用户数量在不断扩大。用户想在各个端口安稳享受视频内容这一需求，将维持对光纤的需求。

在该背景下，固网运营商正推进宽带提速。现在，固网运营商能提供最大 1Gbps 的服务，但"NURO 光"和"au 光"已经在限定区域内开始提供最大 10Gbps 的服务。虽然能享受这样超高速服务的用户还很有限，但能看出这不仅仅是针对 1Gbps 的服务，运营商在追求速率多样化、差别化上也有所行动。

另外，有线电视运营商通过对本公司基础设施进行光纤化，或者从其他运营商那儿置办光纤线路等方式，也开始提供光纤服务。根据日本总务省发布的《有线电视的现状》（2018 年 7 月 26 日），2017 年年度末，日本有线电视运营商的宽带合约数中光纤到户的方式占 38%。

运营商虽在推进宽带提速，但视频等高流量消耗内容使用的扩大，也会使互联网数据流量激增。根据总务省发布的消息，2017 年 11 月，宽带签约者总下载流量与去年同月相比增加了约 32%，该趋势今后也将持续。为应对流量激增的情况，通信运营商需要进行各种强化设备的投资，但因服务费用是定额制，在无法预知用户增量的情况下，巨额的投资成本会使它们的负担越来越重。有投资余力的主流运营商或许还能挺住，但中小运营商可能会被市场淘汰。

在这种情况下，需要行业内就如何应对流量激增而产生的投资负担增加的问题制定相应的策略。

---

[1] 美国视频网站、流媒体巨头。
[2] 亚马逊推出的优享视频服务。

光纤作为支撑各 ICT 服务的重要基础设施，将保有其价值

互联网服务除了上述的视频视听，还有许多其他的服务，它们渗透到消费者的生活中并不断扩大。以 IoT、AI 为代表的 ICT 的运用是其契机，正如将要在本书第 6 章 "xTech 市场" 中提到的，运用 ICT 的各种服务正不断出现，而支撑着这些服务的网络基础设施就是光纤等固网宽带及无线网络。

日本已进入人口负增长时代，许多社会问题显著，为解决这些社会问题，上述的 ICT 服务不可或缺。比如，工作方式改革中的远程办公，教育上运用平板终端的 ICT 教育，医疗上的远程治疗，等等。对民众来说，随着社会问题逐渐加剧，这样的 ICT 服务也从 "有的话就很好" 变为 "必要的"，变成更亲近、更重要的存在。以 2018 年 6 月发布的《未来投资战略 2018》为代表，日本政府发布了将广泛运用 IoT、AI 等 ICT 的全新战略。国家层面对解决社会问题的 ICT 服务的普及和重视，有助于让作为网络基础设施之一的固网宽带维持价值、保证需求。

开发、提供及运用 IoT、AI 等 ICT 服务时，终端、网络、数据分析等各种功能都是必要的，由于对象行业涉及多方面，因此需要同大量的产业链中的玩家展开合作。今后，对通信运营商来说，顺应上述趋势，与不同行业合作并开发与以往不同的宽带线路销售模式也变得极为重要。

最后，谈一谈无线网络和固网宽带的关系。预计无线网络会在现有的 4G 基础上继续高速化推进，并且将于 2020 年开启次世代的通信规格——5G。但在网络高速化推进的过程中，正如上文所说，流量也在不断增加。流量的增加不是只靠无线网络高速化就能解决的问题，而是需要固网和无线网络相互补充，双方作为支撑 ICT 服务的重要基础设施共存下去。

聚焦中国：中国固定宽带网络市场概述

从 2013 年起，中国就陆续发布了包括"宽带中国"在内的多项宽带发展顶层战略，明确了宽带网络的战略性公共基础设施地位。现阶段，国家更是高度重视"网络强国"战略和提速降费工作，中国宽带网络的建设正在实现跨越式的发展。

从普及程度来看，我国固定宽带家庭普及率正在快速提升，根据宽带发展联盟发布的《中国宽带普及状况报告》（2018 年第四季度），截至 2018 年年底，我国固定宽带家庭用户累计达 3.94 亿户，普及率为 86.1%，同比 2017 年年底提升 11.7%。

从整体建设水平来看，中国固定宽带网络已经全面迈入光纤时代，光纤宽带用户占比居全球首位。根据中国信息通信研究院发布的《中国宽带发展白皮书（2018年）》的数据（图 3.1-3），截至 2017 年年底，我国光纤宽带用户占固定宽带用户总数的比重已经达到 84.3%，大幅领先位列第二位的韩国（76.8%）和第三位的日本（76.7%）。在高清视频点播和企业信息化等需求的推动下，我国的固定宽带网速也不断提升，目前全国百兆以上用户占比已超过 50%。2018 年 10 月，上海更是成为全球首个"千兆之城"，千兆光网覆盖了 1000 万个家庭。

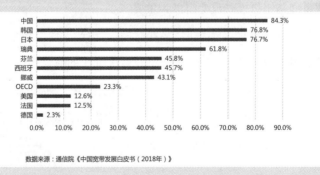

数据来源：通信院《中国宽带发展白皮书（2018年）》

图 3.1-3 各国光纤宽带用户占比

目前，随着"网络强国""互联网 +"等重大战略的落地，我国固定宽带网络的发展正和工业互联网、智慧城市等信息化项目更加紧密地结合在一起。可以预见的是，我国固定宽带网络的速率和普及率必然会随着信息消费的持续扩大、工业互联网的创新发展及智慧城市的蓬勃建设不断提升。

3.2　移动运营商及无线网络市场

本节摘要

1. 受到平板终端及嵌入型通信模组的硬件增加，以及虚拟运营商发展的影响，日本国内移动电话、小灵通的网络签约线路数预计将由 2018 年度的 1 亿 7377 万线路，增至 2024 年度的 1 亿 8468 万线路。

2. 日本虚拟运营商和移动运营商的子品牌将会不断推出低价智能机和低价套餐，但其增幅将有所放缓，预计到 2024 年，两者的签约数将达到 2700 万。

3. 在低价智能机市场上，价格已经不是主要的竞争要素。人们对于更低价位智能机的追求热度逐渐下降，因此有必要开发价格之外的卖点。

4. 移动运营商子品牌的存在感日益提升。同时，虚拟运营市场由大型公司主导的趋势日渐明显。预计未来行业将重组，并进一步追求规模化经营。

5. 虚拟运营行业将由大型公司主导，进行与移动运营商相同的促销及门店提升活动。另外，移动运营商也会推出更多的低价套餐，两者之间的界限逐渐模糊。而虚拟运营商用户增加的同时，也出现了用户对网络速度不满的现象，通信品质的重要性进一步显现。

6. 在低价手机通过差异化从利基[1]市场转向主流市场进军的过程中，移动运营商子品牌为打造差异化，采取了推出面向重度用户的套餐等措施。

市场定义

手机、小灵通网络签约线路数：日本国内手机运营商的网络总签约线路数。包括平板终端、电子书专用终端、数码相框终端、汽车及自动贩卖机内的嵌入型（模组）线路。不包含全球微波互

---

[1]　利基（niche）市场是在较大的细分市场中具有相似兴趣或需求的一小群顾客所占有的市场空间。

联（WiMAX）及 AXGP[1] 的数据通信规格。

　　低价智能手机网络线路数：从手机运营商处借取无线通信基础设施来提供服务的虚拟运营商与既有的移动运营商的子品牌所提供的服务。不包含手机运营商获得其他移动运营商的无线通信基础设施所提供的服务。

市场规模预测

手机、小灵通网络签约线路数

　　日本的手机、小灵通网络签约线路数在 2018 年度分别为 1 亿 7179 万和 198 万。与去年同期相比，手机签约数增长约 340 万，小灵通签约数减少约 65 万，整体仍呈扩大趋势。

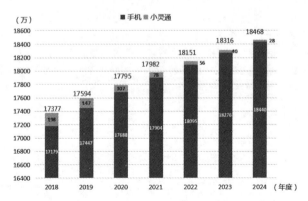

图 3.2-1　手机、小灵通无线网络签约线路数预测

----

[1]　TD-LTE 的兼容技术。

国家总人口虽然不断减少，但无线网络签约用户数却仍在增加。相对总人口而言，手机加上小灵通的普及率从 2017 年度的 135% 上升到 2018 年度的 138%。在老年群体中的普及，以及父母允许孩子（低龄群体）拥有手机，都促使用户的范围不断扩大。并且，同时拥有智能手机、平板电脑和电话终端，以及移动 Wi-Fi 路由器等复数签约的情况在增加。因此，个人的签约数呈上升趋势，总体的签约数量今后也将持续增加，预计在 2024 年度，线路数将达到 1 亿 8468 万（图 3.2-1）。

2020 年，5G 服务将开始商用化，但终端更换的循环周期延长，加上 4G 服务持续追求高速化，使用不便的网络服务将不复存在，因此若不提供创新的价格套餐和 5G 服务的话，5G 给用户带来的益处会很有限，用户数的非连续性扩大（开展 5G 服务的理由）也很难实现。

低价智能手机网络线路数

2015 年左右，低价智能机网络服务开始普及并被广泛熟知。现在市场上提供的低价智能机网络主要分两种，一种是虚拟运营商服务，还有一种是"子品牌"服务。

低价智能机网络的存在感日益提高，2017 年已经接近 2000 万线路。预计其用户使用意图将逐步上升，用户签约数将不断增加。但如后文所述，一方面移动运营商推出低价套餐，另一方面低价智能机运营商也会进行门店提升、开发有魅力的终端产品线等吸引大众消费市场的措施，因此移动运营商和低价智能机运营商之间在战略和服务内容上的界限会逐渐模糊。这种趋势今后也将持续，低价智能机网络的市场份额难以再像以往一样急速扩大，预计在 2024 年度会增至 2700 万线路。

市场趋势

低价智能机网络市场逐步成熟，与移动运营商的竞争不断激化

野村综合研究所于 2018 年 6 月到 7 月实施的《信息通信服务问卷调查》显示，在现今移动运营商的智能手机用户当中，回答对低价智能机网络（虚拟运营商及通信运营商子品牌所提供的服务）"使用意向低"的超过半数，但这一比例在逐年下降。虽然目前大众对移动运营商的喜好度仍很高，但低价智能机网络的存在感也不断提高，它已不单单面向"IT 盲"用户，而是成为大众消费群体的选择之一。

从智能手机的用户构成比例来看，低价智能机用户比例为 25% 左右，与 2016 年的调查（约 15%）、2017 年的调查（约 20%）相比，市场份额急速扩大。两成以上的移动运营商用户都有使用低价智能机网络的意向，预计今后也会呈扩大趋势。

而关于移动运营商用户看好低价智能机网络的原因，最多的回答为"资费更便宜"，但这一回答的占比在 2018 年的调查中首次低于五成。也就是说，人们对低价智能机网络的主要期待仍是其低价格，但仅凭低价格已无法满足诉求了。这是因为喜好低价格的用户大多早已转向了低价智能机，同时移动运营商也开始推出竞争力强的价格套餐。而回答"以后想使用低价智能机网络"的用户首次低于前一年，这是因为低价智能机网络市场的未来发展虽令人期待，但和移动运营商相比还是很难有太大的发展，并且未达前一年预计的增长率。这样的趋势今后也会持续，低价智能机网络用户的增长速度会逐渐变慢。

低价智能机网络市场集中在大型公司，行业重组开始

从低价智能机网络的使用者来看，大型公司的存在感不断增强。首先，子品

牌 Y!mobile 和 UQ mobile 用户数稳步持续增长，软银和 au 用户日渐成熟，这成为其增长的原动力。

在虚拟运营商市场上，市场份额主要集中于大型运营商。三大运营商市场份额占 55%，首次超过五成。随着虚拟运营商将目标转向大众消费市场，有必要积极开展促销活动，在推动实体店铺礼貌待客和售后服务等方面进行大量投资。另外，从为了扩充终端产品线而扩大批量供应的方面来看，也对大型公司更有利。并且，为了让用户能享受快速便捷的通信服务，虚拟运营商从移动运营商那里获取足够带宽的企业力是很必要的。虚拟运营商的用户中，曾有人反映"无法在使用率集中的白天时段连接网络"，这很有可能加速用户的流失。最终的结果将会是，拥有企业力的大型公司通过促销和带宽优势扩大用户基础，而利基厂商们将很难维持市场地位。

移动运营商和低价智能机网络之间明显的差异在消失

在移动运营商方面，继 au 的"au 正合适套餐"后，NTT docomo 推出了"基础包·基础分享包"，软银推出了"简易套餐"，都是根据数据流量自动匹配最佳资费的阶段型套餐。以往的资费套餐中，限定的数据流量用到最后仍有剩余对轻度用户来说是一大优点，但相比之下，人们还是希望物尽其用，少花冤枉钱。所以，以上这些阶段型资费套餐的最低额度和低价智能机网络服务相比是有竞争力的，它们和虚拟运营商之间的资费差距也在逐年缩小。

于是，低价智能机网络开始将竞争力从低价格化向门店提升、终端产品线扩大、多个移动运营商网络的服务提供等扩展用户广度方面转换。移动运营商和低价智能机网络之间的明显差异正在消失。

野村综研基于上述问卷调查结果，期待"通信质量的提高"成为继"低价格化"之后，虚拟运营商的又一发展推动力。日本总务省也开始从消费者保护的观点来探讨虚拟运营商的实际速度，因此今后虚拟运营商需要在扩大用户基础之上，确保足够的带宽范围，提高通信质量，毕竟现在只追求低价格是难以吸引用户的。

日本总务省就移动运营商子品牌同其他虚拟运营商在公平条件下展开竞争进行了讨论，但假如对任何一方进行限制，运营商想获得以往那样的用户就不是件简单的事了。

软银从 2018 年 9 月开始，推出了面向重度用户的资费套餐"Ultra Giga Monster+"和面向轻度用户的"Mini Monster"。Ultra Giga Monster+ 是在 50GB 大容量数据流量基础上，增添了可随意使用 YouTube 和 AbemaTV 等特定的视频平台、随意使用 Line 和 Facebook 等特定的社交软件的套餐，这样"无限制""不计数"的套餐是日本国内移动运营商的初次试验。而 Mini Monster 的资费套餐被认为将促进向 Ultra Giga Monster+ 的转换，因为如果选定了这一套餐，"超过 2GB 的情况下 Ultra Giga Monster 会更划算"。总之，软银子品牌 Y!mobile 主打低价格套餐，软银自身则主推"只有移动运营商才有的高端套餐"。

在"只有移动运营商才有的高端套餐"方面，au 也推出了"au 25GB 极速套餐 Netflix 包"，在大流量套餐基础上捆绑优质的内容服务。从软银和 au 这样的资费套餐设置上可看出，与子品牌不同，主品牌更追求差别化战略。

低价智能机网络当初凭借其低价格与移动运营商进行差别化竞争，但随着其规模逐渐扩大，它与移动运营商之间的界限也日渐模糊。预计大众消费市场中这两者的竞争会日益加剧，同时以移动运营商为中心的高端领域新市场也将产生。

聚焦中国：虚拟运营商的路在何方？

从 2013 年年底工信部发放首批移动通信转售业务试点批文，到 2018 年 5 月工信部正式发放首批虚拟运营商商用牌照，中国的虚拟运营商经历了 4 年多的摸索、实践与发展。

相较于欧美发达国家，中国的移动转售业务起步很晚，从发展伊始就未享受到人口红利，再加上严格的监管政策和全行业提速降费的现实处境，使得虚拟运营商本就不大的生存空间愈发狭窄。在试点期间，很多虚拟运营商并未想清楚差异化的运营模式，产品和业务结构与三家基础运营商基本雷同，为了打开局面只能采取低价策略，结果不可避免地带来了低价值用户居多、实名制政策落实不力等后遗症。

事实上，在饱和市场中，传统电信运营商都在纷纷降低资费挽留用户，虚拟运营商的低价策略本就行不通。如果想要杀出重围、崭露头角，虚拟运营商就必须找准定位，凭借自身的优势能力提供差异化的创新服务。目前看来，发展较为成功的虚拟运营商都是在细分领域精耕细作的创新引领者。

蜗牛移动

作为国内首家游戏背景出身的虚拟运营商，蜗牛移动充分利用游戏这一极具变现能力的数字娱乐内容，将流量（免卡）与内容（游戏）、硬件（游戏手机、游戏主机）、平台（免商店）打通，打造了一个通信游戏一体化的生态圈，成为国内为数不多的用户规模破千万的虚拟运营商。

远特通信

远特通信聚焦物联网垂直细分市场，集成码号资源、运维能力和管理能力等，为中小企业搭建了一个资源共享、数据透明、实时结算的智能管道能力开放平台，从而打造了合作共赢的生态型发展模式。

乐语通讯

乐语通讯在获得移动通信转售业务试点资质后不久，就被国内电子零售巨头宏图三胞收购。在积极布局零售渠道的同时，乐语通讯加入了宏图三胞的大健康战略布局，孵化出了移动健康管理平台"妙健康"。"妙健康"可以为用户提供定制化的健康管理服务，包括全面健康评测、健身方案定制、饮食习惯管理、智能硬件数据采集及专业医疗接入等。2017 年，乐语通讯与宏图三胞旗下的以色列健康养老服务企业 Natali 开展深度合作，双方整合健康终端设备、移动通信服务、大数据分析能力和专业的远程医疗、应急呼叫等服务能力，为中国老年人提供完善的健康养老服务。

从上述行业领先企业的发展经验看来，虚拟运营商如果只是单纯地提供和传统通信运营商无差别的通信服务，是无法实现可持续发展及企业盈利的。虚拟运营商通过技术手段和商业模式的创新，找出契合自身企业优势能力的细分市场，精耕细作，为用户提供优质的产品和服务，将是企业破局的最终出路。

INFORMATION
TECHNOLOGY
NAVIGATOR

04

内容分发市场：超越内容本身的市场

内容产业转战附加值竞争

内容产业的转型期

本章将具体论述内容产业的细分领域，包括游戏市场（家用游戏中的硬件游戏及软件游戏、社交平台游戏）、视频分发市场、偶像市场和付费电视平台服务市场。

在这些市场涌现之前，已经存在诸如 CD 销售市场、家庭游戏（硬件、软件、单品）销售市场、租赁（诸如 DVD 和蓝光光碟）市场及有线电视频道订购套餐市场等。然而，与其他行业市场一样，伴随着互联网线路（有线和无线）的宽带化、以智能手机为代表的移动终端的普及，以及其他领域或海外竞争对手的多样化，原有的市场边界也在不断拓宽，诸多新兴市场如雨后春笋般不断出现。因此，内容产业市场这一概念本身的定义已经产生了变化。本章将介绍这些已发生改变的市场。

市场变化的主要内容包括：商业模式的多样化、内容的高附加值化、性能及结构朝着可持续利用方向改进、业务领域的分层化等。以下将做具体分述。

商业模式的多样化

现有的商业模式主要有：免费模式（包括基础免费模式，即基础服务不收费，但会加收特别服务费，以及有广告模式等），单次收费／按用量收费模式（按主题、额外内容等逐一收费），每月固定收费模式（订阅类型）等。尽管服务或内容本身的范围有限，但因为每月只要支付 500~1000 日元就可以无限量享用服务（畅享游戏、畅享视频、畅享音乐等），故而不断有新的用户产生。尽管每月固定收费模式有可能会加速传统市场的萎缩，但若能扩大用户基盘，或许它会创造新的商业机会。

内容的高附加值化

内容垄断和原创内容制作这一行业现在正处于成长期，其采购成本也普遍较高。内容垄断，即动漫、电视剧和体育节目的内容垄断。原创内容制作，一般指极具吸引力的内容制作，如基于高认可度的原作进行创作、改编过去的人气内容、名人参与等方面的制作。

另外，内容高附加值化也包括利用 4K/8K 或者 HDR（高动态范围成像）技术形成高清画质，通过高分辨率实现高音质，等等。

以上所提及的改进，都旨在维持现有客户并增加新客户，以此来保持或扩大现有收益。

性能和结构朝着可持续利用方向改进

在内容产业中，诸如用户行为分析（日志、收视数据等）、AI、大数据分析等核心技术也在不断普及。此外，在内容产业中，UI（用户界面）和 UX（用户体验）也在不断推进，前者强调的是通过技术获得客户，后者强调的是通过用户使用获得用户体验价值等。在当下服务和内容日趋泛滥的情况下，UI 和 UX 正不断尝试创造用户的个性化服务和内容，并让这些服务和内容不断受到关注，不断被试用和持续利用。在此之中，为了获得客户的认可和信赖，一些新的体验也被不断推出，如与节目表演人员共同交流的体验，或满足应援欲望的体验。今后，内容产业将融入数字技术的独特功能，并不断增加或扩展具有新价值的服务。

业务领域的分层化

除了拓展内容产业的分发对象外，内容产业领域还开展了新的延伸业务。比如广泛获取内容版权，以此来扩展相关活动或商品销售等实际业务，以确保更多的收益来源。此外，如上所述，围绕着内容这一核心，新的业务也在不断衍生，如满足应援需求的捐赠业务。内容产业本身很难带来巨大收益，因而进军周边领域或许是今后的一大方向。

为内容创造新的价值

随着互联网的宽带化和智能手机等终端的多样化，消费者能获取各种形态的内容和服务。然而，随着内容和服务种类的日益增加，客户也面临前所未有的选择与取舍。为了让客户选择适合自己的内容和服务，内容产业有必要创造新的价值。当今时代，创造让顾客感到"舒服"的服务显得尤为重要。例如，UI 和 UX 的精简（易操作性、个性推荐等）、现场感（真实感、参与感等）、共享性（和朋友、熟人的联结互动），以及与真实服务的联结等都可视为这方面的努力。与此同时，在特定领域具备显著优势的企业（比如生活基础设施、金融、零售业等领域的企业）应强强联合，突破现有的产业结构壁垒，实现价值创新，推动内容产业整体发展。这一切将推动整个内容产业不断成长。

4.1 游戏市场

本节摘要

1. 社交游戏目前规模已超过 10000 亿日元，继续引领日本游戏市场。由于消费者付费意愿逐渐提升，预计 2024 年度社交游戏市场将达到 13000 亿日元（图 4.1-1）。
2. 任天堂 Switch 的销售持续增长，2017 年软硬件市场双双逼近 2000 亿日元。但对市场的推动效果具有局限性，目前看来难以长期持续。
3. 游戏视频内容市场的持续繁荣增加了游戏行业的新触点，增添了游戏观众这一新客户群。因此，未来的制胜点会落在强化用户关系和构筑用户触点上。

> **市场定义**
>
> 　　本文提到的游戏指的是通过手机或游戏机操作的游戏。游戏大致分为两种类型：传统型游戏（打包售卖型）和购买型游戏。前者的模式主要是玩家需要在开始游戏前一次性付清所有费用，例如索尼互动娱乐旗下的 PlayStation 平台上的游戏等。此类游戏的盈利来源主要是购买前的一次性付费。后者则主要指社交类游戏。这一类游戏大多可以免费下载，但玩家需要花钱购买游戏中的道具，才能获得更好的游戏体验。道具销售是此类游戏的主要收入来源。此外，本节中提及的社交游戏包括智能手机软件商城中的本地游戏软件，硬件设备中不包含游戏周边设备。

市场规模预测

硬件市场

　　2017 年度，受任天堂 Switch 热卖的影响，硬件市场的市场规模首次逼近 2000 亿日元大关。任天堂 Switch 发售之后，其超出预期的高涨人气使得此机型长期处于断货的状态。2017 年年末，任天堂对该机型进行了一次大规模的补货，其最终销售量远超市场预期（2017 年全年共卖出 378 万台）。

　　然而，2018 年任天堂 Switch 没能保持住上一年度的销售势头，加上其他的游戏硬件缺少成为销售神话的条件，因此今后的硬件市场可能会重走下坡路。如果始终没有新的游戏硬件上市，那么到 2024 年度，硬件市场的规模可能会缩减至约现今规模的一半。

　　索尼旗下的 ForwardWorks 公司或将成为未来影响整个市场的风向标之一。该

图 4.1-1　日本游戏市场规模预测

公司将会把旗下的高人气游戏移植到手机平台，未来与 PlayStation 平台携手进入公众视野。ForwardWorks 的发展战略可能会给硬件市场注入新的活力。

软件市场

与硬件市场一样，在任天堂 Switch 的牵头带动下，2017 年度日本的软件市场开始出现增长，规模达到了 1942 亿日元。

2017 年涌现出了比往年更多的游戏作品，游戏大作《勇者斗恶龙 11：追寻逝去的时光》《口袋妖怪：究极日月》《喷射战士 2》等的销量都突破了 200 万大关。2018 年，《怪物猎人：世界》的销售量于 7 月达到了 200 万份，但由于其他游戏作品缺乏话题性，2017 年持续增长的游戏软件市场在 2018 年之后开始走下坡路。如果今后软件市场发展继续低迷，到 2024 年度，软件市场的规模可能只有 2017 年的一半。

社交游戏市场

2017 年度日本社交游戏市场规模虽然仍维持在 10000 亿日元左右，但龙头作品已出现了明显的"改朝换代"。迄今为止一直占据主流市场的《智龙谜城》《怪物弹珠》等老牌大作的销售量已经呈现下滑趋势。2018 年之后，社交游戏销量排行有一些大的变动。

野村综研开展的《信息通信服务问卷调查》（2018 年 6 月至 7 月）结果显示，受访者对于整体游戏市场行情的看法与过去一致，这意味着愿意选择付费型社交游戏的用户比例还会持续增长，消费欲望仍将继续提高。预计今后社交游戏市场将持续增长，若真的能够保持这样的趋势，日本社交游戏市场的规模将在 2024 年度发展到 13000 亿日元。

与此同时，用户们愿意买单的游戏也开始集中起来。根据上文野村综研的问卷调查结果，当被问到"现在在玩的社交游戏数量"和"正在付费玩的社交游戏数量"这两个问题时，受访者对前者的回答主要是三款游戏，而对后者的回答则集中在一款游戏上。此外，就算其他游戏厂商推出了限量版的促销活动，用户愿意购买的付费型游戏仍是那一个。因此，如何成为玩家心目中那"唯一愿意为之掏腰包的游戏"，让大家跨越"免费"的壁垒，才是重中之重。迄今为止，只有几款在市场上长期运营的游戏可以维持高人气，而新游戏之间的竞争异常激烈，这都是由上述用户心理造成的。对于社交游戏的运营商来说，要想在激烈的市场竞争中生存下来，必须做好用户关系管理战略，与用户构建更加良好的关系，使他们成为自己游戏的深度粉丝。

市场趋势

大逃杀类游戏中涌现的市场新机遇

《绝地求生》（PUBG）、《荒野行动》、《堡垒之夜》，这些都是 2018 年席卷全球的游戏大作，而这些游戏都属于同一种类型——"大逃杀"。大逃杀游戏，是指大量玩家一起进入游戏内的同一设定场景中，经过激烈战斗，最后决出唯一的胜者。这类游戏可以在 PC、家用游戏主机、智能手机等多种设备上进行，是当今世界上最为流行的游戏类型。这类游戏虽然在初入日本市场时没有得到太多关注，但由于诸多 YouTube 博主做了此类游戏的相关视频，此类游戏因此引起了热议，给那些不怎么留意游戏的消费者传达了一种"这款游戏很容易上手"的感觉。尤其是前一阵在日本高中生中拥有超高人气的《荒野行动》，甚至衍生出了"荒野女生"这样的流行语。

论起大逃杀类游戏的流行，除了其优秀的游戏体验感之外，更要归功于其对于非游戏爱好者群体的市场营销战略。《荒野行动》经常通过社交媒体，策划以初中生和高中生为主要目标人群的活动，召集年轻人非常喜欢的游戏和视频博主，组织大型线下活动。

大逃杀类游戏的兴起，意味着日本国内市场目前虽然陷入了剩余游戏市场的争夺，以及在游戏爱好者空闲时间和付费金额等方面的拉锯，但依然存在新客户的开发空间。已经出现发展停滞端倪的日本游戏市场，或许还隐藏着进一步发展的可能性。

总结

　　任天堂 Switch 给硬件市场带来了时隔多年的回暖，但仅寄希望于这一个游戏平台很难保证市场规模的可持续性增长。正如索尼的新公司希望通过结合智能手机和家用游戏机平台来扩大市场一样，今后家用游戏、社交游戏不应当固守在各自的市场中，而应该谋求合作与融合，这样才能够维持或扩大各方市场的规模。此外，借鉴大逃杀类游戏这种采取全新市场战略来开发顾客群体的优秀案例，我们期待今后的游戏营销战略更加立足于消费者，并做出更多的改变。

聚焦中国：中日游戏市场的历史与未来

　　20 世纪 80 年代，一家名叫任天堂的日本游戏公司推出了第三代家用游戏机（Family Computer，在中国被称为"红白机"），这款游戏机凭借其高质量的游戏内容和低廉的价格很快席卷全球，并在之后的十余年内长盛不衰。多年来，包括任天堂和索尼在内的电子游戏巨头和众多知名游戏开发商共同推动了日本游戏市场的大繁荣。如今，以动漫和游戏为中心的"宅文化"已经深植于当代日本的精神内核之中，可以说，日本社会对游戏文化的接受程度绝对位居世界前列。在大多数资深游戏迷的心目中，任天堂、秋叶原这些名字，都有着不可替代的地位。

　　与游戏产业发展悠久的日本市场不同，中国游戏市场显然属于后起之秀。经过早期盗版横行、产品单一的"蛮荒时代"后，中国在 21 世纪初才迎来了游戏市场的第一次爆发，而这一爆发的起点就是网络游戏。在短短两年时间内，中国的游戏市场就几乎被网络游戏完全占领。随着网络游戏的崛起，中国游戏市场的规模不断壮大，游戏原创能力也逐渐成熟。

进入移动互联网时代后，中国和日本的游戏市场不约而同地驶入了同一赛道——手游。《全球移动游戏市场企业竞争力分析报告》显示，全球移动游戏市场规模自 2015 年以来，每年都以超过 100 亿美元的速度增长，而中国和日本无疑是其中两支主力军。事实上，中国和日本在手游市场的起步时间差不多，但中国手游市场的增速要远远超过日本，截至 2018 年，中国已经以 30.8% 的份额成为全球最大的移动游戏市场，而日本则以 17.5% 的份额位列第三。

中国手游市场飞速发展的背后，其实是庞大的潜在用户基数和不断增强的付费能力。日本游戏市场经过多年的发展，市场规模和付费习惯趋稳；同时，任天堂、索尼等厂商开发的家用游戏机盛行多年，培养了用户的消费习惯，因此主机游戏（PC Game）仍然占据日本游戏市场的重要一席。反观中国市场，在移动互联网爆发式增长和消费升级的背景下，手游填充了用户大量的碎片化时间。长期缺位的需求一旦被满足，就激活了上千亿元的市场。

随着手游的人口红利逐渐见顶，如何开发精品来提高用户的付费意愿，是中日两国游戏市场共同面临的课题。好消息是，5G、云计算等技术的革新，势必会提高游戏的实时性和稳定性，从而确保玩家的最佳游戏体验，为游戏市场的可持续健康发展提供动力。

4.2　视频分发市场

本节摘要

1. 在日本的视频分发市场上，固定月费用户可收看的内容逐渐丰富，预计 2024 年度市场
规模将达到 2316 亿日元。
2. 收费视频分发业者正在耗巨资制作原创内容，而电视台在播放节目的同时也在互联网上
分发节目内容。最终，电视和视频内容市场将趋向统一。

市场定义

在视频分发市场中，消费者通过联网的电脑、电视或者移动终端(包括智能手机和平板电脑)等设备来收看自己感兴趣的节目，包括电影、动漫、外国电视剧等。因此，视频分发市场的市场规模指的是用户向提供视频分发服务的企业支付的费用总额。

本文讨论的视频分发服务包括以下三类：

1. 允许在一定期间内（就日本市场来说为一周左右）观看特定视频的服务；

2. 允许通过下载特定视频，无限次观看视频的服务；

3. 允许通过支付月费，无限量观看视频的服务。

在第三类月费服务中，只包括观看视频本身的费用。例如亚马逊的优享视频（Prime Video）服务中，视频服务和其他产品组成套餐时会产生额外费用，这类费用是不包含在月费内的。另外，月费也包括为了看平台视频而支付的会员费，例如 niconico 视频网站的高端会员注册费。

不过，在免费播放视频的网站上，赞助商一般会向视频播放方支付费用，用于投放广告或者宣传促销活动。此类型的费用不在我们讨论的市场规模范畴内。我们讨论的视频分发服务也不包括网上直播体育活动类的服务，或者在网上同步分发体育活动视频的服务。

市场规模预测

如今随着内容和服务的丰富，视频分发市场也在不断成长。尤其自 iPhone 问世以来，智能手机迅速普及，视频分发服务也及时扩展到智能手机终端，用户量因而不断增加。移动运营商所提供的服务是其中的主要力量。

在日本，这类服务的典型代表是 NTT docomo 和 Avex 公司合作提供的 "dTV" 服务。享受该服务的用户仅需每月支付 500 日元（不含税），即可无限制地享受电影、电视剧、动漫、音乐和其他内容。NTT docomo 通过在用户购买手机时推销该项服务，吸引了大约 500 万会员。

其他供应商也推出了类似服务，比如用户每月缴纳固定费用即可观看丰富的内容。提供这类服务的典型代表有 Hulu 视频网站（2014 年 2 月被日本电视台收购），以及提供在线视频的网飞公司（2015 年 9 月开始在日本推广业务）。2011 年 9 月 1 日，Hulu 在日本推出月费式视频分发服务。用户每月只需付 933 日元（不含税）即可收看好莱坞电影和美国电视剧等 10000 多个视频。尽管在被收购之前，Hulu 网站就在陆续丰富日本本国的视频内容，但随着被日本电视台出手收购，电视台出品的视频内容名正言顺地在该网站上线，网站内容得到了进一步优化。

不仅日本电视台一家，TBS（东京放送）、东京电视台、WOWOW 几家电视台于 2018 年 4 月成立了 Paravi 公司，提供互联网视频服务。若其他电视台也加入 Paravi 的服务，就意味着未来的用户可以享受到来自于日本各大主要电视台的节目。Paravi 今后的发展会如何，着实令人期待。

截至 2018 年 7 月，视频分发市场增长的主要推动力是亚马逊的优享视频服务。作为一种视频分发服务，亚马逊优享视频于 2015 年 9 月 23 日开始在日本推广。只要用户是亚马逊优享会员，就可以享受亚马逊商品免费配送服务，还可以免费收看亚马逊视频。优享会员的年费是 3900 日元（含税），哪怕仅用于收看视频，也远比其他家的服务便宜。

今后，日本国内外诸如此类便宜且月费制的视频服务将越来越多。随着供应商的竞争日益激烈，视频服务的阵容和易操作性也将不断提升，因此也会吸引更多用户。

此外，随着 2020 年东京奥运会和残奥会的临近，NHK（日本放送协会）等地面广播电台将扩大互联网转播服务。随着这项服务的普及，在互联网上观看长时间视频也将成为趋势，因此将有一部分 DVD 租赁用户和付费电视节目用户开始向付费视频分发服务用户转变。

鉴于以上推测，日本视频分发市场的规模将在 2024 年度增至 2316 亿日元。然而，由于低成本服务的普及，用户数量的增加趋势敌不过平均服务价格的下降趋势。因此，未来视频分发市场的增速可能会放缓，并逐步趋于饱和（图 4.2-1）。

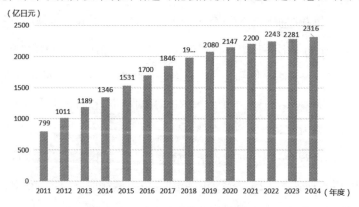

图 4.2-1　视频分发市场规模预测

市场趋势

美国的视频分发领军企业亚马逊和网飞也在日本制作并发行原创内容。亚马逊为了打开日本市场，制作了许多集合了知名演员、IP 和知识产权等要素的作品，例如吉本兴业事务所的艺人出演的搞笑节目、《假面骑士》系列新作，以及知名演员出演的电视剧等。正如前文所述，虽然亚马逊优享会员可以免费观看亚马逊的会员限定视频，但大多数亚马逊会员重在享受购物优惠，对视频兴趣并不高。为了让更多的会员产生兴趣，视频分发企业需要打造知名度高的内容。

与此同时，网飞也致力于在日本制作原创内容。比如把芥川奖获奖小说——又吉直树的《火花》影视剧化。此外，网飞还加强了原创动漫制作，推出了例如《刃牙》等人气动漫。事实上对于特定人群来说，如果有好的内容，即便需要掏腰包观看，他们也是心甘情愿的。网飞准备着眼于这类人群，将他们感兴趣的原创内容进行整合。

以大众服务为目标的亚马逊优享和提供高端服务的网飞，虽然在做法上有所不同，但如上所述，两家公司都专注于内容制作。网飞宣布 2018 年在全球投资约 8500 亿日元用于内容打造，而也有报道称，亚马逊 2017 年全球的制作费用就已高达 5000 亿日元。

当大型公司开始大量制作迎合日本观众喜好的内容时，日本广播和内容市场可能发生巨大变动。如上所述，两家公司在原创内容上投资超过 5000 亿日元，这与美国四大商业广播电视网的节目制作费用相当。目前，日本东京的主要民营电视台的节目制作成本约为每家电视台 1000 亿日元，当然也不能排除亚马逊和网飞将在日本进行同等规模投资的可能性。在这种情况下，它们提供给日本市场的内容将相当于一整家电视台的分量。

高单价、高质量的内容制作将加剧整个日本市场在内容质量上的竞争强度。但是进一步想，如果日本节目制作公司为美国大型公司提供内容制作，其实可以同时实现对海外的内容销售，相关的日本公司有必要在制作内容的时候考虑到海外的受众群体。因此，日本整体的内容制作方式和制作者的意识可能会随之发生改变。

在美国，一些广播电视公司也正在与这些视频分发公司进行竞争。美国四大商业广播电视网之一的哥伦比亚广播公司（CBS）正在提供自家的付费视频服务。此外，迪士尼电影公司于 2019 年推出自家的视频服务，但会针对视频分发业者就供给的内容做相应的限制。

另外，在日本，将地面平台放送的内容通过网络实现同步播放的做法也逐步成为现实。目前日本法律仍禁止 NHK 在一般情况下通过其他渠道进行同步播放，但已有势头表明同步播放即将成为可能。此前日本内政部主办的关于放送问题的研讨会（第 19 期）上就针对同步播放问题进行了积极的商讨。

这样，现有的广播电视、内容制作在未来将进一步向互联网发展。互联网视频公司则将加强内容制作，双方争夺观众的竞争将更加激烈。本书依据惯例将广播电视和视频分发分为两个市场，但这两个市场正在不断一体化。

在一体化的市场中，决定成败的关键在于内容的制作能力，即能制作出多少高质量的内容。在未来，内容本身及制作者、制作公司的竞争将不断激烈化。网飞于 2017 年 8 月收购了美国漫画出版商，正在努力实现旗下作品的影视化改编。不难想象，未来日本也会发生类似的事件。届时，广播电视节目或动画制作公司很可能成为视频分发企业主要的拉拢对象。

对于与广播电视、内容制作相关的企业来说，为把握未来发展趋势，持续不断地保持较高的制作能力，需要从现在开始着手准备。

聚焦中国：下一个网飞在哪里？

移动互联网时代，在线视频平台已经成为人们消费娱乐影音内容的主要平台，中国在线视频用户规模在过去的十年内已经从 2 亿人增长到 6 亿人，市场规模也随之不断扩张。

经过多年的发展，国内在线视频产业逐渐成熟，不少在线视频平台在版权内容储备和自制内容生产方面都取得了长足的进展。目前，国内三大视频流媒体巨头爱奇艺、腾讯视频和优酷，都已经获得了足够的品牌影响力，积累了庞大的用户基础。2018 年 7 月，这三家流媒体平台的 MAU（月度活跃用户）均超过了 5 亿人。

如何实现流量变现，是当前在线视频平台的主要课题。很长时间以来，国内在线视频平台的主要营收来源都是在线广告。不过，过多的广告势必会影响用户的观赏体验，而精品独家内容的版权价格又持续上涨，广告收入根本无法让在线视频平台实现盈利。各大平台不得不寻求新的收入增长点：付费会员服务。

美国流媒体巨头网飞是在线视频平台发展付费会员盈利模式的典范。网飞多年来坚持不插播在线广告，其营业收入几乎全部来自会员的订阅付费，并且实现了连续多年盈利。在这种盈利模式的背后，是网飞强大的内容生产能力：独家版权内容和自制精品内容成为网飞牢牢拴住大批付费会员的基础。

随着国内版权意识的逐步增强，内容付费成为大势所趋，各大在线视频平台都开始发展付费会员服务。爱奇艺在 2011 年最早开启了会员付费这一业界先河，经过多年的探索，到 2018 年年底，其付费会员规模已经达到 8740 万人，付费会员收入已经超过广告收入，占平台整体收入的 42.5%。能够明确看到的是，爱奇艺会员服务收入的强劲增长归功于其优质的内容，特别是原创爆款影视剧和综艺节目。

在内容为王的时代，所有在线视频平台都在发力内容创新。如何持续生产出高质量的差异化内容，将是持续留住付费会员的关键。谁会成为中国的网飞，我们拭目以待。

4.3 偶像市场

本节摘要

1. 日本的偶像市场不单纯指偶像们的作品的市场产值，也包括"应援、支持的消费产业"。

2. 日本应援、支持的消费产业被称为"AKB 商业模式"，主要由销售附带"握手券"或"投票权"的唱片、众筹、打赏等组成。

3. 在日本，对偶像的消费意向在 2018 年有所增加。偶像虽有轮替，但是预计今后整个市场还是会不断扩大。

市场定义

本节中提及的偶像市场有两点值得关注：

一是所谓偶像与否，不在于制作方的称谓和认可，而在于消费者是否认可其为偶像，且偶像可以是个人，也可以是团体；

二是我们在讨论日本国内偶像消费市场规模时，指的是消费者花在偶像身上的"应援费""门票费"等，不包括这中间产生的交通住宿等间接费用。

市场规模预测

2017 年度，日本偶像市场的规模为 3660 亿日元（基于消费者消费额）。根据野村综研开展的《信息通信服务问卷调查》（2018 年 6 月至 7 月），2017 年在日本 15~68 周岁的群体中，购买过偶像音乐作品或周边产品、参加过应援活动的人占 13％，人数超过 1000 万。与 2015 年的调查相比，受访者的消费金额呈增加趋势，并且之后该方面的消费意向额度也呈增加趋势。

尽管流行偶像团体的解散、成员迭代，以及新团体的诞生，都会带来消费人群的波动，但偶像市场的体量主要依靠的是粉丝的应援、支持等消费行为。因此，随着应援形态的愈加多样，偶像市场的规模也在日益扩大。预计到 2024 年度左右，日本的偶像市场规模将会达到 4623 亿日元（图 4.3-1 ）。

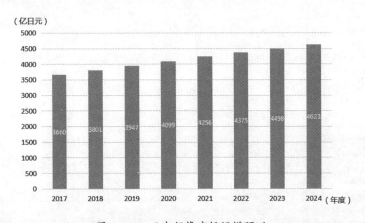

图 4.3-1　日本偶像市场规模预测

市场趋势

现代偶像产业不仅包含粉丝们购买偶像作品的消费，还包含为了与偶像有更多的互动而产生的消费。因此，即使流行偶像有变动，也会有相当部分的"应援、支持消费粉丝"滞留。

在过去，与"握手券"和"投票权"等特权捆绑的 CD 销售业务是日本偶像市场发展的支柱。近年来，日本音乐市场的大部分畅销 CD 都是以"AKB 48"为代表的偶像作品，这个种类的 CD 销售模式也被称为"AKB 商业模式"。其中 CD

单曲的销量非常值得一提。根据 Oricon[1] 的排名，2017 年排名前 20 的单曲都来自于偶像团体（表 4.3-1）。这 20 件作品的总销售量就达到了约 1322 万件，占当年单曲总销售额的 26% 左右。

表 4.3-1　2017 年 Oricon CD 单曲销售量年度排名

排名	艺术家	主题	销售量（万枚）
1	AKB48	无用的愿望	139.2
2	AKB48	#喜欢你	112.3
3	AKB48	11月的脚链	111.4
4	AKB48	Shoot Sign	108.6
5	乃木坂46	扈景	103.6
6	乃木坂46	大影响家	102.8
7	乃木坂46	及时行事	96.1
8	欅坂46	不协和音	76.8
9	欅坂46	就算风吹	72.4
10	岚	Doors~勇气的轨迹~	62.6
11	岚	I'll be there	43.8
12	岚	羁绊	43.5
13	BTS（防弹少年团）	MICDrop/ DNA/ Crystal Snow	36.5
14	SKE48	意外的芒果	34.1
15	NMB48	除我以外的人	32
16	关杰尼∞	胡乱BEAT	31
17	Hey! Say! JUMP	OVER THE TOP	30
18	Hey! Say! JUMP/ Aa.Y.T	Precious Girl/ Are You There?	28.5
19	Hey! Say! JUMP	Give Me Love	28.3
20	关杰尼∞	奇迹之人	28.2

出处：Oricon《2017年度单曲排行榜》

　　虽然专辑不如单曲畅销，但排行前 20 的作品中有 10 件是偶像作品，某种程度上甚至可以说，正是偶像作品支撑着经营不振的 CD 产业。

　　偶像市场与其他音乐艺术市场最大的不同在于，吸引粉丝眼球的不在于乐曲或音乐活动，而在于偶像团体本身或其活动本身，因此粉丝的消费活动基本上就是应援或支持活动。现在即便是不知名的音乐家，也会有一定数量的粉丝为之花钱，所以不难想象那些有偶像光环的人背后的粉丝经济效益是多么庞大。

---

[1]　日本公信榜，日本最具知名度的音乐排行榜。

日常霸占日本畅销 CD 排行榜前几位的是 AKB48、乃木坂 46、欅坂 46，以及杰尼斯事务所的偶像团体。除此之外，也有很多音乐家和团体抱着终有一日能出道的想法，以"地下偶像"的身份活跃于路边或者室内小型场馆。这类偶像同样也拥有众多狂热的粉丝，他们不惜挥金反复购买偶像发行的 CD。

音乐会、活动及周边商品是支撑偶像市场发展的一大支柱。这些活动和产品让粉丝得以聚类成团体，而这正是偶像经济得以产生的重要因素。在这种大背景下，前面所提到的 CD 通常也会与偶像活动的入场券进行捆绑销售，或是根据粉丝们的购买数量推出一些与商务营业相关的粉丝活动。因此，偶像市场中的部分 CD 销量是与其线下活动的销售额密切相关的。

应援、支持经济的拓展

从购买 CD 或活动券支持偶像这一行为中，渐渐地衍生出了打赏这种更加直接的众筹行为。现如今，CD、MV、写真集的制作费，或者巡回表演的费用都可以通过众筹来解决。只要活动得以顺利进行，对于出资者来说就有回报。出资越高的人，就有更多的机会与偶像或者作品互动。这种设计促进了应援消费的增多，甚至有粉丝对单个偶像的单项活动出资额就高达数十万日元。一个实例是，2013年，偶像团体"东京女子流"首次主演电影，其首映宣传费用就是通过众筹的方式来募集的，最终募得金额约 700 万日元（起初目标是 300 万日元）。

然而，众筹资金究其根本还是支持费，所以其开支项目必须明确公示。即使最终筹到比预期目标更多的费用，也不能就此认为有了额外收益而随意使用。因此，那些作品已经拥有稳定销量的人气偶像组合，通常都会在自己作品的基础上再追加相关周边产品，这样才能产生更大的商业价值。

此外，从 2013 年开始，这种以粉丝应援、支持为支柱的粉丝经济开始引入带有打赏功能的流媒体直播形式，并引起了很强烈的市场反响。网络直播平台

"SHOWROOM"在2013年就已经开始向其视频发布者（主播）"房间"内的观众（粉丝）提供流媒体直播服务。观众们可以以虚拟形象进入直播房间，并且能够向视频发布者赠予免费或者收费（100日元及以上）的礼物道具。

不仅是偶像领域，主打网络直播的Twitcasting、OPENREC.tv等公司近年来也增加了带有打赏机制的流媒体直播服务。2017年，谷歌公司正式在日本市场推出带有收费评论功能"SuperChat"的"YouTube Live"。2018年niconico动画发布的全新版本中也加入了打赏功能。

其中，SHOWROOM从开始提供此项服务之初就一直致力于在偶像领域的发展。不仅是那些名不见经传的个人或地下偶像团体，就连AKB48、榉坂46等人气组合也开始在此平台开展成员选拔的审查工作，该平台在粉丝团体中的知名度和使用率也是水涨船高。由于粉丝对偶像的应援和支持资金的多少与偶像能否出道息息相关，这种经营模式取得了巨大的成功。SHOWROOM也在2017年上半年日本国内视频软件收益排行榜中取得了第一名的傲人成绩。

今后日本的市场变化

根据野村综研的《信息通信服务问卷调查》，与偶像支持相关的众筹和打赏服务的使用率分别达到6.0%和5.1%。"愿意继续使用该服务"的粉丝比例超过六成，非使用群体中"愿意在以后使用此项服务"的比例也达到10%。此外，表达未来使用意向的人群之中，2017年在偶像相关领域没有过任何消费的群体到2018年还剩下80%左右。因此，"有喜爱并为之应援的偶像团体，但从未进行过积极的消费行为"的这部分人在未来很有可能被吸纳成为新的消费者。

通过本次调查还能得知，在人数比例方面，"偶像产业消费者的中心层"集中在十几、二十几岁的学生群体。不仅是偶像产业，很多音乐消费群体都表现出相同的特征。此外，近年来以YouTube为主要音乐收听手段成为主流，而通过观看 YouTube 为自己支持的偶像团体打赏也自然而然成了主要的消费模式。

然而，从销售额方面来看，学生们的闲余资金是很有限的，不足以引起未来市场趋势的大变化。因此，偶像市场规模扩大的关键点在于这些偶像团体是否拥有吸引粉丝持续性消费的魅力，即让那些学生时代就成为粉丝的人群，在步入工作岗位，拥有更多可自由支配资金之后，仍愿意继续为自己喜爱的偶像团体消费。偶像市场的销售额与各年龄段粉丝群体的年收入水平有很强的联系，粉丝可自由支配金额的多少是影响该市场体量的主要因素之一。此外也有人指出，偶像产业的繁荣发展本质上与日本经济的发展起伏息息相关。

所以，支撑起整个偶像市场的不仅是特定几个高人气组合的诞生及高光表现，更是粉丝群体们通过应援、支持所进行的资金投入。对于那些痴迷于为应援、支持偶像团体而消费的人群来说，就算他们最喜爱的组合解散了，他们也很可能会继续寻找自己喜爱的其他组合，并投入到新的应援活动中去。

从粉丝心理的角度出发，抛开人气偶像组合解散等固有影响因素，随着经济的不断发展，偶像市场需要发展成满足消费者持续性需求的稳定市场。

聚焦中国：全民造星时代与偶像崛起 🔍

2018 年注定是中国偶像市场开天辟地的一年。这一年，爱奇艺出品的《偶像练习生》和腾讯出品的《创造 101》两档偶像竞演养成类综艺节目的播放量分别达到 30 多亿和 40 多亿的量级，热门偶像引起全民讨论，频上微博热搜，最终由大众参与选拔的男团 "NINE PERCENT" 和女团 "火箭少女 101" 出道。

和日本、韩国高度成熟的偶像产业相比，中国的偶像市场才刚刚起步。日本和韩国的偶像市场经过了数十年的发展历程，形成了非常完善的偶像制造模式，这自然也就成为中国偶像制造的模仿对象：选拔——培养——出道——变现，"偶像"就像是流水线上的工业制成品，最优秀的"制成品"会创造出不可估量的价值，而"失败品"只能黯然退场。

在这条流水线的上游，是偶像经纪公司。经纪公司负责偶像的挖掘、培训、策划，以及出道后的娱乐产品制作和市场推广等。日本和韩国都有非常知名的偶像经纪公司，例如日本的杰尼斯事务所（Johnny & Associates，简称"J 家"）和韩国的三大娱乐公司 SM、YG、JYP，他们培养出的成功的偶像团体风靡亚洲。以 J 家男团岚（Arashi）为例，其一年的营收预计超过 20 亿元人民币。

中国的偶像经纪公司发展时间较短，尚未出现可持续输出高质量偶像的巨无霸企业，但两档偶像综艺节目的爆红让无数人看到了国内偶像市场的巨大潜力，资本的涌入快速激活了偶像经纪公司，未来势必会出现像 J 家一样实力雄厚、具有专业造星能力的偶像经纪公司。

不过，相较于上游的偶像经纪公司，中国偶像产业更值得关注的是中下游——偶像变现。一般而言，偶像出道后变现的主要方式是发行音乐作品、举办演唱会，参加影视剧、综艺节目，以及代言广告等，而最终为此买单的群体，就是粉丝。可以说，粉丝经济养活了偶像市场。现阶段，在选秀节目和流量明星盛行的大背景下，我国粉丝文化逐步成熟，为偶像付费的习惯逐步养成，这也为中国偶像市场打开了一片蓝海。值得借鉴的是，日韩的偶像团体之所以长盛不衰，主要在于他们持续地输出高质量的音乐和影视剧作品，培养高忠诚度、高消费力的粉丝，让粉丝和偶像共同成长。

中国偶像市场的窗口期已经到来。未来 3~5 年，伴随着偶像经纪公司的专业化发展步伐，中国新一代偶像正在崛起。

4.4 付费电视平台服务市场

本节摘要

1. 在日本市场上，付费电视服务的需求并未增加，但视频分发服务商不断涌现。因此，预计到 2024 年度，付费电视平台用户数较目前会有所减少，可能跌破 1400 万户，同时用户还会向更低价的套餐转移。

2. 在免费电视服务广泛普及的日本，付费电视的用户显得弥足珍贵。因此，在留住用户的基础上，增加新的收入来源是付费电视平台未来发展的关键。

3. 预计之后的付费电视平台服务商也会在现有的节目播放、信息分发等功能的基础上，增加诸如代缴费、信用担保等新业务。

市场定义

付费电视平台服务市场用户包括：

1. 订购有线电视服务的家庭用户；

2. 订购卫星电视服务的家庭用户；

3. 订购 IP 电视服务的家庭用户。

其中，1 类服务通过同轴光缆或光纤传输节目（不包括仅提供广播电视和卫星重播的服务），2 类服务经由卫星传输节目，3 类服务通过光纤等闭路网络传输节目。

市场规模预测

付费电视平台服务市场中，虽然有有线电视（同轴光缆）、卫星电视、IP 电视等各类不同的服务，但总体的新增订购家庭数却在持续减少。以下将分别叙述各类服务的今后动向。

截至 2017 年度，订购有线电视服务的家庭用户数约有 770 万（推测数据）。

一方面，订购多频道基础服务的家庭用户在减少；另一方面，订购少频道优惠服务的家庭用户却在增加。同时，在防违约对策的实施之下，违约用户的数量也得以控制。预计至 2024 年度，订购有线电视服务的家庭用户数将会微增（图 4.4-1）。在优惠服务的新用户不断增加的同时，老用户也在不断地从基础服务转向优惠服务，因此电视服务的收入将持续减少。

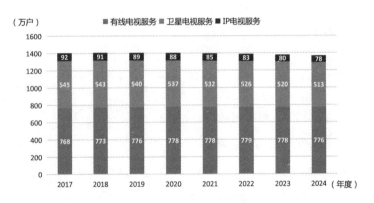

图 4.4-1　订购付费电视平台服务的家庭数量预测

在卫星电视服务方面，截至 2017 年度，日本全国订购卫星电视的家庭用户约 550 万户（推测数据）。综合考虑有意向订购的新用户和潜在的解约用户，预计至 2024 年度，卫星电视服务的家庭用户数将减少至约 510 万户。

在 IP 电视服务方面，截至 2017 年度，订购该类服务的家庭用户数约 90 万户。IP 电视服务的家庭用户数呈递减趋势，预计至 2024 年度将跌至 80 万户左右。虽然今后采用 NTT 东日本、西日本光纤合作模式的运营商和光缆电视供应商会逐步推广销售，但随着视频分发服务的扩大，今后订购 IP 电视服务的家庭用户数量将屈指可数。

市场趋势

市场竞争逐年激化

受自身知名度低和用户增长乏力的影响，付费电视平台服务市场正苦恼于如何扩大家庭用户数量。而近年来广泛兴起的视频分发服务也正在抢夺付费电视平台服务的用户。付费电视平台的强项，一般来说是体育、音乐、直播、最新出炉的电视剧等内容，然而视频分发服务现在也逐渐包含这些内容。此外，市场上其他服务正在瓜分付费电视服务平台的用户，例如网飞等月费式或优惠视频分发服务、亚马逊优享视频等会员制服务、DVD 租赁等服务。专注于体育领域的直播分发服务平台 DAZN[1] 就是付费电视平台服务的一大威胁。DAZN 这类服务平台具有良好的可操作性和评价机制，对于用户来说非常容易上手，大大削弱了付费电视平台服务的魅力。

付费电视平台服务趋于饱和

在传统付费电视平台服务已趋于饱和及市场竞争越来越激烈的情况下，付费电视平台服务的供应商正在筹划更为丰富的服务内容，例如从传统多频道的基础服务扩展出少频道的优惠服务。例如 SKY Perfect JSAT 公司的 Sukapaa！项目就提供了从 45 个频道里随意组合 5 个频道的"选五（Select 5）"服务。有线电视运营巨头 J:COM 也提供价格实惠的选择性服务，用户可以从广播电视、广播卫星电视、通信卫星电视、网络服务等种类中自由挑选，自由组合。

对于正在使用或有意向使用付费电视平台服务的用户来说，丰富的服务内容

---

[1] 总部位于英国的体育直播公司，成立于 2016 年。

或许让人心动，但是对于未接触该服务的用户来说，则很难感受到内容丰富带来的好处。尽管如此，这也并非意味着付费电视平台服务的供应商就该放弃新增用户，而是说，他们需要考虑如何深入挖掘既有用户市场，通过提供与生活息息相关的服务来进一步扩大既存用户市场的收益，以补足其在新用户市场方面缺失的收益。

使用间接播送卫星和东经 110 度通信卫星进行 4K·8K 的实际放送

从 2018 年 12 月 1 日起，日本逐步开展 4K·8K 的实际播放工作。间接播送卫星右旋转发器传送 6 个频道，间接播送卫星左旋转发器传送 4 个频道，东经 110 度通信卫星左旋转发器传送 8 个频道，一共有 18 个频道开始进行 4K 传送。此外，在同年同月，NHK 开始通过间接播送卫星左旋传送的一个频道进行 8K 视听传送。观看这些节目需要配备相应的电视（调谐器）或天线。特别是右旋转发器提供的广播信号，许多家庭需要进行设备更换和改造才能正常接收。因此，有线电视运营商及提供 FLET'S 电视服务（互联网连接服务）的 NTT 东日本和西日本，以及付费电视平台服务供应商 SKY Perfect JSAT 为了维持现有客户，宣布将提供针对 4K（或 8K）实际放送的服务。

与未订购家庭相比，订购了付费电视平台服务的家庭对视频影像会有更高的要求。因此，支持 4K·8K 的实际放送一定程度上可以提高订阅户的满意度，防止用户解约。对于未订阅家庭来说，他们本来对付费视频服务就缺少兴趣，4K·8K 实际放送对他们的影响更是有限。但是，由于 4K 和 8K 实际放送的真实感和立体感（尤其是 8K）与现实中的戏剧、活动观赏、美术展和各种展览、观光等实际体验相比毫不逊色，因此很难说这些用户不会对此产生兴趣。

付费电视平台谋求服务多样化

随着机顶盒的高性能化，付费电视平台服务供应商推出了可在电视端使用的网络服务。例如 Hikari TV 除了可以作为客户端在智能手机和平板电脑上使用，还可以通过机顶盒在电视上使用，用户可以通过它进行网购，购买电子书、音乐及游戏。有线电视运营商 J:COM 除了有线电视服务，还提供可以在电视和智能手机上使用的应用程序，以及网页浏览和游戏服务，电视还可与智能手机及平板电脑终端配合使用。

除此之外，为与当前正扩展海外业务的网飞相抗衡，保持视频分发服务的发展势头，J:COM 将于 2019 年秋季起提供相应的机顶盒服务，以及一系列其他服务，如根据使用电量、天然气量进行打折的"J:COM 电力"和"J:COM 天然气（仅限关西地区）"，观看视频不限流量的"J:COM 点播"，提供更多保障服务的"J:COM 移动"，通过抽选购买热门表演门票的购票平台"J:COM 票务"，等等。除 J:COM 之外，其他有线电视运营商也正在推广使用虚拟运营商有线智能手机、共享 ID 合作基础"有线 ID"等具有行业平台性质的服务内容。

许多付费电视平台服务供应商也在使用 NTT 东日本、西日本提供的"光合作模式"来提升网速。供应商们通过为订阅家庭提供支持服务（通过访问个人计算机、电视、游戏机等进行设置和调整）等不易被效仿的方式，谋求与其他付费电视平台服务供应商、视频分发服务供应商的差异化发展。

和视频分发服务供应商采取的措施相同，付费电视平台服务供应商们也在通过强调内容的独特性以展现本公司的魅力。

付费电视平台服务供应商应采取的措施

对付费电视平台服务供应商来说，如果用户想看的内容只有在自家平台上才能看到，那么视频分发服务就不会成为其主要威胁。如果可以稳定地保持这一优势，平台服务供应商们就可以获取用户较高的信任度。然而随着内容竞争的持续升级，不同付费电视平台和视频分发服务商的内容逐渐同质化。此外，视频分发服务供应商为降低其服务使用难度，在维护和改善服务质量上不断努力。长此以往，依靠基础设施提供服务的有线电视供应商和卫星电视公司的优势地位将会下降。为避免这种情况发生，现有付费电视平台服务用户的长期续约变得越来越重要。而在发挥付费电视平台特有的内容多样的魅力，以家庭为立足点提供无微不至的服务的同时，满足订阅家庭需求的新服务在未来也变得不可或缺。

除了播放和内容分发（向客户传送信息的功能）之外，付费电视平台服务供应商还具有诸如结算代缴费、借贷等功能。出于未来发展考虑，供应商们采取新措施，将这些资源充分配置给优质客户（家庭或夫妇、富裕的人、有明确兴趣的人）显得至关重要。归根结底，良好的用户基础是付费电视订阅服务发展的原动力。换言之，供应商们亟须转变，从单一的付费电视平台服务升级为迎合消费者行为、品位和偏好的"消费者紧密型平台服务"。

聚焦中国：夹缝中求生的付费电视 🔍

中国电视走的是国家所有、免费播出的道路，直到 21 世纪，中国付费电视产业才启动，但其发展并不顺利。

和免费电视频道相比，付费电视频道要想吸引用户为其买单，一方面需要依靠免费频道中看不到的独播内容，另一方面要依靠高清画面、无插播广告、随看随播等更高级、更流畅的观看体验。但从中国的发展情况来看，付费电视频道并不能满足观众的需求。在内容方面，我国免费电视频道的数量很多，多年来为观众提供了足够丰富的节目，甚至包括很多热门影视剧和体育节目。可以说，很多足以成为付费内容的节目，在中国都是在免费频道播出的，观众完全没有需求和动力去看付费频道。在质量和功能方面，付费电视频道也并没有显著胜于免费电视频道的地方，有些付费频道的画质甚至还不如地方卫视。

除了无法超越传统免费电视外，付费电视还受到了来自互联网电视的强烈冲击。移动互联网时代，观众的观影习惯已经从过去以电视台为中心的被动接收模式转变为以用户为中心的主动搜索模式，互联网电视的海量内容、随看随播、多屏互动等优势显著提升了观众的观看体验，在过去几年里获得了爆发式的增长，极大地压缩了传统电视的生存空间。

在传统免费电视和互联网电视的双重挤压下，中国付费电视似乎很难绝地求生。在未来很长一段时间内，互联网电视将是付费电视模式的主要服务平台。

INFORMATION
TECHNOLOGY
NAVIGATOR

05

平台市场：迈向全面智慧化

ICT 平台——托身于商业基础设施，逐渐转变为社会基础设施

ICT 平台提供信息系统的通用基础设施服务，本章将围绕这一市场进行分述，讨论：

1. 云服务、数据中心、政企网络市场

2. 信息安全市场

3. 物联网市场

4. 智慧城市平台市场

5. 共享经济市场

物联网的普及实现了资源的多样化，技术创新实现了信息处理（如虚拟化）低成本化，加之易用性的提升（如机器人流程自动化等），以上种种都极大地扩展了 ICT 的使用范围。基于此，各市场都实现了快速增长，预计这一趋势将不断持续。

传统上用来维护和运营公司当前业务（包括"经营业务"和"企业 IT"）的 ICT 技术正在逐渐成熟。然而即使在企业 IT 领域，这一技术也不仅仅止步于替换现有的信息系统库，还包括在人力资源技术等方面导入 AI 应用（实现业务管理的数字化）等。ICT 的应用领域正在扩大。

除了企业 IT 之外，为了提高商业价值（包括"价值提升"和"商业 IT"）而使用的 ICT 也在不断发展。在商业 IT 领域，除了公司内部使用外，通用电气公司的"Predix"、西门子的"MindSphere"、三菱电机的"eF@ctory"、发那科的"FIELD 系统"等各种各样的 B2B 平台也在兴起和扩展。这类 B2B 平台进一步促进了商业 IT 领域各公司间的数据共享和系统协作。

此外，以城市为中心的传统社会基础设施与 ICT 也在不断融合，智慧城市平台市场不断扩大。这有望提高社会基础设施的劳动效率和运营效率，改善服务质

量。特别值得注意的是，提高社会基础设施的劳动效率和运营效率是解决日本劳动力严重短缺问题的有效手段，日本有必要在这方面积累技术经验。

因此，ICT 不仅作为商业基础设施日渐重要，它与社会基础设施也密不可分。为了提升作为社会基础设施所必需的可靠性，ICT 需要进一步改善其功能和性能。

不断升级和多样化的 ICT 需求

随着上述 ICT 应用范围的扩展，数据流量的质量和数量都不断提升，同时以数据中心及亚马逊云服务（AWS）为代表的云计算平台的需求正不断扩大，特别是云计算基础设施的普及和扩展尤其显著。云服务商（亚马逊、谷歌、微软等）借助庞大的服务器购买量形成了规模经济，扩大了成本优势。随着用户运营经验的积累，很难有效利用的关键性业务系统（对业务执行至关重要的信息系统，如果发生故障导致中断或停止，则会产生重大影响）也开始使用云计算基础设施。

随着物联网的普及，数据流量的内容趋向多样化，数据量也从小容量的传感器数据采集到大容量的视频监控器。此外，数据的用途也从传统的人工观察扩展到利用 AI 进行判断。因此要求的服务水平（服务器处理能力、网络质量等）及安全水平也趋向多样化。各国关于数据使用继续进行着拉锯战，例如《通用数据保护条例》和中国的《网络安全法》。这样的势头下，中国的云供应商（阿里巴巴、腾讯）也开始崛起。这也意味着存储服务器数据的地点（边缘计算或云计算实际发生在哪个国家）和为此所需的网络和安全解决方案将越来越多样化。

与此同时，安全问题的复杂性也与日俱增。为了进一步扩大 ICT 平台作为社会基础设施的使用范围，安全措施日趋重要。如上所述，在与社会基础设施融合的过程中，使用者对 ICT 本身的需求也趋向多样化并不断升级。因此，供应商们有必要通过以 5G 为代表的软件化网络（依靠软件程序实现动态控制的网络）或升级平台功能来满足这些需求。

寻求商业模式变革的 ICT 供应商

随着社会基础设施和 ICT 的融合，所有社会进程都将被数字化，人类和机器都将以数据为基础做出判断，这有助于改变职责分工。在未来，我们将优化用户的使用体验（例如关注人在使用系统时的人机互动给人带来的心理影响，以及因此留在人身上的记忆和印象），加速产业结构的重组。金融行业中，金融科技企业和传统金融机构通过应用程序编程接口（为其他 Web 服务或应用提供 Web 服务的软件接口）来实现角色划分方式的改变可以作为先例。结合上文所述的 B2B 平台的普及，这一趋势也将蔓延到其他行业。

现如今，ICT 供应商需要具备的不仅仅是系统构建能力，还必须不断向外延伸。例如，能够与客户协调不同行业以支持产业结构的重组，以及能够针对用户等利益相关者的体验进行设计、测试和分析。诸如此类的能力变得越来越重要。

与企业 IT 相比，主导商业 IT 领域投资的许多客户属于用户部门而非信息系统部门。虽然用户部门对业务本身有深刻的理解，但对 ICT 方面往往知之甚少。而提供区块链等尖端领域服务的，不仅有大企业，还有一些创业企业，这进一步加速了技术的发展。为了使商业 IT 领域能够根据业务的变化充分利用最合适的 ICT 技术，需要积极引入容易操作的 RPA 等解决方案，一边试错，一边改进。为此，我们需要扩充"技术指导人员"和"敏捷的开发人才"，从立足于客户的经营视角来推进关键领域的技术导入，并且进行快速迭代式、循环式的开发。

另外，随着云计算基础设施的价格降低和功能的不断升级，系统建设的成本也在下降。这导致系统成本通常与其带来的附加值不匹配。而对商业 IT 领域来说，导入系统能否达到预期的效果也存在很大的不确定性。

传统的 ICT 供应商以系统建设所需成本为基础提出方案。但在商业 IT 领域，人们担心这样的方案模式获取的利润有限。因此，为了确保利润，必须进行商业模式改革。ICT 供应商需要将他们与客户的关系从传统订购关系转变为合作伙伴式的协作关系，努力获得与提供的附加值相匹配的收益。因此在传统的开发能力的基础上，ICT 供应商通过增强对业务的理解能力来确立自己作为商业伙伴的地位显得非常重要。

5.1 云服务、数据中心、政企网络市场

本节摘要

1.云服务不仅是新应用开发的基础，也是现有应用基础转移的主要选择。随着企业信息系统的需求持续增加，云服务的市场规模也将持续扩大。

2.因企业数据的需求大增，相应的数据存储和处理需求也将大大增加。数据中心的大规模增建势在必行。

3.政企网络市场由于很难挖掘到新的需求，其服务价格将趋于稳定。

市场定义

云服务（云计算机服务）市场：指主要通过通信互联网，以为企业提供问题解决方案为目的提供各类系统机能和应用程序的服务（包括 SaaS[1]、IaaS[2]、PaaS[3] 等）。

数据中心市场：狭义上指 "托管服务"和"协作服务"，广义上还包含"外包服务"和"管理服务"。本文所讨论的是广义市场。

政企网络市场：主要指日本国内面向政企提供的线路服务。如"常规专线""以太网专线""FR / CR（帧中继 / 信元中继）""广域以太网""IP-VPN""入门 VPN"和"互联网 VPN"。

---

[1] Software as a Service，软件即服务，通过网络提供软件服务。
[2] Infrastructure as a Service，基础设施即服务，消费者通过互联网可以从完善的计算机基础设施获得服务。
[3] Platform as a Service，平台即服务，把应用服务的运行和开发环境作为一种服务提供的商业模式。

市场规模预测

云服务今后的应用领域将从网站、社交平台和网游等互联网服务扩展到企业业务系统，因此市场规模将持续增长。预计云服务的市场规模将在 2024 年度增至 24300 亿日元。

近年来，智能设备的普及带来了视频内容数据量增加、M2M（机器对机器）应用增加、以数据分析为目的的数据储存和处理量增加，以及企业为保障信息体系和业务数据所导入的云服务的广泛运用。这种种现象都反映了数据中心市场规模的稳步增长。这一势头今后也将一直持续，预计到 2024 年度，日本的数据中心市场规模将增至约 18490 亿日元。

在政企网络服务方面，专用线路（传统专用线路和以太网专用线路）正逐步转向基于 IP 的服务和基于以太网的服务，同时企业将持续使用廉价的互联网服务，并希望网络市场服务继续降价。在这种情况下，政企网络市场规模预计将从 2018 年度的 7430 亿日元略微下降至 2024 年度的 7280 亿日元左右（图 5.1-1）。

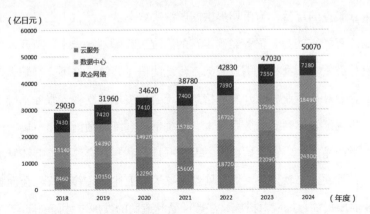

图 5.1-1　云服务、数据中心、政企网络的市场规模预测

市场趋势

云服务、劳动力短缺、技能转移三者间的关系

由于日本市场一直很担心公共云和企业用私有云的安全性和性能稳定性，所以这两者在日本起步比较缓慢。

近年来，从政府等的各类调查中可以看出，由于日本经济回暖，企业和各类机构开始出现劳动力短缺的问题。更进一步说，随着日本国内劳动力结构的调整，企业管理层也开始强烈地意识到僵化的机制已经不合时宜。IT 部门自然也不例外，开始关注起外包等廉价服务。

2017 年各大城市银行相继表示要将业务系统迁移到公共云，此举一出轰动了业界。尽管其背后的原因众说纷纭，但不难看出，日后类似行业标杆的巨头公司的云转型案例将持续涌现。站在这一角度，我们认为云服务的增长潜力将略高于此前预测。

随着云服务的普及，为市场提供问题解决方案的人员主力也将从信息系统经验丰富的工程师转变为云服务经验丰富的系统工程师。在未来，新开发的信息系统若没有特殊情况，都将使用云服务。传统的信息系统或许不会有翻天覆地的变化，然而企业开拓新业务时开发的信息系统会更多地建立在云服务基础上，因此商业客户将逐渐转移到云服务系统上，传统信息系统将渐渐淡出市场。这里有必要注意一下产品的供应和支持期限，因为一旦产品制造商停止支持和维护传统信息系统的各种硬件、软件包、语言处理系统等，上述的转移迭代将会面临崩溃。因此企业需要提前想好应对措施，注意产品制造商的发展方针和动向。

在云服务方面，亚马逊的 "AWS" 目前拥有最大市场份额，并且出示了强劲的财务业绩，由此看来退市的可能性很小。退一万步说，即使出现亚马逊退市的情况，也会出现众多想要接管它庞大客户群的同行或者替代服务。相较于传统 IT 制造商疲于应对但最终还是停止销售或者止步不前的状况，云服务业务面临这种情况的可能性或许很小。

政企网络及其客户群

政企网络服务的市场规模近年来正逐渐缩小。虽然最近政企网络也在寻求一些新改变，例如网络公司运营部门的外包和网络的云计算化，但由于网络服务已经出现了同质化，政企网络市场要想重新焕发活力实属不易。

可从提供政企网络服务的运营商的角度来看，它们已经完成对固定网络的大规模投资，实现了事业盈利，而且仍有其存在的必要性，所以并不会就此销声匿迹。

尽管日本政企网络服务的附加值逐渐走低，但也并非意味着从此一蹶不振。为了让这类服务有成长空间，相关业者要充分利用客户群，不断探索新的网络服务附加值。为此，除了创新推出新的通信服务和应用服务之外，还需要利用已经拥有的其他资源（如数据中心）去挖掘物联网和人工智能时代的新需求。

行情见涨但面临转折的数据中心市场

在计算机使用增加、数据增多的状况下，只要不出现使计算机系统的物理尺寸大幅度压缩的技术变革，就有必要保有计算机设备资产。近年来，日本信息服务业整体营业额以每年 1%~3% 的幅度在增长，虽然很难认定企业对信息系统的需求会急速扩大，但从公司活动不断产生大量数据这一点来看，可以预想，数据中心的需求在日后会有一定程度的增长。

关于云服务的增长预期上文已有提到，从全局来看，由于原本由企业自持的专有 IT 资产转向云端，云化趋势会大量减少数据中心的需求这一观点本身是不成立的。但是，以用户自持 IT 资产的存储为前提建设的设施，和面向云服务建设的设施在要求上存在差异，所以传统的数据中心有可能无法再继续使用。因为微观市场的结构变化非常细微，对于数据中心运营商而言有必要持续关注今后的市场动向。

长远来看，数据中心市场整体上受到云服务的侵蚀且不断加剧，市场的占比结构也有可能发生变化。今后不应将数据中心市场作为独立个体来看待，而是要与特定的云服务供应商的需求进行匹配，更加重视单个数据中心的价值。此外，因为全面性的承包需求（甚至包括运行储存在数据中心的系统）会因云服务运营商的不同而发生变化，所以长期来看这类需求将呈减少趋势。

技术、人才、合同等的复合问题

本节提到的包含各类服务的企业信息系统基础设施建设正在朝着转折点平稳而清晰地前进，比如云服务的普及、在安全性和个人信息处理方面的措施、社交平台等网络基础建设、产品支持的终止，以及面向数字化的基础构建等，这些问题已经从企业 IT 部门的内部问题逐渐上升到企业管理层面的问题，有些企业已经着手采取有针对性的具体措施。

迄今为止，提供问题解决方案的企业，往往以维持稳定的技术方式和进行现行功能的开发为重，这使得产业整体丧失了获取新技术、培养人才的机会。因为对新技术适应缓慢，日本企业对员工的培养经常有所推迟。相比之下，更快适应新技术的欧美及新兴国家的 IT 从业人员拥有更广阔的工作前景，这有可能会进一步挤压日本技术人员的生存空间。

此外，由于海外供应商在日本占据较多的市场份额，因此我们无法准确判定云服务中关键任务系统的数量。整个云服务市场似乎缺少长期的技术战略。云服务的应用时代，人们致力于谋求与之相适应的架构和开发方式，但在推进数字化和敏捷性的同时，也出现了权利问题及公司和开发者之间的关系问题。然而市场尚未针对这些问题形成一套统一的方案，目前还是需要各自应对。

云服务、数据中心和政企网络当下只被视为单个独立的市场，基于各自的市场原则发展。通过组合这些市场，日本国内的 IT 产业可以覆盖包含企业信息系统和新型 IT 业务等在内的各式各样的领域，并在未来对这些细分市场给予实际的回馈，这将对整个社会的进步产生重大影响。

聚焦中国：中国云计算市场概述

在"互联网 +"、数字经济等国家政策的引导下，中国企业纷纷加入数字化转型的大军。为了满足企业处理海量数据、弹性发展业务的需求，云服务应运而生。作为一种实现 IT 资源按需供给的新技术，云计算能够有效降低企业运营成本，驱动企业业务和流程的创新，加速传统企业的变革升级。

如今，包括金融、制造、零售、政务、教育、医疗、物流在内的各行各业，都在积极使用云服务，国家也出台了鼓励"企业上云"的相关政策[1]，我国云计算市场迎来了大发展。根据中国信息通信研究院的数据，2017 年我国云计算市场规模达 691.6 亿元，同比增长 34.32%，未来仍将保持稳定增长，预计到 2021 年，市场规模将超过 1800 亿元（图 5.1-2）。

---

[1] 工业与信息化部《推动企业上云实施指南（2018—2020 年）》。

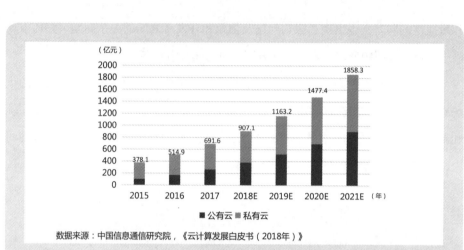

数据来源：中国信息通信研究院，《云计算发展白皮书（2018年）》

图 5.1-2　中国云计算市场规模预测

前景广阔的市场催生了激烈的竞争。阿里巴巴、腾讯、金山、华为、中国电信等大企业纷纷上线云服务，而国外云服务巨头亚马逊、微软、IBM 等也将中国市场视为兵家必争之地。目前看来，由于政府的监管政策和国内企业的云服务需求，本土云服务商还是牢牢占据着国内市场的大半江山。2018 年 IDC 调研数据显示，阿里云以 45.5% 的市场份额成为行业领头羊，腾讯云（10.3%）、中国电信（7.6%）和金山云（6.5%）位列其后，而外资云 AWS、微软 Azure、IBM 的市场份额都只有个位数（图 5.1-3）。

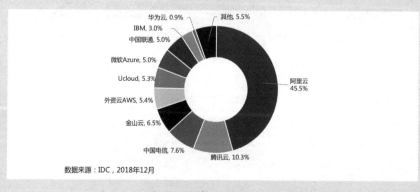

数据来源：IDC，2018年12月

图 5.1-3　中国云计算市场份额（2018 年）

就应用行业而言，近几年来最炙手可热的云服务应用领域依旧是政务云。在积极的政策信号下，全国 90% 以上的省级行政区和 70% 以上的地市级行政区已经或正在建设政务云平台。此外，金融上云也成为业内共识，灵活弹性的业务拓展需求和安全可控的数据存储需求成为金融云大发展的起点。不过，正如中国信通院在《云计算发展白皮书（2018 年）》中所言，现阶段部分行业云产品存在同质化现象，低价竞标情况屡见不鲜。

未来，中国本土云服务商要走出一条独具特色的路，绝不能仅仅做计算服务商。谁能在云计算能力之外，逐步融合大数据、物联网、人工智能等能力，并针对各个垂直行业制定符合业务特性的场景化解决方案，谁才能笑到最后。

5.2 信息安全市场

本节摘要

1. 日本信息安全市场规模将由 2017 年度的约 8700 亿日元，增长至 2020 年度的 10000 亿日元以上，预计到 2024 年度，将达到约 13200 亿日元。
2. 2020 年东京奥运会期间，针对网络故障的方案、物联网技术及信息安全管理方面的市场将获得极大的发展。

市场定义

本节内容涉及的信息安全市场主要面向政企法人。该市场可分为：

1. 信息安全工具市场

2. 信息安全服务市场

其中第 1 类由硬件（此处特指用于信息安全的硬件）及软件构成，第 2 类则是指利用软件提供信息安全系统的设计、构建、外包及 SaaS 服务。

市场规模预测

　　2017 年度日本信息安全工具市场的规模达 4400 亿日元，在数据安全、记录管理和分析领域的带动下，预计 2024 年度，市场规模将直逼 5900 亿日元。

　　2017 年度日本信息安全服务市场的规模接近 4300 亿日元，略小于信息安全工具市场。但在训练 / 演习服务、安全性诊断及云安全等领域的拉动下，2019 年其市场规模将赶超信息安全工具市场，此后将保持这一良好势头并继续拉大差距，预计到 2024 年度将增长至 7400 亿日元。而 2024 年度两个市场的规模合计将超过13200 亿日元（图 5.2-1）。

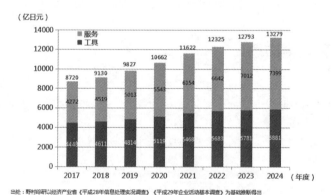

出处：野村综研以经济产业省《平成28年信息处理实况调查》《平成29年企业活动基本调查》为基础推断得出

图 5.2-1　面向政企客户的信息安全市场规模预测

市场趋势

按照当前的投资规模难以完善应对措施

　　据 JPCERT[1] 发布的《JPCERT/CC 应对突发事件报告》显示，2017 年度总共

---

[1]　日本互联网应急响应中心。

收到约 1.9 万起互联网突发事件。从最近几年的变化来看，2013 年度的数量最为突出，达到约 2.7 万件。其他年份则基本持平（图 5.2–2）。

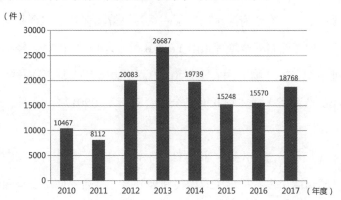

（件）

出处：野村综研以JPCERT《JPCERT/CC事件应对报告》（2010年4月1日~2018年3月31日）为基础制作

图 5.2–2　企业等给 JPCERT 的各报告中包含的事件数

然而 2020 年东京奥运会的筹办、物联网社会的到来，以及共有产业间数据的"互联工业"的实现，恐将引发一连串突发事件。突发事件发生频率居高不下，加上奥运会举办在即，不禁令人担忧突发事件会否大量增加。

要改善突发事件频发的情况，必须防患于未然。其措施包括以下几点：

1. 做好充分准备以应对 2020 年东京奥运会举办期间的网络故障问题；

2. 防备物联网设备因管理不当被盗，用于偷窥、偷拍、DDoS 攻击 [1] 等，以及由此造成的危害；

3. 对集团公司、业务伙伴及合作伙伴实行彻底的信息安全管理。

信息安全投资虽在稳步增加，但若保持当前的投资规模和增长率，今后很难进一步完善措施以应对网络安全问题，也势必会加重企业信息安全的投资负担。

---

[1]　Distributed Denial of Service Attack，分布式拒绝服务攻击，指处于不同位置的多个攻击者同时向一个或数个目标发动攻击，或者一个攻击者控制了位于不同位置的多台机器并利用这些机器对受害者同时实施攻击。

政府行使权力，强烈要求企业处理安全问题

这一两年来，日本政府连续制定了一系列政策敦促省厅和企业制定安全对策并积极执行，如《网络安全管理指南 Ver 2.0 》（2017 年 11 月，经济产业省，信息处理促进组织）、《物联网安全指南 1.0》（2016 年 7 月，物联网推广财团，总务省，经济产业省）、《物联网安全综合对策》（2017 年 10 月，网络安全调查委员会）等。

为应对以上问题，2018 年 7 月 27 日，日本内阁审议通过了《网络安全战略》。该战略从不同角度出发，提出了政府民间展开合作、兼顾网络安全和经济发展、推动网络空间自律建设、促进网络空间可持续发展等方针。

欧美等国家针对应用了 ITO[1] 技术的国防产业和重要基础设施产业也制定了相应的网络安全政策，比如美国的《NIST SP800-171》标准和欧盟的《通用数据保护条例》等，并强制要求企业贯彻执行。

日本政府一直跟随欧美国家的脚步制定网络安全政策。日本防卫省率先要求其供应商导入上述美国标准的信息系统。不难推测，在应用了云服务和物联网机器等、对网络安全要求更高的领域，政府会颁布越来越多的强制性政策。

企业背负压力应对安全问题

未来企业很可能会背负"三重负担"：

1. 应对物联网及行业信息共享等新变局所引发的攻击；

2. 政府针对网络安全制定的大量强制性政策；

3. 信息安全的高额投资负担。

---

[1] 信息技术服务外包。

网络安全问题将使企业投入的费用大幅增加，但做好网络安全工作，可以在克服"三重负担"的同时巩固企业组织结构并促进业务发展。然而，随着业务的稳步发展，企业已经无法再依靠传统做法创造新的价值。

在这种困局下，其实企业的选择十分有限。企业对内可加强措施应对安全问题，对外可以要求供应商降价以削减采购成本，但两者都有难度，对此企业只能艰难应对。基于这种情况，企业更希望出现一个安全功能完善且可以共享使用的平台。

而实现这样的平台，具体来看需要：

1. 整合企业的系统及网络，包括安全功能的集约和整合；

2. 进一步利用云服务，导入云访问安全代理（Cloud Access Security Broker，CASB），通过控制访问及加密等手段保护数据安全、抵挡外来威胁、加强安全功能。美国、英国、新加坡及澳大利亚大概有 30%~40% 的企业导入了 CASB 等系统以应对影子 IT[1]，而日本导入安全系统的企业只有 6% 左右，今后还需进一步扩大导入范围（图 5.2–3）。

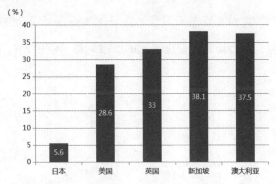

出处：野村综研安全技术《NRI安全洞察力2018——企业信息安全实况调查》

图 5.2–3 为应对影子 IT 而导入 CASB 等系统的企业

---

[1] shadow IT。云安全联盟（CSA）将其定义为"在企业 IT 部门以外所发生的技术投入和部署，包括个别员工、团队和业务部门所采用的云应用程序"。

期待安全供应商的发展，物联网安全领域新市场活力满满

企业对信息安全的投资稳步增长，安全供应商发展势头良好，但与此同时，也出现了令人担忧的现象。物联网安全领域的扩张速度仍然低于计划所要求的速度，另外云服务及 OS（操作系统）供应商等也在不断分食现有的安全市场。

对于前者，大方向依旧是"向依靠物联网及数字革命创造新价值的经济社会转变"，但由于网友反对、难以盈利、难以协调各方利益等问题，管理层在投资决策上还是过于谨慎。另外，由于决策者现阶段还不够了解信息系统安全的重要性，也未能对信息系统加以分类，加上现在还没有出现严重的威胁，人们便搁置了对安全必要条件的定义，也疏于设计和安装安全系统，仍然习惯性地忽视突发事件及其影响。这些问题都阻碍了物联网业务的扩张。

从后者来看，亚马逊的"AWS"强调其云安全的优势，微软公司则强调其连接设备及边缘设备的安全性，今后的安全供应商将在更广泛的领域展开竞争。

以上两点虽不会立即影响当下安全供应商的良好发展势头，但随着供应商之间的竞争愈发激烈，降价要求愈发强烈，物联网等行业对安全供应商的影响将逐渐扩大。总的来说，今后物联网安全领域的新市场将不断扩大并充满活力。

聚焦中国：中国信息安全市场概述 🔍

　　在互联网高速发展的今天，信息技术渗透了生产生活的方方面面。但是，技术的创新发展始终伴随着安全威胁。和十几年前传统的网络安全问题相比，现在的信息安全问题更加复杂，数据泄露、APT 攻击[1]、DDoS 攻击、勒索软件攻击[2] 等手段层出不穷。根据国家互联网应急中心（CNCERT）发布的报告，2018 年我国未发生大规模的病毒爆发和网络瘫痪事件，但关键信息基础设施和云平台等面临的安全威胁仍然非常突出，特别是政府、医疗、教育、金融、工业制造等行业受到的攻击尤其严重。可以看到，信息安全治理已经成为关乎社会稳定、国家安全的重点课题。

　　随着全社会对信息安全问题的重视，我国信息安全市场的需求也日益增加。近年来，我国信息安全产业发展迅猛，市场规模持续增长。中国信息通信研究院统计测算，2017 年我国信息安全产业规模达到 439.2 亿元，年增长率为 27.6%，预计未来几年仍将保持 20% 以上的增长率，2020 年市场规模有望突破 700 亿元（图5.2-4）。

---

[1]　Advanced Persistent Threat，高级持续性威胁，指利用先进的攻击手段对特定对象展开的长期持续性网络攻击。
[2]　Ransomware，通过骚扰、恐吓甚至采用绑架用户文件等方式，使用户数据资产或计算资源无法正常使用，并以此为条件向用户勒索钱财。

数据来源：中国信息通信研究院，《中国网络安全产业白皮书（2018年）》，2018年9月

图 5.2-4　中国信息安全产业规模

　　此外，我国信息安全企业的综合实力正在稳步提升，近年来不断推出监测预警、云安全服务、物联网安全服务等新技术和新产品。企业间合作日益紧密，联盟、协作共同体等相继成立，共同建设我国信息安全生态环境。

　　我国现阶段在信息安全领域的投入占整个 IT 行业的比重仍然很低，发展潜力巨大。未来几年，随着需求的强化、政策的支持和产业链的逐渐完善，我国网络安全技术会不断突破，企业研发实力和服务水平会不断提升，整个信息安全产业将进入爆发式增长阶段。

5.3　物联网市场

本节摘要

1. 日本国内的物联网市场在 2024 年将达到 75000 亿日元规模，并在诸多领域取得实质性进展，有希望实现 10% 的年复合增长率。
2. 5G 及 LPWA 等通信技术是物联网架构及服务变革中的关键所在，也是市场发展的重要因素。
3. 物联网平台市场因标准争夺而竞争加剧，日本企业必须脱离自我中心主义，以开放的心态推进合作。

市场定义

> 物联网（Internet of Things）是指，赋予现实世界存在的各类
> 物品以通信功能，借助互联网实现相互联动，从而实现自动识别、
> 自动运行、远程监测等信息系统的架构或服务。

市场规模预测

野村综研在 2018 年 7 月对物联网主要集中应用的六大领域"家电 / 家庭服务""产业机器 / 工厂设备""公共基础建设 / 能源""汽车 / 运输 / 交通""贸易 / 零售 / 各类服务""医疗 / 保健"进行了相关预测。2018 年全年，日本国内物联网六大领域的市场规模共计 43000 亿日元，此后将保持每年 10% 的高速增长率，到 2024 年，物联网市场总规模预计超过 75000 亿日元（图 5.3-1）。

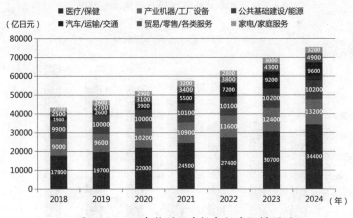

图 5.3-1　日本物联网市场各领域规模预测

从各领域市场占比来看，在 2018 年，"医疗 / 保健"领域占比高达约 40%。

其次是"公共基础建设/能源""产业机器/工厂设备"两大领域各占约20%。"汽车/运输/交通"领域成长性最强,在2018—2023年预计将达到每年约30%的成长率。而物联网市场的领头羊"公共基础建设/能源"领域由于受到智能测量仪器的普及的冲击,成长性将会有所降低(图5.3-2)。从物联网市场中的费用细目来看,2024年"云服务平台"大约占30000亿日元,"设备""应用软件"各占约18000亿日元,"互联服务"约占8000亿日元市场(图5.3-3)。

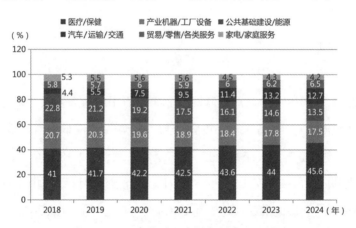

图 5.3-2 日本物联网市场各领域比例预测

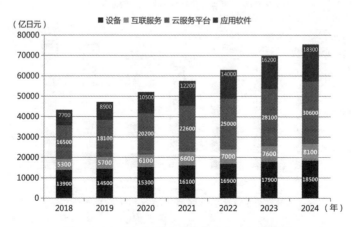

图 5.3-3 日本物联网市场费用细目规模预测

从各细分费用的市场占比来看，2018 年 "云服务平台" 和 "设备" 占比分别
高达 38.0% 和 32.0%。由于 AI 等数据处理软件所具备的高附加值，"应用软件"
市场也存在较大的成长可能性，预计到2024年将达到同"设备"市场同等的规模（图
5.3-4 ）。

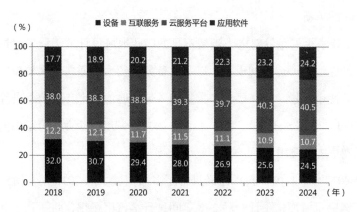

图 5.3-4　日本物联网市场费用细目比例预测

市场趋势

技术动向

在物联网市场，现今最受瞩目的技术分别为 5G 和 LPWA（Low Power Wide
Area，低功耗广域）。

5G 技术以其超高速、大容量、传收数量多、超低延迟等优势成为下个世代的
新通信规格，预计会在 2020 年开始商业化运营。随着 5G 的普及，企业方将突破
物联网技术在通信方面的发展瓶颈，建立新的架构和服务模式。比如，现有的云
监测系统为了减少通信过程中产生的数据量而削减了每秒传输帧数（即所谓的"滞
帧"），对面部的识别功能也大多需要通过实体机器进行分析处理。如果能将 5G

技术应用到面部识别领域，将有可能实现通过对多处拍摄点的画面数据分析来找出特定人物这一功能。另外，在服务用户方面，类似汽车自动驾驶等需要高性能处理器的功能及虚拟购物等服务或许也可通过新型的物联网技术成为现实。因此，5G 的普及在使物联网技术的存在方式产生巨大变革的同时，甚至可能给整个社会带来新一轮的革新。

LPWA 技术指的是针对电力消费不足的广阔地域设计的无线通信技术，适用于只需小型电池便可运转的设备，以及设备数量较大或通信频次较高但产生的数据量较小的使用场景。现在已存在大量的频带和通信速率、通信距离等条件各不相同的"LoRa[1]""Sigfox[2]""NB-IoT[3]"等规格制度，企业方可以根据自身需求选择不同规格进行应用。

截至 2017 年，LPWA 技术已经进行了多次实验。从 2018 年开始，正式投入使用的案例快速增加，预计今后 2~3 年间，日本该市场规模将达到 100 亿日元。目前这一技术正在低价、低品质要求的领域快速发展，如对 IoT 投资力度较弱的农业和公共基础建设、物流等领域。

供应商动向

物联网市场充斥着各类供应商。这是因为物联网技术覆盖了设备、互联网、平台、应用软件等各细分领域，而在这些细分领域（或者说跨界领域），早已存在大量供应商。

在物联网时代，需要同时对大量的多样化设备进行连接，并对从中获取的数据进行收集、分析、应用等工作，平台基础在这一过程中的地位举足轻重。为尽

---

[1] Long Range Radio，远距离无线电，Semtech 公司创建的低功耗局域网无线标准。
[2] 专为物联网设计的低功率广域网（LPWAN）通信技术。
[3] Narrow Band Internet of Things，窄带物联网，聚焦于低功耗广覆盖物联网市场，是一种可在全球范围内广泛应用的新兴技术。

早获得平台市场的份额，平台服务商们展开了十分激烈的竞争，企图建立行业标准，从而确保自身具备长久的优越性。

作为物联网平台的代表企业，巨头 IT 供应商有亚马逊、IBM、微软、SAP[1] 等企业，制造商有通用电气、博世[2] 等公司。另外，这一领域的新创公司也有很多。有一家物联网平台公司 Predix，他们最早推出了平台标准化战略，目标是在生产设备领域建立共通的平台服务。

由此，物联网的应用正呈现全球化趋势，而日系企业却迟迟无法摆脱自我发展困境。在国家政策方面，行业标准化的延迟发展也将导致日本在物联网领域大大落后于海外供应商。但是，在这数年间，日本的传统制造行业中，机器人公司发那科和电子电器产品制造商三菱电机已开始尝试建立开放平台。日系企业参与全球化并提高自身全球地位的重要一步是：必须摆脱延续至今的自我发展思维，进一步强化与其他公司间的开放合作。

作为平台功能的应用者，各供应商们也要选择最适宜自身业务的平台。在大多数情况下，经济模型和业务运作模式的更换、对风险的控制等事项也需考虑在内。收费形式就是一个很好的例子。作为月费制度代表的预订模式，能够将用户的使用率风险转嫁出去，因此值得积极推广。在物联网经济发展初期就让平台方参与其中，这一点至关重要。

此外，其他值得关注的厂商还有亚马逊和谷歌。他们都生产了 AI 智能音箱，分别名为 "Amazon Alexa" 和 "Google Assistant"。智能家电因为各厂家生产规格不同，需要根据不同产品下载专用 App，因此很难得到普及。但是，搭载 AI 助手的智能音箱可以作为控制中心对不同企业的产品进行联动控制，从而为智能家电的普及做出巨大贡献。另外，AI 助手通过声音控制解放了双手，因而可以应用到

---

[1] 总部位于德国的企业管理和协同化商务解决方案供应商。
[2] Bosch，从事汽车与智能交通技术、工业技术、消费品和能源及建筑技术的德国公司。

汽车中。现在，宝马、丰田、大众、福特、奥迪等大型汽车企业都宣布将会把这一功能应用到自家的产品中。由此，AI 助手作为智能家庭的标准控制中心，将成为物联网时代不可或缺的存在。

聚焦中国：中国物联网市场概述 🔍

作为全球信息产业的第三次浪潮，物联网被列为国家重点发展的战略性新兴产业之一。随着"中国制造 2025"的不断深化，我国物联网市场发展空间巨大。根据中国通信工业协会物联网应用分会的统计数据，2017 年我国物联网产业规模已达万亿量级，年复合增长率超过 25%；M2M（机器对机器）连接数突破 1 亿，占全球总量的 31%（图 5.3-5）。

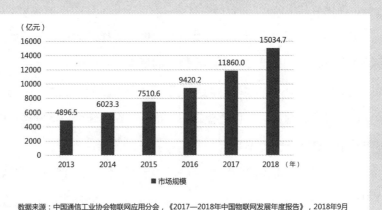

数据来源：中国通信工业协会物联网应用分会，《2017—2018年中国物联网发展年度报告》，2018年9月

图 5.3-5　中国物联网产业规模预测

近年来，国家陆续发布了《信息通信行业发展规划物联网分册（2016—2020年）》《关于全面推进移动物联网（NB-IoT）建设发展的通知》等政策，并成立了国家传感网创新示范区，极大地推动了物联网产业的发展。现阶段，我国已经形

成了包括芯片制造、系统集成、网络传输和平台应用在内的相对完整的物联网产业链，产业生态日趋完善。其中，平台和应用已成为发展最活跃、竞争最激烈的领域。

根据中国经济信息社发布的《2017—2018 年中国物联网发展年度报告》，物联网连接数的激增使物联网云平台成为竞争的核心领域，各平台将积极探索商业模式，促进应用场景的落地。预计到 2021 年，中国物联网平台支出将达到 419.7 亿元，占全球物联网平台支出的 30%。

在应用领域，物联网早已不再局限于智能穿戴、智能家居等消费级场景，而已经在交通、物流、安防、电力、医疗、环保、零售等领域展开了规模化应用，并全面推动了智慧城市、工业物联网等产业的发展。在智慧城市庞大的系统架构下，物联网技术推动了智能路灯、智能水表、智能井盖、智能电网、智能烟感、智慧停车等多种应用场景的落地；在工业物联网领域，物联网作为我国工业 2.0（机械化）向工业 3.0（信息化）甚至工业 4.0（智能化）转型过程中的核心技术，将在设备监控、流程自动化控制、故障预警等方面大有作为。随着技术的不断演进和应用的大规模普及，未来物联网产品将向着智能、便捷和低功耗方向进一步发展。

5.4 智慧城市平台市场

本节摘要

1. 在 ICT 技术发展及低成本化的驱动下，智慧城市平台的构筑方向从追求能源和基础设施等特定领域的最优化，转向追求各个城市细分领域的最优化和便捷化。
2. 在城市间竞争不断激化的背景下，为了解决城市运营人力不足的问题，智慧城市运营平台的导入被寄予厚望。
3. 坚持多方共赢的理念实现跨界合作，是促进智慧城市平台导入的关键。

市场定义

　　智慧城市平台市场是利用云技术等提供软件服务及其所需传感器的总称。通过打通城市建筑、提升城市功能（个人认证等）和基础设备管理（保养、安全、清洁等）效率，提供优质服务。

市场规模预测

　　2017年日本智慧城市平台市场规模接近7000亿日元，预计2024年市场规模将超过11000亿日元（图5.4-1）。短期来看，智慧城市平台提升设备和业务效率的功能较强；长远来看，智慧城市平台提升跨部门效率及改善城市生活的功能将增强，并将带动市场发展。

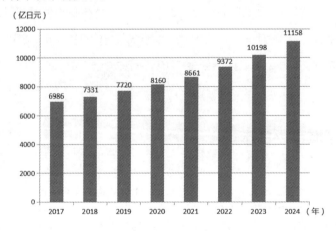

图 5.4-1　日本的智慧城市平台市场规模

市场趋势

行业动态

日本总务省在"ICT 助力城市建设及全球化推进座谈会"后发布的报告中，就利用 ICT 打造智慧城市提出了以下几点要求：

1. 城市功能管理更加灵活；

2. 赋予信息化城市更多活力；

3. 提升城市基础设施和运行效率。

关于第 3 点，提升城市基础设施和运行效率，在目前的智慧城市建设过程中，已经通过使用可再生能源及蓄电池有效地降低了能源成本。

第 1 点和第 2 点在日本以外的国家主要应用于解决交通堵塞问题及推动建设数字城市。

虽然目前云端技术提供了部分功能（能源管理系统及建筑管理系统），但 ICT 在智慧城市建设中的应用范围仍然有限，主要还是由设备制造商和仪器制造商在城市中心区域，利用一些大规模设备对建筑群进行集中监测，并利用本公司的基础设施对活动中导入的设备进行管理。

与此相对，在 ICT 技术发展及低成本化的驱动下，智慧城市应用领域从能源和基础设施等特定的领域向更广阔的领域延伸，设备制造商以外的许多 ICT 相关企业也在着手发展这类业务。

产品与服务动态

日本在导入智慧城市平台并更新传统的城市基础设施时，先把重点放在了第 3 点，即提升城市基础设施和运行效率上。例如导入以建筑能源管理系统（Building

Energy Management System）为主的能源相关智慧平台。

近年来，日本市场不断开发和推广提升城市基础设施和运行效率的智慧平台，这类平台依托于广泛普及的 Wi-Fi 及监控摄像机的记录。

例如，安全系统方面有一项方案是，在几个系统中共享同一个人的信息，从而识别其跨地区移动轨迹。如此一来，无论在平时还是发生灾害时，都能利用广泛连接的系统更有效地掌握疏散情况，进行疏散指导及运输货物等。

另外，各行业都存在劳动力短缺问题，城市管理中也不例外。如前文所述，此前一直由各制造厂商发挥自身专业性来承担设备管理的责任，如今则需要打破建筑限制，实现多个设备同时管理。

例如，KDDI 综合研究所为 Vuzix[1] 制造的 "M300" 智能眼镜提供了远程工作时的软件支持。这也意味着，今后像这样使用支持工具的管理人员需要掌握多种技能。

"赋予信息化城市更多活力" 的例子是，2018 年 2 月，信用卡品牌 VISA 和日本电气股份有限公司 NEC 针对一套系统进行了实证实验，该系统能够通过识别人脸完成支付。如果能云端共享多台摄像机搜集的信息，只要有效加强安全管控并保证效率，再对 VISA 和 NEC 的人脸支付技术加以利用，那么在一些地区就可以利用 "人脸通行" 的形式享受各种服务。

让 "城市功能管理更加灵活" 的例子是，ABEJA[2]公司提供了一项名为 "ABEJA Insight for Retail" 的服务，它可从拍摄的画面中获取以往无法得知的消费者信息，包括到店人数，顾客的年龄、性别及在店内的活动情况等。利用此种服务及电梯的升降数据，还能像分析网站的访问数据般分析某一建筑物或某一区域人员的流动情况。

---

[1] 美国一家智能眼镜创业公司。
[2] 日本 AI 和机器学习初创公司。

技术动态

智慧城市平台备受关注的原因在于，以摄像机为代表的传感器不断普及，其强大的性能创造出了海量数据。此外数据解析技术的创新及画面识别技术的进步，使数据处理更为轻松准确。

未来 5G 的普及将开创数据流通的全新局面。目前仅限于数据分析的平台，未来有望通过增强现实（AR）技术用于移动办公。专用机器人现已开始应用于清洁、安全和室内物品运送等领域，预计今后将与自动驾驶展开协作。自动驾驶车辆及机器人的数据流通将进一步推动自动化的发展及服务的协同改进。

市场动态预计

日本预计将在 2030 年前，对东京等主要城市进行二次开发，届时将广泛导入 ICT 智慧城市平台。

ICT 技术的发展极大地改变了城市功能。例如，电子商务的普及使得在家也能基本完成消费。由于互联网的普及，实体店不仅是收集产品信息的平台，更成为提前调查、获取未知信息的场所，以及使客户下决心购买的助推剂。换言之，实体店须强化其补充功能，提供线上店铺所不能传达的信息，并传递触感等实际感受。此外，还需要分析摄像机记录的流量等数据，在此基础上优化实体店展示产品的方式，并利用 AR 和 VR 进行用户界面的打造，促进体验式消费。

以往书店都是通过扩大店铺规模，提供网上书店未收录的书来经营，今后需有意识地推广线上线下联动的经营方式。同时，如前文提到的"人脸通行"一般，实体店还需做到和互联网一样快捷方便。

此外，随着入境游的规模扩大，各城市的游客来自各个不同国家，期待未来能利用 ICT 技术为外国游客提供帮助。

城市还承担了另一项功能，那就是工作场所。但随着在家办公的普及及分支机构的增多，商务人群不再受到工作时间和场所的过度限制。这种时代背景下，办公室应转变为成效更佳的协作性工作区域，而不仅是高效的办公场所。为此也需要导入 ICT 技术以实现更充分的交流。如前文所述的店铺一样，在办公室内充分利用 ICT 技术也可推动管理变得更加灵活。

日本政府 2018 年 6 月发布的《未来投资战略 2018》提出要重点加强城市竞争力。随着城市功能的变化，为使城市竞争优势具有可持续性，优先导入 ICT 平台、利用数据驱动城市运营等措施就显得十分重要。

智慧城市平台可以打破建筑和设备之间的限制，实现多方共赢。建筑行业已经耗费良久打造出专业分工的行业结构，而现在，突破行业间的结构性限制则势在必行。为连接智慧城市平台和目前的建筑行业，需要实行概念验证（Proof of Concept，为测试新型服务是否可行而采取小范围的简单验证）以明确使用者及居民关于便捷程度的需求，从共赢的角度推动各行业发展，实现合作。

聚焦中国：中国智慧城市平台市场概述 🔍

中国目前正处于智慧城市建设的热潮中。截至 2018 年年底，全国共有 290 个城市入选智慧城市试点名单，更有超过 500 个地方政府明确提出或正在建设智慧城市，其规模和热情居全球首位。根据 IDC 的《全球半年度智慧城市支出指南》，2018 年中国智慧城市相关投资达到 208 亿美元，预计 2022 年将达到 298 亿美元。

尽管智慧城市发展形势大好，但业界普遍认为现阶段我国的智慧城市仍只是"初级版本"，离真正意义上的"智慧"城市还有很长的路要走。目前，各地火热建设的智慧城市，有些停留在电子政务等信息化平台建设阶段，有些则导入了智能水表、智能井盖等物联网设施。但这些智能设备大多数都没有"中枢系统"，各个领域的智能元素呈碎片化分布，缺乏全局性的战略规划和能够统筹联动所有数据及智能设备的"大脑"。

不过，创新正在涌现。2016 年，阿里巴巴在其大本营杭州开创了"城市大脑"的概念，并开始试点实践。城市大脑以阿里云弹性计算和大数据处理平台为基础，结合机器学习、知识图谱、大规模拓扑网络计算等先进能力，对整个城市的海量多源数据进行实时动态分析，从而实现对城市资源的智能管理和动态调配，是一个中枢神经式的城市公共管理系统。经过两年的发展，阿里云 ET 城市大脑已经先后落户杭州、苏州、澳门、衢州、海口等城市，在交通治理、公共安全、政务民生等领域大展所长。在最核心的交通场景下，城市大脑已经具备信号灯优化、交通事故实时预警、应急车辆优先调度等能力，为城市的出行效率和出行安全做出了极大贡献。

建设智慧城市是一项复杂的系统工程，涉及产业、能源、交通、政务、医疗、教育、安全、环保、城市治理等各个领域。我国的智慧城市才刚刚起步，未来随着政策红利的进一步释放、技术水平和商业模式的进一步创新，智慧城市必然会向纵深发展，真正实现城市产业高端化、城市生活品质化、城市管理精细化。

应该说，中日两国的智慧城市建设思路各有不同。日本更偏重环保、可持续发展、宜居、解决老龄化问题、防灾等方面，建设的规模相对比较小；中国现在则比较偏重社会治理，比如交通安全、社会治安、区域管理、公用事业管理等。智慧城市的最终目标一定是解决社会问题，各国乃至一个国家内的不同地方面临的社会问题各不相同。日本的建设更加务实，中国的则更高屋建瓴，但都是立足本国国情和发展现状，各自解决各自的问题。中国的智慧城市发展已经到了并非简单复制最佳实践就能发展的程度，因此必须走出自己的道路。可以肯定的是，无论从政府规划还是社会发展的需要来看，智慧城市都将是下一个万亿级的超级大市场。中国城市信息基础设施的全面更新和全面智慧化，将会走在世界前列。

5.5 共享经济市场

本节摘要

1. 2018 年，日本共享经济市场规模约 3228 亿日元。若按照每年 25.4% 的增长率，预计 2023 年会突破 10000 亿日元。

2. 在日本国内"使用过共享服务的消费者"约占 17.3%，"没有使用过但是有意愿尝试的消费者"约占 51.3%，其中人们对家政服务及观光导游等劳动力共享服务的关注度较高。

3. 在日本这样发展较为成熟的国家，单个业者难以参与共享经济产业，因此需要和行业内外的业者进行合作，一同致力于为消费者提供便捷的服务。

市场定义

以往，资源交换、租赁、买卖、赠与及共享都是在熟人或朋友之间进行。近年来，随着互联网的普及及技术的进步，网络社区发展迅速，陌生人也能相识、互动并建立联系。他们的动机与以往不同（并非因为已经是朋友了才交流，而是希望通过交流成为朋友），多是为了拓展朋友圈和间接使用物品或服务（即不具备所有权）。

本节将共享经济定义为：以互联网为媒介，在个人间的"物品""空间""人力（人才及劳动力）""资金"及"其他服务"的交易中，进行资源的共享或共用。本节讨论的共享经济不包括一般企业或组织持有资产、开设实体店等的租赁服务或 B2B 领域内的共享共用，以及邻里互借物品，等等。此外，电子商务（买卖）形式中的交易不属于"共享或共用资源"，因此不包含在共享经济市场规模预计范畴内。

市场规模预测

共享经济市场分为"物品""空间""人力（劳动力）"三大板块。本节预测市场规模时将针对这三个板块从两大角度进行比较：

1.使用者角度的市场规模（供给方与需求方的交易总额）；

2.企业角度的市场规模（共享服务平台的营业总额）。

使用者角度的市场规模

截至 2018 年，使用者角度的市场规模约为 3228 亿日元，并以年均 25.4% 的增长率扩大，预计 2023 年将突破 10000 亿日元（图 5.5-1）。其中，物品大类中的交通工具的市场规模较大。民间企业及地方政府较早进军的也是共享汽车和共享单车领域，可以说，交通工具促进了早期共享经济的普及。

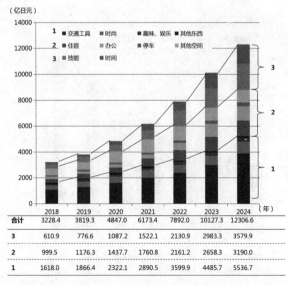

	2018	2019	2020	2021	2022	2023	2024 (年)
合计	3228.4	3819.3	4847.0	6173.4	7892.0	10127.3	12306.6
3	610.9	776.6	1087.2	1522.1	2130.9	2983.3	3579.9
2	999.5	1176.3	1437.2	1760.8	2161.2	2658.3	3190.0
1	1618.0	1866.4	2322.1	2890.5	3599.4	4485.7	5536.7

图 5.5-1　日本共享经济的市场规模（使用者角度）

今后，基于利用技能或时间的"共享人力"或将极大推动市场发展。少子化、老龄化和人口减少造成日本社会劳动力严重不足，这是亟待解决的重大课题。前文提到的"劳动方式改革"中的兼职、家庭主妇回归职场、老年人退休后再就业等可作为可开发的资源，并通过在平台上展示和参与共享得到充分的利用。

具体来说，除了利用空闲时间提供家政服务或共享爱好这类服务外，基于个人技能提供专业性较高的共享知识及技术类服务也在不断增加。共享技能的服务将个人被埋没的技能和经历记录在数据库里，创造出值得信赖的简历，而这一点意义非凡。目前已经有一些企业和专业机构开始尝试利用这样的数据库将部分工作外包出去。

企业角度的市场规模

截至 2018 年，企业角度的共享经济市场规模为 537 亿日元，预计 2024 年将突破 2000 亿日元（图 5.5–2）。共享平台的收入主要来源于在供需双方进行价值

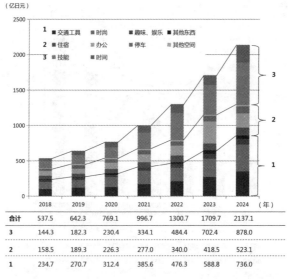

	2018	2019	2020	2021	2022	2023	2024
合计	537.5	642.3	769.1	996.7	1300.7	1709.7	2137.1
3	144.3	182.3	230.4	334.1	484.4	702.4	878.0
2	158.5	189.3	226.2	277.0	340.0	418.5	523.1
1	234.7	270.7	312.4	385.6	476.3	588.8	736.0

图 5.5–2　日本共享经济的市场规模（企业角度）

交换时从中收取的中介费。不同板块，不同企业，其中介费收取比例有所不同，选择特定的技能服务时需要严格比较并判断匹配性，因此这类中介费的市场占比相对较高，估计在 20% 到 30% 之间。市场交易总额增加，共享平台的收益自然也随之增加。

2020 年东京奥运会举办在即，届时将有更多共享服务用于接待外来游客。此前，日本主要是地方政府及公共机构为提高居民福利引入了共享服务。如今，共享不再是为了代替或补充原有市场，越来越多的企业从中发现了开拓新市场的商机，开始进军共享领域并参与竞争。例如，"极简生活"是当今世界的潮流之一，比起拥有，现在的年轻人更注重体验，因此可以从这个角度挖掘新的消费形式。另外，空间和人力（劳动力）还未得到充分利用，可以将这些资源投入人手紧缺的旅馆及服务业。除了国内企业，在日本已有所成就的外资巨头正着眼于扩大其事业版图，它们将向消费及环境管制十分严格的日本市场发起挑战。除了美国的优步及爱彼迎，中国的 ofo 单车等企业也进驻了日本市场。东京奥运会以后，在"劳动方式改革"、"极简生活"潮流及产业结构调整的推动下，共享市场将继续扩大。

市场趋势

产品和服务动态

共享经济的定义是基于其主体、手段和目的得出的。换言之，普通消费者即个人（C2C，以平等的双方关系为前提）通过互联网共享或共用物品及服务等资源的行为都属于共享经济（图 5.5-3）。共享经济交易对象包括：物品（个人持有的资源）、空间（住处等场所或空间）、人力（人才及劳动力）及资金。共享资金是指网上借贷、资金众筹等，本节主要探讨物品、人力、空间三个领域。

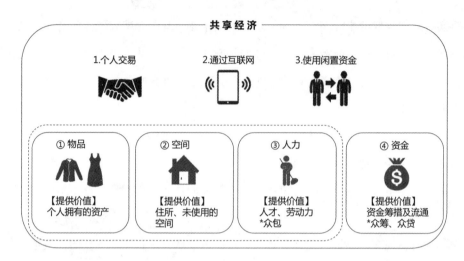

图 5.5-3　共享经济的条件和对象

供应商动向

共享经济由供给方、需求方和平台方构成。潜在供给方是指那些拥有物品、空间及技能等闲置资源的所有权，并希望通过换取一定金钱回报以有效利用闲置资源的提供者。而潜在需求方是指需要资源却由于经济条件、时间关系未能拥有其所有权的消费者。

平台方则是利用平台使资源在供需双方间进行对接。共享平台的商业模式主要分为"租赁"（主要集中于 B2C、C2C）和"匹配"（主要集中于 C2C、C2B）。这些模式均依托于网站或应用软件。

电商的形式与拍卖网站相似，都可作为个体间资源买卖的中介商，严格来说确实促进了共享模式的发展。但因为电商的交易类型较为复杂，因此本节探讨的共享经济市场不包括电商类形式。

租赁平台将个人或企业持有的资源反复租赁给使用者，租赁资源一般包括家用汽车、空房间或名牌商品等昂贵物。而匹配平台主要是使个人的时间或劳动力

资源在供需双方之间进行对接（图 5.5-4）。

例如：

1. 代理型服务，利用空闲时间代做一些难度较低的工作；

2. 派遣型服务，利用某种技能从事一些难度较高的工作，如翻译或编写资料；

3. 自由型服务，拥有熟练技能的人可将代做工作作为自己的副业或本职工作。

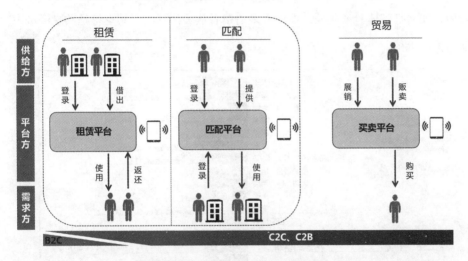

图 5.5-4　共享经济的参与者及其定义

共享经济市场动态

根据 2018 年 6 月到 7 月，野村综研实施的《信息通信服务问卷调查》结果，过去一年内，"提供过共享服务（供给方）"的回答者占总数的 7.4%，回答"接受过共享服务（需求方）"的占总数的 14.8%，表示"两者皆有"的占 4.9%。可以看出，需求方比例是供给方的 2 倍。另外，目前还未使用过共享服务，但表示"今后可能会尝试"的人占比为 51.8%。

从不同板块来看，所有选项的"有使用意向的比例"均高于"有使用经验的比例"（图 5.5-5），其中物品的"有使用经验的比例"为 13.0%，"有使用意向的比例"最高,达到 37.7%。家用汽车、单车、工具等可单独使用的领域也具有较高的关注度。空间、人力的"有使用经验的比例"虽然平均只有 6.0%,但人力的"有使用意向的比例"高达 36.9%。"搬家、快递""家政服务""出行"等自行承担略微有点困难的服务领域具有较高关注度,今后也将进一步发展。另外,"观光、旅游导游""兴趣、技能共享"等满足娱乐性需求的服务也会不断增加。今后,如何打破体验率瓶颈,推动更多消费者从关注到实际共享将是共享经济发展的关键所在。

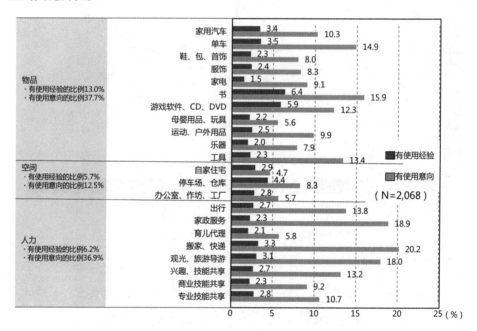

图 5.5-5 共享服务的使用经验和使用意向比例

共享经济市场的可能性

共享经济市场的发展将大大改变前文所述三大板块的构成(图 5.5-6)。

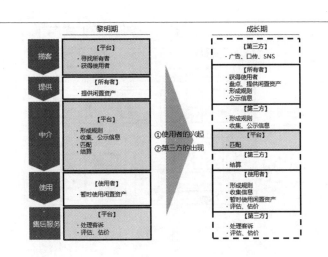

图 5.5-6　共享经济参与者的构成变化

　　第一，共享平台的利用者即供需双方将发挥更大的作用。过去，揽客、收集信息及制定规则等工作都由平台方负责，而现在供给方和需求方正在积极参与，不断推进实践并改善服务。例如，有些地区或社区范围内的交易服务规则就是由各利益方自主制定的。另外，在有些交易中，原本分散的供给方还自发组建工会。这是一个好的势头，市场应该大力欢迎共享经济主要角色的活跃参与及意见表达。

　　第二，支撑交易的第三方服务商出现。近年来，共享经济市场多元化趋势加强，涌现出各式各样的服务。在某些已形成一定市场规模的领域，个别专门企业及大企业的业务部门围绕成功企业开展相关业务，或是被授权代替平台或供给方提供和运营高级服务（图 5.5-7）。

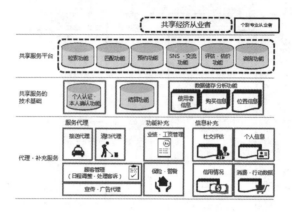

图 5.5-7　共享经济的扩展

　　个别专门企业承担的角色首先是弥补共享服务技术基础（个人识别、支付、数据分析）的不足，其次是代替供给方提供服务，以及负责业绩、薪资管理等后勤工作，此外还能提供事业培训。

　　大企业的业务部门主要是补充提供所需的信息，内容包括保险产品销售（针对保险公司）、巡逻和安全（针对安保公司）、征得使用者同意提供信用情况和个人信息（针对银行、投资公司）、消费及行动数据（针对零售企业、家电厂商）等详细信息。如今有些知名企业已经成为使用共享服务的"入口"，起到了宣传的作用，他们通过实体店或举办活动让对新服务还犹豫不决的消费者亲身体验，进而持续使用。

　　店铺举办体验活动可以利用品牌影响力降低消费者再次光顾的心理阻力。第三方服务商则旨在通过保证新服务的安全性，让消费者简单体验后感受到服务的便利性从而习惯使用。另外，企业也有望通过与新服务的合作吸引更多客户，更好地承担企业社会责任，促进地方发展，帮扶弱小。

　　平台的存在原本是为了撮合供需双方达成交易，而这一功能现在演化成准确匹配供需双方及整合相关企业。多家企业在平台上进行合作、互补的一大优势在于，可以使新兴企业快速获得原本难以触及的技术和服务，同时提高大企业的信誉及品牌影响力。

但在聚集了各式各样系统和服务的平台上，各企业的价值标准不同且动机复杂，很可能导致平台忘记初心。另外，所有平台都有会员服务和支付等功能，但由于兼容性不足，用户必须在不同平台上进行不同的操作，因此平台之间必须共享关键技术，省去重复步骤，以减轻用户的负担。

因此平台方需要做到以下两点：

1. 选择和本公司价值标准相一致的企业，建立纵向连接，提供一站式服务；

2. 与其他主要服务商互动、交换信息，加强横向连接，统一部分功能。

每年有越来越多的企业加入共享经济协会，截至 2018 年 7 月，日本已经有 250 家新兴企业和大企业加入。在该协会的支持下，不同企业互相交流合作，共同推进行政管理，对联结各行业、各业务影响重大。

共享经济根据消费者个人的不同情况及需求，能覆盖原有企业所无法涉及的领域。在美国和中国，许多创业公司希望打破传统企业形成的框架，不再墨守成规，试图和大企业展开竞争，因此，规则和新服务的碰撞屡见不鲜。

而在日本，包括个人在内，各参与者正集思广益打造独属于成熟国家的"共享社区"模式。作为平台方，只有贴近消费者，收集他们的需求，跨界采购、协调，并专注于一种服务，才可能在共享经济竞争中脱颖而出。它所需要的并非是肉眼可见的资源或基础设施，而是较强的适应能力，能够根据需求灵活改变服务方式。共享经济的兴起对于有效利用日本闲置资源、挖掘人才来说是一个大好机会。为了让共享经济不昙花一现，所有企业应该团结一心，建立起良好的行业机制。

聚焦中国：共享单车的爱与哀愁 🔍

2014 年春天，几个北京大学的年轻人在共享经济的思潮下，创立了 ofo 共享单车项目，以期解决校园内"最后 1 公里"的出行需求。次年，另一家共享单车企业摩拜成立，并很快获得了融资。由此，共享单车成为中国移动互联网时代新的投资风口，一时之间资本竞相追逐。

共享单车在中国兴起有其必然性。一方面，中国各大城市交通拥堵的顽疾长期未得到解决，而共享单车正好满足了 1~3 公里短途出行的需求；另一方面，中国移动互联网已经高度发达，移动设备和移动支付的普及为共享单车提供了养分充足的土壤，加上 4G 网络、LBS（地理位置服务）技术、二维码技术等，无不使共享单车的使用更加灵活和便捷，提升了用户的使用体验。

从 2015 年到 2017 年，无数玩家入局共享单车市场，资本巨擘轮番砸钱，北京、上海、深圳、成都等大城市充斥着五颜六色的共享单车，"共享单车颜色快不够用了"。

但这场盛宴并未持续多久，从 2017 年开始，就有部分共享单车企业接连"死亡"，尚未进入整合阶段的共享单车行业猝不及防地迎来了"倒闭潮"。2018 年，共享单车领域的两大巨头——摩拜被美团收购，ofo 倒下的丧钟敲响，资本狂欢下涌现的行业泡沫终于破裂。

事实上，共享单车这场狂欢后的落幕早就有迹可循。作为一个新事物，共享单车在产品模式、商业模式和运营模式方面都很稚嫩，各大企业几乎都是依靠巨额资金投入来生产单车、补贴用户，以期快速扩大覆盖面和用户数。鼎盛时期占据行业半壁江山的摩拜和 ofo，模仿当年滴滴和快的之争，持续用优惠券甚至免费骑行的方式争夺用户。然而，共享单车是一项重资产、长周期的生意，一旦运营不善或者政策变动，就会面临资金链断裂的情况。不幸的是，大多数玩家都陷入了这样的困境：单车的运营维护跟不上，大量单车损坏或丢失，用户自然大批量流失，本就难以支撑巨额投资的收入更加萎缩；同时，无人监管的单车严重影响了城市容貌，政府纷纷出台监管方案，共享单车企业无法继续扩容，投资方也不愿继续买账。

不过，并非所有共享单车企业都在艰难度日。在这个风云变幻的战场上，有一家企业入局并不早却异军突起，那就是哈啰单车。

哈啰单车于 2016 年 11 月上线运营，一年后与公共自行车"元老"永安行合并，随即获得了阿里旗下金融服务企业蚂蚁金服的投资。这两个举动，为哈啰单车赢得了无限生机。永安行是国内最大的公共自行车运营商，在共享单车兴起之前，已经在政府投资的有桩自行车领域深耕多年，积累了上百项公共出行领域的技术专利，并拥有深厚的公共自行车运营服务经验。哈啰单车和永安行合并后，不仅获得了硬件和技术方面强有力的支持，同时也提升了共享单车的运营能力。而另一边，蚂蚁金服的入局为哈啰单车的"免押金"信用体系打开了局面。在倒下的众多玩家中，押金无法退还成为最主要的被用户诟病之处。而依托蚂蚁金服的大数据信用体系"芝麻信用"，哈啰单车推出了"全国免押战略"，该战略显著降低了用户使用共享单车的门槛，推动了用户数的飞跃。

尽管中国共享单车市场经历了一次洗牌，但用户的实际需求仍然强烈。从众多玩家倒下和崛起的案例中，我们能够确定的是，只有适应政府的监管政策，树立良性的商业逻辑，细心打磨产品，并充分应用 GPS、大数据等互联网技术实现共享单车的精细化运营，才能最终在这场牌局中获胜。

中国的共享经济基本上是资本推动下的巨大泡沫。尤其是共享单车领域，甚至日本、欧美也都感受到了中国共享单车的狂风席卷。各色小车出现在外国的街头，成了中国"新四大发明"之一。资本狂潮退去之后，也给了全世界一个惨烈的教训。

而日本的资本本来就非常克制，很难出现中国式的共享单车。

日本实际上算是单车出行的大国，但是法律规定相当严格，尤其是设定停车地点的问题。中国国内的共享单车开局是以乱停车为代价的，后来政府开始治理，收紧自行车投放量并规范停车秩序，情况才变得有序。个人自由和社会混乱之间的难以平衡，在这个过程中体现得淋漓尽致。日本和欧美也存在同样的问题，甚至日本正是由于停车问题，无桩共享单车才难以出现。

共享经济的本意是整合社会资源。但在资本的推动和竞争的刺激下，大量重复投入反而成了对社会资源的极大浪费，如此看来还真是资本的讽刺。

INFORMATION
TECHNOLOGY
NAVIGATOR

xTech 市场：科技加持的
价值

准确把握 "xTech" 所谋求的社会价值

本章将把前章中论述的 IT 趋势可能给各行各业带来的影响，分为 "xTech" 的各类专题进行分析。由信息系统部门负责，主要针对降本增效、应对系统风险方面的投资，我们称之为 "企业 IT"。与之相对，企业业务部门或职能部门凭借自身判断，为增加业务和经营的价值，改变企业结构而进行的 IT 投资，我们称之为 "商业 IT"。xTech 则是指利用商业 IT 增加各行业价值，不断调整结构的综合性措施。

商业 IT 的第一关键点：找准真正应该提供的社会价值

在上一年总结的 "金融科技" "零售科技" 等 7 大市场基础上，我们新增了 "汽车服务科技" 和 "渔业科技" 两大市场。本章将通过 8 个小节分别阐述这 9 大市场。第 1 章的电子竞技、商业航天等领域都在 IT 技术发展推动下，不断涌现出新的企业，从而带动了市场发展。这其中既有创造出电子竞技等全新市场的企业，也有类似于共享单车等挑战现有供应商的创造性破坏者。可以说，所有市场无一例外都在出现数字化破坏者。

要在这种环境中实现持续性发展，企业要找准自身真正提供或者应该提供的社会价值。之所以这样说，是因为在 IT 技术驱动下，企业可以用颠覆传统的方法来提供特定的社会价值（图 6.0-1）。

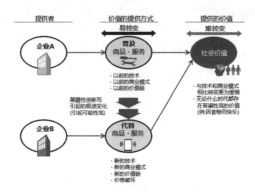

图 6.0-1 企业提供的社会价值及提供方式的转变

因此，无论是传统企业还是新兴企业，只有认清本企业真正的社会价值，灵活改变提供社会价值的方式，才能长期生存下去。例如，汽车厂商应该提供什么样的社会价值？是"拥有好车和身份象征的满足感"，还是"开车时快乐的闲暇时光"，抑或是"安全准确地到达目的地的工具"？企业在了解人们价值观的变化及社会当前所面临的问题的基础上，准确认识自身应该提供的社会价值变得十分重要。

商业 IT 的第二关键点：灵活改变提供社会价值的方式

找准社会价值以后，灵活地调整商品和服务，以及价值链、商业模式等社会价值的载体便成为关键。就前文提到的汽车厂商应提供的社会价值而言，选择不同，汽车的特征也有所不同。到最后，真正提供的商品或许已不仅仅是汽车。若是把一系列附加服务等都包含在价值取向内，那么人们的选择项也就越来越多样了。

为不断提供更高层次的社会价值而频繁调整商品或服务、价值链及商业模式确实并非易事。然而眼下人们不再需要亲自去做，大量利用新技术及技术进步创造的新服务等外部资源，完全可以作为调整企业社会价值的方式。

今后 xTech 市场将渗透到各个领域，各种新企业也将不断涌现。包括现存企业在内，所有企业都应该尽量灵活地调整提供社会价值的方式及商业模式，提供真正为人所需的社会价值，实现持续性发展。

6.1 金融科技市场

本节摘要

1. 金融科技市场正从分散走向融合，金融科技企业与传统金融机关合作，不断推行新服务。
2. 各类金融科技服务竞相涌现，商业模式呈多样化趋势。
3. 金融市场的竞争开始不局限于金融服务，管理着海量信息的"信息银行"成为市场参与者新的竞争目标。

市场定义

金融科技（FinTech）一词取自 Finance 和 Technology。它是指在支付和金融服务领域，通过搭配最新的 ICT 技术，实现优化和创造服务等目的。

虽称之为"金融科技市场"，但其市场范围随技术发展而不断变化，因此并不固定。金融科技对应范围的划分大致如图 6.1-1 所示。本节将预测支付领域（智能支付市场）、信贷领域（智能信贷市场）、证券和保险领域（智能理财市场及物联网保险市场）、家庭财务管理领域（财务管理服务市场）的市场规模。

由于各市场规模预测的对象不同，简单合计的数值并不准确。另外，随着各市场逐渐成熟，与已有市场的融合度不断加深，需要注意目前的预测对象将来是否仍然适用。

智能支付市场：商品交易中使用的电子支付手段被称为"智能支付"，其市场规模就是它的交易额，包括借记卡及手机软件中的银行卡付款，但不包括网上银行等人为操作的账户转账或银行转账。

智能信贷市场：智能信贷市场规模为面向个人的信用贷款和面向企业的交易贷款的实际融资额。

智能理财市场：智能理财市场规模为利用 AI 等技术提供自动投资服务的交易总额。

物联网保险市场：物联网保险市场规模为利用物联网技术协助估算保险费率的新型保险服务的保险费用总额，包括财产损失保险、医疗保险及人身保险。

财务管理服务市场：财务管理服务市场规模为面向个人的个人财富管理服务及面向企业的云会计服务的总交易金额。

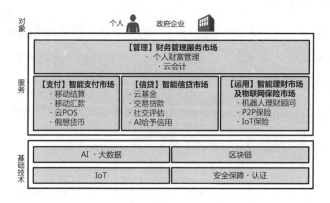

图 6.1-1 金融科技的范围

本节就智能支付、智能信贷、智能理财、物联网保险、财务管理服务市场规

模进行了预测。但这些市场仅是金融科技市场的一部分，今后还会出现新的金融科技服务。金融科技市场将与传统金融服务深入融合，因此需要注意"金融科技市场"本身并非一成不变。

智能支付市场

智能支付市场规模在现场支付和远程支付方面都将持续扩大，预计到 2024 年，市场规模将增至 122.1 万亿日元，相当于以年均 7.6% 的速度增长（图 6.1–2）。其中，第三方企业的实际收入为支付时收取的手续费。支付服务种类不同、加盟店业绩和规模不同，其手续费的收取比例也就不同。但随着竞争加剧，智能支付的覆盖面向中小店铺延伸，预计手续费费率总体会呈下滑趋势。

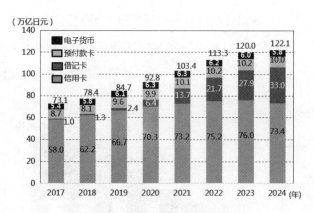

图 6.1–2 智能支付的市场规模预测

智能信贷市场

智能信贷市场为面向个人的信用贷款及面向企业的交易贷款这两个市场的总和。按实际融资额计算，2017 年市场规模为 540 亿日元左右，预计 2024 年将增长至 4700 亿日元（图 6.1–3）。其他国家市场中的 P2P 贷款在形式上与日本相似，但主要是面向企业或项目进行投资，因此不算入预测范围。

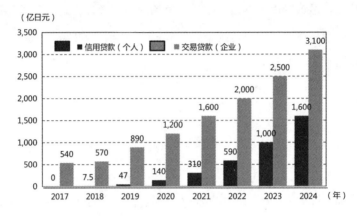

图 6.1-3　智能信贷的市场规模预测

智能理财市场

按运用总额计算，2017 年智能理财市场规模为 970 亿日元左右，预计 2024 年将达到 17000 亿日元（图 6.1-4）。企业的收入来源于运营手续费或信托手续费，一年收取 0.5%~1.0%，因此如果放在整体营业收入中看，该部分市场的规模仍然较小。

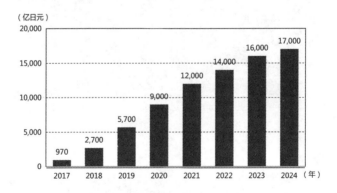

图 6.1-4　智能理财的市场规模预测

物联网保险市场

物联网保险最先是汽车保险（财产保险领域），之后扩展至生命保险领域。按保险费收入计算，2017 年的市场规模为 23 亿日元左右，预计 2024 年将增至约

2400 亿日元（图 6.1-5）。

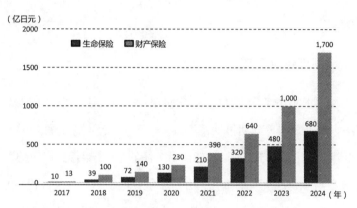

图 6.1-5　物联网保险的市场规模预测

财务管理服务市场

　　财务管理服务市场由面向个人的财富管理市场及面向企业的云会计市场组成。2017 年该市场规模为 69 亿日元左右，预计 2024 年将达到 741 亿日元（图 6.1-6）。在个人财富管理市场中，通常采用免费增值模式（一种基础性使用免费，从更多服务和广告中获得收入的商业模式），因此若将其作为直接收入计算则市场规模较小。预计这种商业模式不会随用户数量增加而改变，因此个人财富管理市场今后仍将维持在较小规模。

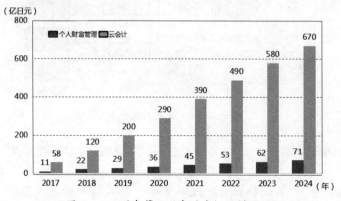

图 6.1-6　财务管理服务的市场规模预测

市场趋势

基本法律制度建设完成

日本经过 2016 年及 2017 年两次对银行相关法律的修改，以及 2016 年《资金结算法》修正案和《分期付款销售法》修正案的通过，金融科技相关的基础制度支持得到了一定的补充。最近比较值得关注的是，受银行法修正的影响，银行对"开放 API[1]" 将承担起应有的责任，并着手整顿电子结算服务等代理业务。

受开放 API 的影响，银行的服务功能可便捷地通过外部系统来使用。另外，银行也可实现电子结算服务等银行代理业务的 API 联动，为大众提供更加便捷的金融服务。如此，金融科技企业与现存的金融机构之间通过 API 进行协作，为金融服务的发展提供新的动力（图 6.1-7）。

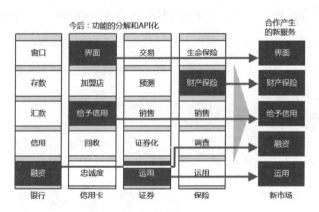

图 6.1-7　API 化的服务合作

另外，基于日本金融厅发布的《金融科技实证实验主题纲要》及 2018 年 5 月

---

[1] 开放 API 也称开放平台，是服务型网站常见的一种应用；API（Application Programming Interface）指应用程序接口。

发布、6 月正式实施的《生产力提升特别处理办法》等条例所创建的 "标准沙箱制度"，也为新的经济模型建构提供了实验标准。

这之后，金融审议会所探讨的 "根据功能划分的阶段性金融规则体系" 将在数年内建立完成。业界将按具体领域划分规则，形成更符合复杂营业情况需求的服务制度，从而有望建立更加有利于消费者的多样化金融服务体系。

无现金化该往何处去？

在结算方面，通过在店内使用电子现金购物，交易双方在同一场所的结算被称为 "当面结算"（即 "近场支付"）。当面结算正因信用卡和电子货币等非现金的结算手段的发展而进步，无现金化正在逐渐推进中。

与电子商务中的信用卡支付相对应，交易对象在相异的时空场景，也就是不直接当面的结算被称为 "非当面结算"（即 "远程支付"）。举例而言，便利店的代收费业务和现款销售业务，虽然钱是当面支付的，但是最终付款对象（如网上店铺等）是不当面的，因而被划分到非当面结算领域。非当面结算主要是由信用卡完成的，而随着电子商务市场的成长，非当面结算领域的智能支付市场也在逐渐扩张。

2017 年 6 月，内阁会议通过了《未来投资战略 2017——为实现 5.0 社会进行的改革》，其中对无现金化的占有比例进行了相关 KPI[1] 目标设定，指出 "在今后的 10 年内（至 2027 年 6 月）实现无现金交易占有比例翻倍，最终达到总市场的 40%"。如果日本能维持如今的高速成长率，并实现 API 的开放化及增加借记卡使用比例，这一目标实现的可能性还是很大的。然而从占有率 40% 这一目标来看，其实尚未达到世界其他发达国家当今的无现金化比例，因此以金融科技行业为主

---

[1] Key Performance Indicator，关键绩效指标。

的部分企业，提出了"要建立更高的无现金化比例目标"的建议。而已经实现无现金化占有比例 60% 以上的国家，多多少少都有政府政策的导向性支持，因此如果日本想要实现 40% 比例这一目标，必须在税收优惠等政策方面采取相应措施。

在《未来投资战略 2017》发布之前，日本经济产业省早在 2017 年 5 月就已经发布了"金融科技愿景"规划，并在 2018 年 4 月发布了"无现金愿景"规划。据此，企业、学校及政府合作的"无现金推进协议会"在 2018 年 7 月正式创建，并持续推进着无现金化的发展。其中特别值得注意的是该组织对二维码结算的标准化做出的贡献。在如今的国际社会，虽然已有 EMVCo 发布的二维码国际标准，但二维码结算市场仍稍显混乱，该组织未来将把二维码标准化推进到何种程度，令人期待。

由于虚拟货币将成为数字资产发展的奠基石，今后将会有大量不同的主体发行花样繁多的虚拟货币。但不管是在技术层面上还是经济层面上，该领域目前仍处于发展中阶段，因此建立针对虚拟货币交易从业人员和相关企业的管理体制，以及提高相关业者的专业知识水平的必要性日益增强。

基于数据分析的社会信用评估体系是否已成现实？

通过智能支付手段搜集用户交易数据，以此对用户的信用进行评级并进行相关金融借贷，这种面向企业和个人双方的服务现已出现。同时，不仅仅是交易记录，包括社交平台上的评价及社交圈，还有各种服务的使用记录等都可能被纳入评价体系。由此，将评价结果数据化，由本人或第三方提供的"评分服务"开始出现。如中国阿里巴巴集团的金融分部——蚂蚁金服所提供的"芝麻信用"服务，就可以显示个人及企业的信用度评分。这一应用不仅仅局限于金融服务，它还能对阿里巴巴集团以外的公司服务及公共服务等产生辅助效用。在日本，预计今后也会出现该类服务。

在资金募集方面，云平台技术的应用已经得到推广。现在已出现的应用方式是众筹。募资人将募资的目的和所需金额在网上公开，就会不断有支持该项目的人进行投资。该事业除了能应用在许多不同的活动策划及捐赠中以外，还能为新产品的试水提供效用。

另外，在应用了虚拟货币和区块链技术的资金募集领域，首次币发行[1] 这一名词正为世界所瞩目。该技术能辅助风投企业在世界范围内进行资金募集，这既是其充满魅力的一点，也是其被世界各国所警戒抵触的原因所在。欺诈募资和充满漏洞的事业规划导致募资后发展受挫，以及出于保护投资方的考虑，需要解决的问题还有很多。目前世界各国正相互携手，为最大化发挥首次币发行优势，创建和谐制度环境而不断努力。

金融科技促进特定领域的发展

智能理财

虽然"将存的每一分钱都变为投资"的言论宣传已久，但是日本个人金融资产的大部分依然在存款上。要将这些钱引导至购买投资商品，智能理财顾问能产生一定的帮助作用。智能理财顾问是指利用 AI 技术对用户的投资趋向进行分析并自动生成资产目录，从而自动对用户的资产进行再分配等操作的一项服务应用。对于不想花时间管理但又对投资感兴趣的民众而言，将管理权限的一部分委托给智能理财顾问能降低他们参与投资的门槛。

另外，在日本还有很多针对大众手中的积分、电子货币残值等进行管理的服务应用。对民众来说，这种积少成多的方式也将成为吸引他们开始投资的突破口。

---

[1] 首次币发行（Initial Coin Offering，ICO），源自股票市场的首次公开发行（IPO）概念，是区块链项目首次发行代币，募集比特币等通用数字货币的行为。

物联网保险

在保险领域，金融科技也被称为保险科技（InsuTech，Insurance 和 Technology 两词的合成）。保险科技领域中，有很多事业正在蓬勃发展，最近备受瞩目的领域就是结合了物联网技术的物联网保险行业。

该领域最先出现的是汽车保险。该产品是通过汽车上承载的加速感应器来对驾驶员的驾驶安全系数进行测定，从而提供更为低价的保险服务。另外，利用物联网传感器对保险对象每天的活动量进行检测，基于测出的"生活健康度"来进行保险费用计算的生命保险产品等也正在开发当中。除了上述例子之外，通过物联网传感器获得行为检测数据，进而为保险提供辅助的应用案例也在不断涌现。

区块链技术

区块链技术被视为这一领域中能应用到交易基础建设当中的相关技术，因而广受关注。它即将被应用于构建开放式可追踪的用户历史，以及金融派生商品和保险费用支付的自动付款等方面。通过对诸如此类不同以往的投资商品的开发和提供，该项技术将大放异彩。

资金管理数字化

云服务能针对个人及企业提供会计管理系统。针对个人的服务被称为个人财富管理，该系统能通过对个人持有的银行账号及信用卡的联动管理，自动获取、分析用户历史，并整理储备金额情况，对收支进行管理。

面向企业的服务则大多被称为"云会计"。与面向个人的财富管理相同，该系统通过对多个银行账户的管理实现会计监管，并能提供与电子税务相关的联动业务。

不管是个人财富管理还是云会计，都是通过对从多个信息源搜集到的收支信息数据进行自动分析，从而对消费情况做出判断的服务。另外，通过对同种业务及相似营业规模的个人或企业等进行比较，该服务还能有计划地对进出款项进行日程管理。

大部分的个人财富管理和云会计服务预计都能实现上述电子支付业务。以该类服务为核心，以银行的 API 开放化为驱动，我们所设想的大部分功能都将逐步成为现实。

最终成为"信息银行"

对金融科技领域中现有的金融业务做进一步的细分，其中出现了很多"单点突破性"的业务。

当今的经济模型愈发多样化，在很多领域都全面应用了免费增值服务。金融科技企业若还想把通过业务获取的直接收入作为基础收入，那么市场规模的绝对值估计不会太高。

这也揭示了单一业务难以支撑起金融科技企业营收的现状。而这些企业大致有两大发展方向：

1. 同现有的金融机构合作，从合作企业（或个人客户）方面获取收益；

2. 以金融科技为切入点，将营业范围从现有金融业务扩大到金融业以外的业务，从而实现收益的最大化。

特别是第 2 个方向，企业除了需要了解自有业务的信息，还要从社交平台等渠道获取大量外界信息，以此支撑自身新业务的发展。管理个人客户信息的业务被称为"信息银行"。目前大量的金融科技和其他行业的企业都在千方百计地加入"信息银行"业务的建设之中。"信息银行"的目的在于，将被托管的海量数据进行加工与分析，并运用于自有业务或第三方业务，以催生出新的价值（图6.1–8）。

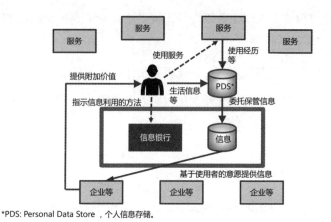

*PDS: Personal Data Store ，个人信息存储。

图 6.1-8 "信息银行"业务模型

个人信息需要谨慎管理，这要求"信息银行"必须具备完善的信息管理体系，并取得使用者的完全信任。最为现实的路径就是在金融科技的各个领域及其他业务领域与客户建立充分的信赖关系，逐步扩大被委托的信息范围及种类，最终形成"信息银行"。

获取信任的战争已经打响了。

聚焦中国：领跑全球的金融科技 🔍

毋庸置疑，中国在金融科技领域已经成为全球领导者。

乘着金融体系结构化改革和移动互联网飞速发展的浪潮，在过去的 6 年里，中国金融科技市场实现了指数级的扩张：第三方支付交易规模年均复合增长率在 100% 以上。移动支付的普及速度更快，根据中国互联网络信息中心（CNNIC）的数据，2018 年我国移动支付渗透率已经达到 72.5%，规模是美国的百倍。融资和保险等领域也实现了快速增长，出现了多样化的创新商业模式。

中国金融科技的爆发式增长催生了多家独角兽企业，阿里巴巴旗下的金融服务企业蚂蚁金服在 2018 年甚至获得了 1500 亿美元的估值，平安集团旗下的陆金所、京东旗下的京东金融和腾讯旗下的微众银行，也都获得了上百亿美元的估值。

不过，中国金融科技行业的发展并非一帆风顺。随着近年来越来越多互联网金融借贷平台（P2P）的"爆雷"，相关政府机构逐步加强了对金融科技企业的监管力度。得益于宽松的监管政策而获得飞速发展的金融科技企业，未来更需要利用技术实现模式创新，而大数据和区块链将是最有可能推动金融科技价值链进一步升级的新兴技术。

大数据：经过多年的创新和发展，中国金融科技巨头们（例如蚂蚁金服、京东金融等）已经纷纷构建起了一套覆盖支付、借贷、信用评分、财富管理在内的金融生态体系，其背后积累的大数据一旦被激活，将形成不可估量的价值。基于庞大的用户数据和强大的计算能力，金融科技机构能够为客户提供最符合其需求的创新产品，并开发出灵活的定价机制。

区块链：区块链技术能够为金融行业带来更安全的交易环境，有望被广泛应用于金融价值链的各个环节，为客户提供更可靠的金融服务。

中国的金融科技行业仍有巨大的发展潜力。未来，这个行业受技术的驱动将更加明显，只有积极进行技术和产品创新的企业，才能成为最终赢家。

6.2 零售科技市场

本节摘要

1. 在互联网上收集信息、购买商品、享受服务的"全渠道商业"的日本市场规模 2017 年达到了约 53 万亿日元，预计 2024 年将达到 76 万亿日元。
2. 2016 年日本 B2C 电商市场规模约 17 万亿日元。除了一般的货品，食品及服务的网络购买量也在逐渐增加，预计 2024 年将扩大至 27 万亿日元。
3. 由于网页和移动界面的普及应用，供应链开始朝着数字化方向发展，因此实现了以用户需求为中心的线上定制、快速接单的生产模式，市场活跃度提升。

市场定义

　　全渠道商业市场：指在网上发布信息，在线上或线下实体店向消费者提供商品或服务的市场。此处，网上的信息渠道不仅仅包括商品或服务的官网、博客主页、社交平台或电商主页，也包括商品信息比较页面、地图检索页面、社交网络上朋友间的信息交互、手机软件和邮件的信息推送等。全渠道商业市场也包括以下的 B2C 电商市场。

　　B2C 电商市场：指通过互联网向消费者提供商品或服务的市场。该市场包括在智能或非智能手机终端、平板终端等，通过移动网络销售商品或服务（移动电商）。其他诸如在线上预约线下实际结算商品或服务的情况也包含在该市场规模计算中。然而，线上无法完成最终购买决策的情况不包含在该市场规模计算内，如汽车或不动产的委托估价及各类申请等。另外，诸如在线交易和网银等金融服务市场、在线购买的数字内容（音乐、视频、线上学习等）市场，以及在线公共竞争和拍卖市场等也不算在 B2C 电商市场规模中。

市场规模预测

全渠道商业市场

全渠道商业市场通过线上和线下信息共享促进商品消费，其市场规模在 2017 年达到了 52.7 万亿日元。其中，通过网上信息发布促成的线下实体店消费（O2O 消费）达到 35.1 万亿元。

随着智能手机信息服务的推广，预计全渠道商业市场的规模将持续扩大，2024 年将达到 76.1 万亿日元（图 6.2-1）。

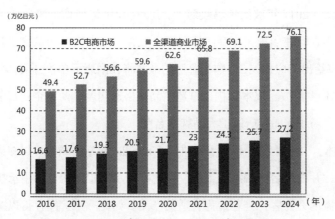

图 6.2-1　全渠道商业市场和 B2C 电商市场规模

B2C 电商市场

B2C 电商市场规模在 2017 年达到了 17.6 万亿日元。今后尽管市场增长率会逐步下降，但其规模仍将持续扩大，预计 2024 年将达到 27.2 万亿日元。虽然 B2C 电商市场规模仍无衰减势头，然而针对既存用户的各种手段已经尝尽，如何挖掘新用户和利用智能机换代进行销售模式转型将成为该市场扩大规模的关键。

市场趋势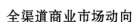

全渠道商业市场动向

全渠道商业市场已有很长一段时间未活跃于公众视野。近年来类似于 Amazon Go[1]、中国的 IT 无人店铺，以及美国的 BONOBOS 或 EVERLANE 等服装企业开拓的全渠道销售新模式在日本开始成为话题。

BONOBOS 由斯坦福大学 MBA 毕业的两位学生于 2007 年创立，主要经营线上服装业务（2017 年被沃尔玛收购）。BONOBOS 以所谓的向导店（Guideshop）闻名于业界，即在店内无库存的情况下，顾客可以在实体店试穿。针对顾客的穿搭，店员将给出相应建议，有购买意愿的顾客将在网店下单[2]。同为服装销售企业，EVERLANE 主打披露成本结构，打造商品价格透明度。两家企业目前都在推广线上销售和布局线下向导店以扩大品牌知名度。

在日本，丸井集团[3] 也在着手推出 Fit Studio 网站，顾客可以在店面自由试穿各类鞋子，并在平台终端线上下单。在此类展示店中，店员不用承担销售指标的压力，只需尽力为客户推荐最为合适的产品。如此一来，库存得以减少，即使在有限的空间内，也能做到开店营业。今后诸如此类的店铺或许将在日本大范围推广。

B2C 电商市场动向

B2C 电商市场一方面在不断成长，一方面也在不断迎接新变化。现如今家电、书籍和化妆品等实物在引领电商市场的成长，各领域商品都在逐一上架电商平台。

---

[1] 亚马逊推出的无人便利店。
[2] BONOBOS 最先推出线上店铺，2012 年推出 Guideshop。——译者注
[3] 日本东京地区知名的大型百货连锁之一。

对于商品需求敏感的消费者们来说，网购逐渐成为其日常生活的一部分。然而，随着书籍和 CD 的数字化，电商市场中该领域的商品将转化为电子书或电子音乐分发服务，因此这两者的市场将逐步缩小甚至停滞不前。而在服务方面，实体店电话和传真预约，以及旅游和餐厅预约也在逐渐上架电商平台。此外，近年来大规模定制这一类产品销售和服务相结合的形式也在电商平台上普及起来。

线上大规模定制的兴起

以往定制产品或服务只针对对此感兴趣的用户，而随着大规模定制的兴起，用户的范围也在逐步扩大。所谓大规模定制，是指在从接单到出货的部分或全部过程中利用 IT 技术，用与量产物品相近的制造成本，提供符合用户个性化要求的商品或服务。

毫无疑问，科技的发达带来了大规模定制的昌盛。例如基于高度发达的 3D 打印机和 3D 图形数据测量扫描仪的生产革新就在其中承担了重要角色。此外，消费者需求的变化也是大规模定制得以兴盛的原因之一。

经济高速成长造就的大生产大消费时代已经接近尾声，当下消费者已经开始通过互联网或各种媒体来比较分析各类商品和服务，从中选择适合自己的物品。无疑，不论是习惯于此还是不习惯处理大量信息的消费者们，都开始适应这一趋势并寻求适合自己的商品。

2018 年 6 月至 7 月野村综研针对信息通信服务进行了专项调研。根据调研结果，在"使用过定制服务"和"今后有意向使用定制服务"这两个回答中，针对个人或团体旅游行业的前者回答比例已达到 20.9%，后者则为 47.4%；针对服装行业的分别为 20.9% 和 40.6%；针对鞋和其他服饰杂货行业的分别为 19.2% 和 43.8%；针对家具行业的分别为 17.6% 和 42.6%。尽管在调查时，"使用过定制服务"这一回答，在各行业整体规模不到两成，但"今后有意向使用定制服务"的回答

已高达四成，这可视为 B2C 电商事业的一大发展领域。

线上大规模定制的兴起即可作为 B2C 电商事业发展的佐证。所谓线上大规模定制，是指利用 IT 技术，跳过中间批发环节，在顾客下单后直接进入生产环节，实现快速出货和低价销售的商业或服务。

举例来说，旅游产品如酒店、机票和各项免费服务等，通过各类旅行社已经实现了线上销售和推广。服装、鞋子、家具等产品虽然实现了实体店定制化服务，其线上发展仍未普及。直到过去的一到两年内，线上大规模定制才开始引起人们的关注。

以下将从 4 家公司的 5 个具体案例来分析。例如，日本手表制造公司 RENAUTUS 推出了手表定制计划，表壳、表盘机芯、指针、表带及其他配件的多重组合，其可能性超过 20 万种。阿迪达斯也提供了名为 "miadidas" 的服务，允许顾客从 40 多种定制鞋中选择任意基础款式，并在线搭配鞋子各部分的颜色。此外，阿迪达斯还在推广自己的 "Futurecraft 4D" 服务。顾客只要驻足阿迪达斯商店，在店内的跑步机上随意跑上几步，便可迅速获得 3D 打印出的量身定制跑鞋模型。在服装领域，日本女装公司 ZOZOTOWN 推出 "ZOZOSUIT" 概念服务，其推广和发展的速度在业内令人瞠目结舌。该服务通过智能手机的使用来捕获客户身材数据，以此向客户推荐现有产品或提供指导，抑或是为顾客量身定制西服。同样是服装行业，ONWARD KASHIYAMA 公司也推出 "KASHIYAMA the Smart Tailor" 服务。顾客首次使用该服务时，智能裁缝将为其测量尺寸，之后就可以为顾客提供在线低价定制西服的服务，顾客只需一周便可收到成品。

基于数字化的商业模式变革

除上述情况外，还有诸多通过网站和手机软件实现的线上定制业务或服务。这些服务的最大优势在于用户可以在短时间内低价获得心仪的产品。

与此同时，经营者们针对这一动态也有不同反应。在 IT 使用情况方面，根据野村综研在 2018 年 6 月至 7 月展开的调查，虽然只有不到 5% 的企业"已经提供线上定制服务"，但"未来有意向或希望提供线上定制服务"的企业数量高达 20%。其中，在制造业和零售业中，规模越大的企业提供该服务的意向越高。

截至目前，在大企业的引领下，用户接触点方面的数字化已经取得进展。今后，伴随着供应链的数字化发展（包括 3D 扫描仪和 3D 打印机），传统的经营、生产、销售模式将从经营者视角转化为用户视角，快速定制生产也将得以实现。因此，企业比以往任何时候都更需要重视如何被用户关注和选择，以及如何在获取用户详细信息的基础上完善生产体系。在数字化转型备受重视的今天，经营者们不该故步自封，坚守传统的商业模式，而是要基于用户需求，探索新型商业模式。

聚焦中国：零售科技的新疆土 🔍

中国的新零售概念已经风靡全球。野村综研（中国）接待的很多海外客户，都对什么是新零售很感兴趣。实际上，在早几年，中国客户也是如此。新零售总体上指将新的科技加持在原有的零售之上，创造出提升零售效率的新商业模式，但是其常常是含糊的、不明确的，是被互联网巨头、商业巨头、行业领军企业反复定义的。无人便利店、线上线下协同、数字化店铺、数据化精准营销，甚至很多情况下利用移动社交软件开店也被称为新零售。

2018 年以来，我们观察到两个明显的趋势，在这里不得不提。虽然并不能涵盖零售科技的所有端倪，但我们认为这一定是未来几年中，"零售 + 科技"所需要关注的重大趋势。

1. 营销策划的大数据化；

2. 实体店铺运营的数字化。

第 1 个趋势来自于电商巨头、互联网巨头的大数据变现和产业延伸；第 2 个则来自于厂商、零售业者和科技公司的思考与尝试。

营销策划的大数据化：天猫新品创新中心（TMIC）——商家的决策助手

真正实现帮助消费者进行决策，这一点对阿里巴巴来说既顺理成章，又十分困难。

"阿里系"拥有得天独厚的优质数据来源。电商层面有天猫、淘宝，支付层面有支付宝，金融层面有蚂蚁金服，出行层面有高德地图，还有一众体系内的生活服务应用。一个消费者消费生活的方方面面，一多半在阿里手中掌握着，且就目前看来，中国的主流消费者每人至少拥有一个阿里系的账户。故而说阿里巴巴进行营销策划大数据化是顺理成章的。

但是困难之处正是在于其来源问题。大数据的最大困难在于数据孤岛，不管是利益问题、数据安全和因素问题，抑或纯粹公司内部的隔阂问题，很多坐拥优良数据源的大型企业并不能灵活利用大数据展开变现。比如，中国的通信运营商，大数据资源之丰富和阿里系相比有过之而无不及，但大数据变现之路非常坎坷。这是因为数据散落于各个省级分公司和公司内各个不同部门及系统之中，很难做到全面打通，但是一旦全面打通，就能发挥出异常强大的数据能力。

在这项业务的前期调研中，非常重要的一点是如何招募合适的受访者，以及防止不符合要求的受访者样本混入其中。TMIC 如今拥有相当于全体天猫、淘宝客户体量的数据样本池，而且用户画像绝对清晰真实。这对于传统的线上调研样本池来说是碾压式的优势。

那么，阿里巴巴成立 TMIC 究竟想要解决什么问题呢？

答案是，解决企业经营的快速应变问题。这点在当今社会尤为关键和致命。

中国的消费者市场，不仅仅限于消费升级。按照日本作家三浦展在《第四消费时代》一书中对"消费时代"的划分，我们姑且可以认为中国的消费时代大致进入了第三时代，在向第四时代过渡。市场的特点就是充分细分、重视精神的愉悦、分享、热点的快速转移。中产阶级的崛起、生活的网络化和社交化、移动互联网的充分渗透，在中国进一步加剧了这种趋势。中国市场越来越呈现出热点变化快速、潮流来势迅猛的特点。传统的市场策划越来越难以跟上市场和消费者的步伐。

传统的消费品公司、面向大众市场的服务营销公司，在推出和投放新品、进入新市场的时候，都需要进行一系列市场研究。内容至少包括对市场竞争格局的判断、竞品信息收集和分析、消费者的相关购物和使用习惯研究、消费者对新品的概念有什么反应，乃至对新品进行消费者使用测试等。这一套流程下来，没有半年也至少要 3 个月，根本谈不上快速应对。而且，因为时间和金钱成本的关系，市场研究只能局限于能够实现的抽样样本数量，企业对消费者了解的深度和准确度都存在不足。所以，现在基于大数据的消费洞察才能够顺势崛起。它具有三大优势，一是时间快，二是范围广，三是精准度高。

将基于电商和生活服务的数据串联起来，TMIC 基本上就能形成一张具体消费网络。它还提供线上调研的服务，不仅能快速在其平台上招募受访者，而且能够搭建虚拟的电商店铺，把从引流到店铺页面直至交易的整个流程都在真实环境中测试一遍。这是以前的市场调查工具都不具备的能力。

这样的市场研究工具将零售带入了"零售 + 科技"的新世界，实现了营销策划的大数据化。

以往的产品设计、定位和包装，营销活动的设计和策划，都是营销人员经验的积累和创意的比拼。在那种情境下，把握全局信息简直是一种奢望。更别说很多成熟度比较低的产业，很可能根本没有长期的数据统计，策划者对市场格局的理解一片模糊。而消费者调研往往耗时耗力，最终甚至难以推导出确切且可靠的市场策划方案。

现在，在大数据的支持下，我们很快就能获悉市场的全貌。本品类之下，有多少竞品品牌、市场集中度怎样、竞品有什么样的卖点、价格分布如何，基本瞬间可得。当策划者对全局的把握宛若对内经营分析般快捷（如果没有经营分析体系，很多企业对内分析估计也未必如此快捷），决策层面的提速将会以月来计算。

可以预见，未来越来越多的企业会利用类似 TMIC 这一类的数据服务为自己的产品设计、营销策划助力。已经有很多调查公司和天猫交换数据，并利用这个平台进行网络调查服务。作为咨询公司，野村综研也和天猫达成了在项目开发和数据服务产品开发方面的战略合作，期望成为推动其营销策划大数据化的力量之一。

实体店铺运营的数字化：零售运营数字化管理的一块重要拼图

想要具备线上线下一体化营销运营的能力，实体店铺运营的数字化管理是一块不可缺失的拼图。电商天然具有数字化管理的特点，因其运营的所有环节都是数字化的。线上渠道的销售可以基于各个环节的转化率进行经营分析，调整营销手段。线上门户的点击量、网页阅读深度、产品的点击量、加入购物车的数量、最后交易的数量，这些数据轻而易举就可以获得，线上商家再基于各个环节的转化率进行有针对性的改进。

实体渠道要进行基于数据的管理，特别是转化率的管理，则有一定的困难。销量不够，是店铺的客流不够，还是入店的客人转化为购物者的比例不高？为什么转化率不高？是陈列不好，以至于客人不感兴趣，还是客人看了一圈找不到合适的商品？传统店铺的这些信息，只能通过调查入店客人来获得。这个过程非常费时，也不见得准确。因此，大量的消费品零售业者会雇用庞大的巡检队伍来实现明察暗访，对象包括陈列情况、缺货补货情况、店员的销售流程和话术执行、促销推荐的执行等。其缺点是费用高、时间久、信息延迟，以及准确性不足。毕竟总是有人为的因素干扰。

最初的实体店铺数字化管理的尝试，是点数客流及打通销售数据进行分析。在防盗门上安装一个客流监控的小装置，记录下进出的人数和时间，然后和商品销售数据一起做分析。之后渐渐发展到利用摄像头进行区域客流动线的监控和分析。

现在比较新的做法是，利用机器视觉和人工智能替代现场人力巡检或照片拍摄后的人工分析。前文提到过的扩博智能推出的智能货架就是其中一个尝试。其因此获得了大型国际商超沃尔玛和饮料巨头可口可乐的订单，为之提供智能冷柜和货架摄像头的服务。这一服务替代的是人工巡店、照片拍摄、人工分析的过程。

在智能冷柜和货架摄像头部署完成之后，摄像头通过内置的算法将视觉识别的要素进行记录并做初步分析，然后将数据通过网络传到云端做进一步的整理和分析并储存。厂商或店铺运营方基本上可以实现对商品的实时管理，也就是实时地了解陈列是否准确、是否缺货、补货是否及时、温度变化是否合适、货品被客户接触的频率和次数等现场情况，形成全局的实时视图。对零售渠道运营管理者来说，坐在办公室就能掌握所有信息的快感是前所未有的。

另外，总体客流数量、各个区域的客流数量、商品的陈列面积、商品被接触的频率和次数，再结合商品交易的数量，实际上能够形成实体店铺的销售漏斗和转化率体系。比如，采集入店客流、商品的被接触次数、商品销售件数，就能形成销售漏斗，把销量提升的问题分解到陈列问题和商品本身的问题上。

当然，实体店铺运营过程的数字化只是渠道数字化转型的一小步，企业将大张旗鼓地展开在供应链、客户关系方面的数字化，以应对全渠道协同销售的大潮。

优衣库在中国已经开启这一过程，并且立即成为业界标杆。

现在进入优衣库购物的顾客可以在优衣库的实体门店中通过扫描货品二维码进入线上商城，然后选择类似的货品下单。这一方式通常在店里商品缺码的时候很实用，可以减少商机的遗漏。顾客在线上商城看货付款后既可以选择送货到家，也可以选择在实体店提货，在实体店中，营业人员有时候会鼓励顾客这么做，他们会告诉顾客在线上购买有优惠，只需稍等一会儿就可以在现场把商品带走。由此可以看出，这个销售体制背后的仓储、销售业绩计算等问题，都是围绕实体店展开的。线上和线下的店铺基本上做到了一体化经营。

现在接触消费者最有效的场所基本转移到了移动互联网。线上引流至线上店铺虽然十分方便，但是就服装等消费品来说缺少了体验感；而且，门店也需要开展CRM（客户关系管理）化经营，取得用户的信息，再加以更精细的线上营销。如今这样的方式比较完美地满足了这两点需求，因此很多零售业者也在研究学习这一案例。

我们认为，零售科技的下一个趋势，主要是在场（实体店运营）的数字化。人和货在先前的线上营销阶段和新零售大潮中（主要是供应链的数据化和线上线下协同）已经相继开始了数字化。一旦场景也完成了数字化，线上和线下的界限就会消失，企业就能实现线上和线下的一体化经营。在此之前，很多从企业的销售部门中分裂出来的电子商务部，很可能会被合并回销售部中去。

6.3 广告科技市场

本节摘要

1. 日本的网络广告市场增速缓慢，但预计 2024 年市场规模仍将达到 13798 亿日元。
2. AI 作为数字营销中必不可少的用户行为预测技术，具有强大的基于历史数据的机器学习能力，带动了营销策略和创意方向的相关技术发展。对于身为广告主的用户企业来说，如何引进这些技术是灵活运用广告科技的关键。

市场定义

> 广告科技市场主要分为互联网广告市场和数字营销市场。互联网广告市场规模即投放在互联网或移动终端的广告媒体费，形式包括通过网站、软件投放广告，以及通过电子邮件分发广告，等等。通常不包括内容制作费。对象包括文字、照片、视频、音乐或画外音等所有广告的表现形式。数字营销市场包括分发广告时使用到的数据管理平台、营销自动化，以及与之相关的咨询、数据清理服务。
>
> 本节主要讨论前者，即互联网广告市场的市场规模，对于后者不加以预测。

市场规模预测

在广告科技市场中，电脑端网络广告趋向饱和，手机端市场依旧不断发展，预计 2024 年市场规模将直逼 1 万亿大关，达到 9544 亿日元（图 6.3-1）。同时，支撑数字营销发展的数据管理平台建设力度加强，营销自动化的使用范围扩大。

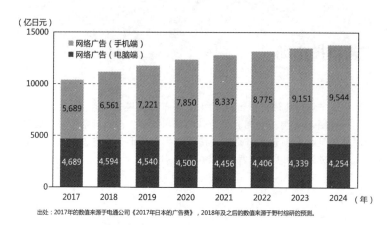

图 6.3-1　广告科技市场的规模预测

　　另外，企业营销人员肩负重任，需对广告预算做更详细的说明。同时，为了检验投入产出比，以及促进营销 PDCA（计划—执行—检查—处理）的良性循环，企业急需建立数字营销体制及服务。

市场趋势

从选择广告刊载位置向数字营销转变

　　互联网广告的投放方式以往是选择可专门投放横幅广告的网站，现已基本转变成将用户属性类似的网站归类并集中分发。例如雅虎在其首页有固定的 "雅虎品牌专栏"，可以固定投放横幅广告。而分发式网络，例如 "Google Display Network" 则可以面向多个具有广告投放栏的网站发布广告。对于企业营销人员来说，重要的已经不再是寻找投放互联网广告的位置，而是在各聚类的分发式网络中调查并分析更适合本公司的分发式网络，进而选择更有效的投放方式及更合适的广告创意，以此来优化投入产出比。

目前各种免费或付费的数据解析技术或数据分析服务可用来支持广告投放的选择和创意制作。对于企业的营销人员来说，关键问题是如何在技术和服务的汪洋大海中选取能有效满足公司当下业务需求的技术或服务。

数字营销大潮席卷整个互联网广告领域，从横幅广告到视频、社交软件广告，无一不在发生转变。换言之，正因为一些广告领域无法应用数字营销，从而无法知晓投放效果，没有可视化数据，才被企业营销人员所摒弃。

根据广告观察消费者态度变化

广告效果可以根据"接触"及"态度变化" 两个指标来判断。接触数据可通过用户点击广告页面获得。态度变化包括点击广告后，对于该商品或服务产生了"想买，想用"或者"感觉不错，还挺喜欢"等想法，继而出现了"实际购买""进行相关搜索"等行为变化。

统一存储的同一个人的接触数据及态度变化数据被称为"单一源数据（Single Source Data）"。其优势在于通过比较广告接触者和非接触者两个不同群体的态度变化，可以用投放广告和不投放的差分来衡量广告效果。这种方法又被称为"二重差分法"（图 6.3–2）。

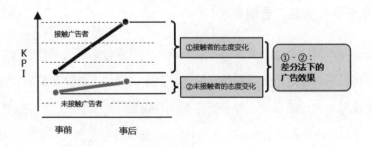

图 6.3–2　根据二重差分法得出的测定样貌

通过促进 PDCA 良性循环以提高营销效益

基于单一数据源等类似的数据营销分析工具开始得到广泛应用，互联网广告的环境不断优化，例如谷歌分析（Google Analytics）可以在投放广告时更精准地确定目标，获得更高的产出。

在互联网广告中，一般的广告创意会进行少量的实验性投放，然后通过使用数据分析工具，营销人员将分析投放效果如何，最后大量投放投入产出比大的广告。这类行为被称为 AB 测试。通过高效地筛选广告创意，AB 测试可以优化广告策略整体的投入产出比。

此外，从 2018 年不断兴起的营销自动化服务可以自动一站式地完成目标设定、广告创意选择、宣传效果衡量，以及下次推广活动面临的挑战和对策整理等工作。当然，营销业务并非全盘自动化，也有部分以外包的形式委托给营销自动化服务供应商，由供应商们负责营销的具体工作，而广告主即用户企业们则将精力更多地集中在制定营销策略上。例如，大日本印刷公司结合数据管理平台与营销自动化，构建了数字营销平台"diip"，为客户提供咨询、diip 导入及使用的一条龙服务。今后将有越来越多的企业构建此类平台以提高数字营销的效率。

技术催生出更有效的广告创意

随着分发式网络投放广告机制日益成熟，实时竞价的方式开始引入，即投放广告的费用根据供求进行实时调整，因此，企业的营销人员没有多少节省广告支出以优化投入产出比的余地。为了使高投入收获更好的效果，广告创意中使用的画面和广告词便显得尤为重要，目前，科学地导出这些信息的机制正在逐步完善。

互联网广告广泛使用了前文所述的 AB 测试。现如今广告要素正在不断分解细化，通过重新排列组合诸多分解要素，一个广告策略往往能生成数百条创意。

人们也在尝试从这其中抽取可使投入产出比最优化的创意。

另外，人们也在尝试开发高效生成大量广告创意的工具，以及尝试在进行 AB 测试之前，利用 AI 分析广告要素并预测结果。前者包括电通公司推出的利用 AI 自动生成横幅广告的工具"先进创意生成器（Advanced Creative Maker）"，此工具可以 5 秒 / 张的速度在短时间内生成大量横幅广告。后者例如野村综研开发的 AI 技术，可在广告播放前预测其效果。预计今后这类工具的使用将不仅仅止步于互联网广告，而是会进一步推广到其他媒体中。

跨媒体数字营销

除互联网广告以外，企业营销人员还需利用非互联网广告进行跨媒体营销，提高广告策略的整体效果。而整体效果则可以根据用户接触其他广告后的态度变化情况，或依据是否有连贯的机制，即消费者通过大众媒体了解或感知品牌后进一步接触互联网广告，最终购买商品或服务等来衡量。

为了把握接触媒体时的复杂情况，广告主内部正着力推进数据维护及数据管理平台的建设。另外，广告投放者也可更便捷地利用更高级的分析服务。为切实实现这一目标，各广告主企业要不断进行数据扩充以提高数字营销的完成率，例如企业设立特有账户与用户相关联，以问卷的形式掌握互联网广告接触情况、非互联网媒体接触情况及用户购买行为信息等。通过搜集这类数据，企业可进行营销目标选定和宣传效果衡量，并科学调查和分析下次推广活动中的跨媒体营销战略。

AI 引领数字营销发展

如前文所述，数字营销必须扩充与账户相关联的数据，明确每一账户的接触情况及购买行为，从而制定出投入产出比更优的营销策略。

在与账户关联的数据中，用户属性推测、行为类似的用户聚类至关重要，因为这些数据或多或少会有缺失，只有补齐缺失的部分，才能形成完整的信息以用于分析。

近年来，通过对 AI 技术的利用，可以从海量历史数据中推测信息缺失用户的属性，然后为其贴上标签。而在营销策略的实施过程中，这些完整化的数据可以协助人们选定目标，进行跨媒体营销的战略立案或效果分析。

谁是广告科技的提供者和受益者？

目前主要由营销自动化供应商或者擅长分析营销数据的企业进行数字营销分析，广告主亲自进行分析的情况依旧很少。

事实上，已经有企业开始向广告主提供简化营销分析的服务，所谓"AI民主化"的行动正在不断推广中。例如，美国自动化机器学习公司 DataRobot 开始推出自动学习机器的软件包，即使是完全没有技术积累的企业也可利用这类软件使用 AI 技术，尽享数字营销带来的便利。

以往企业更加关注的是广告投放费用，而在积极利用广告科技开展数字营销的当下，企业们更注重 IT 方面的投资。但在如何灵活运用 AI 等高新科技方面，企业内部并不具备专业知识和经验，因此，相关企业今后发展的关键在于，在不具备专业技能的前提下，如何降低 AI 开发及 IT 投资的风险，如何优化投入产出比，以及如何领先其他企业实现更有效的数字营销。

中国故事：百度的迷思

作为国内最大的中文搜索引擎，百度每天有数十亿次搜索请求，巨大的流量为百度带来了空间无限的互联网广告市场，广告业务成为这一搜索巨擘的主要收入来源。2014 年，百度的线上营销服务收入（即广告收入）占比甚至高达 99%。虽然近年来这一比例有所下降，但 2018 年仍然高达 80% 左右（图 6.3-3）。

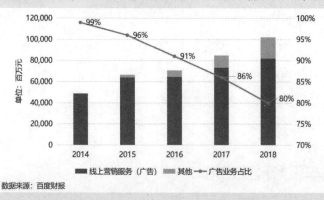

图 6.3-3　百度的营收结构

长期以来，百度都将人工智能作为其企业战略导向，这也内嵌入它的广告业务中。"百度推广"的主页上贴出了"通过 AI 技术让投放更简单""把您的广告展现给精准用户"的标语。依托于数据挖掘和机器学习，百度可以精确识别用户的需求和偏好，智能展现广告内容，从而为广告主提供高效、精准的广告服务。

然而，作为整个企业收入支柱的广告业务也曾在狂飙突进的道路上发生过"车祸"。2014 年，西安电子科技大学的学生魏则西被确诊患有晚期滑膜肉瘤。在采取传统治疗手段无效后，魏则西和他的家人在百度搜索推荐的武警北京总队第二医院接受了"生物免疫疗法"。该方法当时仍处于临床试验阶段，治疗结果不可预料，然而武警北京总队第二医院下属的莆田系科室却保证说："可以保他20年没问题。"最终，在花费了20多万元之后，魏则西还是在2016年春天离世了。

"一石激起千层浪"，因为魏则西的离世，百度推广的竞价排名体系及"莆田系"医院科室被推到了舆论的风口浪尖。百度将医疗信息进行竞价排名并借此获利的行为，极大地激起了民众的反感。国家网信办调查组也认为百度竞价排名机制存在"付费竞价权重过高、商业推广标识不清"等问题，要求百度立即整改。不过，仅仅几个月后，从百度搜索排名上消失的"莆田系"医院再次重出江湖，之后又陆续有类似事件发生。

对于百度这样的互联网科技巨头来说，技术从来都不是阻止它发展和前进的因素，内嵌在业务模式中的企业精神才是关键。如果百度的广告业务一味在逐利中放弃最基本的社会责任，它将难以走得更远。

6.4 汽车服务科技市场

本节摘要

1. 汽车共享服务诞生于城市，并以城市为中心形成相应的市场。通过捕捉"从拥有到使用"的生活方式的变化，以及对政企需求乃至地方需求的分析预测，预计2024年度日本市场中的共享汽车将达到8.9万台。

2. 网约车（Rideshare）由于所谓的"无牌照管制"，在日本国内尚属违法，无法开展商业运营，但需求确实存在。假设2019年该法规撤销，预计2024年度网约车数量将达到12.7万台。

3. 上述两种服务中，使用者和车辆的匹配是核心，而这种匹配的技能又与未来的完全自动驾驶相联系，所以长远来看，这两项服务未来将会被完全无人驾驶出租车即"机器人出租车"替代。

　　受 IT 技术快速发展的影响，近年来在共享移动服务领域出现并迅速普及了"政企型共享汽车"及"网约车"两大业务，这两大业务共同构成了"汽车服务科技市场"。由于个人车辆租赁市场暂时未形成规模，因此不列为市场规模预测对象。

市场规模预测

　　政企型共享汽车服务的主体为小型车辆，以短时间、短距离为特点，将逐渐替代租赁汽车服务。预计2024年度该领域市场规模将增至8.9万台左右（图6.4-1）。

　　而在网约车方面，由于日本国内的《客运汽车运载业务》条例禁止未获得道路运输许可或未登记的车辆营业，即所谓的"无牌照管制"，所以这里我们先假定该规则会在 2019 年废止，进而对日后市场进行预测（图6.4-2）。然而如果该法规依旧存续的话，该领域市场将始终不会起步。

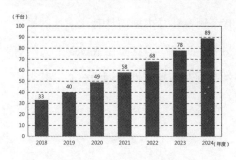

图 6.4-1　政企型共享汽车市场规模预测

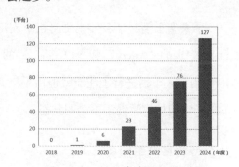

图 6.4-2　网约车市场规模预测

市场趋势

移动性共享服务根据业务提供范围（只提供车辆服务或提供车辆和代驾服务）、车辆持有人（个人所有或政企所有）等条件共分为五类（图6.4-3）。其中，政企型汽车市场的业务模式为现场对接无人化，用户可以在停车场直接租借或返还车辆。另外，网约车服务的载体是个人持有的家用型车辆。

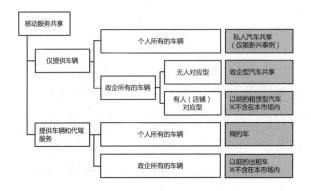

图 6.4-3　移动性共享服务的分类及其与本市场的关系

个人型车辆共享服务主要出租个人持有车辆，在日本国内具有代表性的服务有 DeNA[1] 的 "Anyca" 和 NTT docomo 的 "d car share"。目前在 Anyca 上大约有4000辆个人车辆进行了注册，但由于以高端品牌和高趣味性车辆为核心，其今后的成长空间如何暂处于不透明状态。

政企型共享汽车服务

目前日本国内政企型共享汽车服务领域中，Times 24公司 [2] 提供的 "Times Car

---

[1]　世界领先的网络服务公司。
[2]　日本大型停车场运营公司。

Plus"服务独占鳌头，其汽车数量占了整体市场的八成。

日本国内最早涉足政企型共享汽车服务的是 2002 年起步的 ORIX CarShare[1] 服务。3 年后，Times Car Plus 服务（当时叫 Carshare 24）对 Times 24 公司所管理运营的停车场和投币式停车场的部分车位进行共享化管理，由此其相关业务得到了快速拓展。

在直接配备共享车辆的情况下，若车辆利用率低，可以将其闲置在计费停车场，而若车辆利用率高，可以追加汽车数量，这一按需分配的模式也成了共享汽车服务的优势。

除了节假日期间个人用户使用，近年来工作日中企业用户的使用频率也在提高。随着共享汽车概念的普及和相关服务点的增多，与服务站点相邻的企业方也在逐渐减少利用率低下的自家公司用车，转而高度利用共享汽车。

受限于当今日本法规，共享汽车无法随处停车，借乘者必须将车辆归还到借出站点。相较于租赁汽车服务，共享汽车服务更适合短时间和短距离的使用，因此消费者更倾向于在家或者上班地点附近等地进行租赁，单个共享汽车站点的服务覆盖范围最大为直径 400 米。

对消费者而言，在租金、车辆和预约便利性等条件都相近的情况下，他们更愿意租用临近自家住所和上班地点的车辆。只要在市区人口密度高的区域拥有可使用土地，企业也就拥有了参与该业务的资本。

对先入企业来说，不断提高自身服务水平是其保持竞争优势的关键所在。为此，Times 24 对自家的服务系统进行了改造并实现了飞速提升。例如，消费者在返还车辆时经常会将手机遗漏在车内，导致无法联系服务中心进行处理。为此，该公司增设了在车辆返还后能再一次打开车门等类似的改善性服务。

---

[1] 日本提供汽车租赁、车辆共享、二手车销售及支持的公司。

网约车服务

截至 2018 年 9 月，日本国内的网约车业务尚未得到正式发展，但已有公司在提供类似的服务。比如 notteco[1] 就提供了远距离拼车的服务。目前该服务注册会员有 4 万人，年均服务数达 7000 次（源自 2017 年 3 月 notteco 官网数据）。

远距离拼车服务的车费由共乘的人员均摊，需直接支付给司机，notteco 方面不会收取费用提成。换言之，该服务中"同乘人员将支付在预先设定的费用范围内的车费"，且服务以不违反《客运汽车运载业务》条例的形式运营。

现在，日本部分人口稀少的地区由于经济赤字无法维持公交车线路的正常运营，如此一来，如何保障老年人等行动不便人员的出行成了一大课题。而拼车服务则有望成为解决这类问题的新时代公共交通服务。

然而，拼车服务在某种程度上对乘客和司机规模等方面具有硬性需求。现阶段，若非处在数十万人规模的城市，该服务供求关系则难以平衡。

另外，由于"无牌照管制"等条例的存在，要想解决人口稀少地区的问题，必须对现在的拼车服务方式进行一定的调整，使其专注于有效的服务提供而非注重盈利。例如，在志愿者开车上路时，寻求拼车的人员可依靠举手实现共乘等。

由于日本国内拼车相关业务目前暂未启动，在这里我们将对海外案例进行分析。

优步

优步（Uber Technologies）于 2009 年在美国成立，短短数年几乎成了拼车服务的代名词。目前优步的服务覆盖了 78 个国家、600 多个城市（数据截至 2018 年 2 月），其中包含仅提供出租车服务的城市（即不提供私家车拼车服务）。

优步为了维持和提升自身服务品质，设立了乘客司机互评体系，其中包括车

---

[1] 日本最大中长途距离拼车对接服务公司。

辆新旧和整洁度、是否超过打表收费范围、是否开具发票、是否故意绕远路等条目约束。该服务在出租车服务水平较低的国家和城市受到了广大用户的好评。另外，由于该业务不受政府法律监管且无须承担公共交通机构的责任与义务，以出租车行业为主的相关行业出现了诸多反对的声音，因此很多发达国家及大型城市都对该业务进行了限制。

BlaBlaCar

BlaBlaCar 是在欧洲 22 国开展业务的一家拼车公司，目前拥有 6000 万注册会员，一个季度内使用人数超过 1800 万（数据截至 2018 年），其业务特色为搭载目的地相同的拼车人。

欧洲城市交通网结构以大都市为中心呈放射状，地方城市间公共交通服务能力较弱，在城市间移动必须经由大都市，因而非常不便。而 BlaBlaCar 正是弥补了这一缺点才得以发展起来。

BlaBlaCar 目前平均单次车程为 300 千米，主要服务于远距离移动，因此也被称为"现代版的搭便车"。值得一提的是，BlaBlaCar 为了减轻乘客长时间在狭窄密闭空间内的压力，提供了独特的个性化匹配服务，例如陪聊、播放音乐，甚至还有女性限定搭乘服务。

假定市场动向

究其根本，共享汽车和拼车服务的基本机制都是匹配乘客和车辆。今后，随着服务的推广，匹配的选择项也会增加。对于提供方来说，如何细分并提供恰当的匹配服务将成为竞争的重要一环。既有的移动服务者——出租车公司已经开始开发软件来进行车辆调度。今后随着历史数据的不断积累、处理和应用，出租车服务将实现高效调度和匹配用车。长期来看，随着无人驾驶的实现，出租车、拼车、汽车租赁、共享汽车都将被纳入智能出租车的范畴（图 6.4-4）。

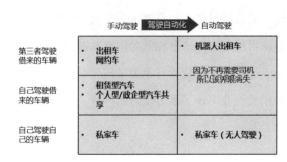

图 6.4-4　无人驾驶时代的移动性服务

在激烈的市场竞争之下，各类服务商所提供服务的匹配度和效率将直接与服务的吸引力和收益挂钩。各公司相继开展的技术开发，特别是匹配技术的精益化，将成为迈向智能出租车的第一步。

中国故事："滴滴出行帝国"是如何炼成的？🔍

滴滴出行作为全球规模最大的移动出行平台之一，目前已经涵盖了出租车、专车、快车、顺风车、代驾等多项业务，全方位多场景地覆盖了用户的出行需求。回顾滴滴出行的发展历程，不得不承认，这位"移动出行霸主"在其发展过程中兼具战略视野和细致规划。

2012 年 9 月，滴滴推出了它的第一个业务：打车。作为一款平台型产品，滴滴首先要做的，就是把供需双方连接起来，这不仅需要为需求端（乘客）提供体验流畅的产品和服务，也需要充足的供给（足够多的司机加入平台）。因此，在滴滴刚起步时，它的运营重点就是打磨产品、补贴司机。

2014 年起，滴滴开始加大市场投入，实现用户的快速增长。也就是在这一阶段，滴滴和它当时最大的竞争对手"快的"展开了补贴力度惊人的"红包大战"，这场"战争"效果卓著，滴滴和快的共同培育出一个规模快速扩张的网约出租车市场。

在两周年之际，滴滴又推出了重磅产品：专车。专车的上线解决了"出租车和司机不够"的问题，使滴滴从"深耕存量"迈向"开拓增量"的新阶段。之后，滴滴继续瞄准通勤、酒后等场景，持续推出快车、顺风车、代驾等一系列细分领域的业务，稳步向"一站式出行平台"的目标迈进。配合产品功能的不断迭代优化，滴滴成为当之无愧的"入口级应用"。

我们可以看到，在滴滴逐步成长的过程中，补贴的作用功不可没。但长期投入巨额补贴，势必难以维持健康的盈利模式。在成功培育出一个规模可观的网约车市场后，滴滴要做的，一定是挖掘数据价值、深耕用户体验。一旦疏于管理和服务，伤害的只能是用户对滴滴的信任。事实上，这位移动出行领域的霸主近年来也确实为诸多负面报道所困：顺风车事件、调度费问题……这些成为萦绕在滴滴头顶的阴云。对于滴滴而言，也许现阶段该做的，并不是扩张帝国的版图，而是专注于优化自身的商业模式和服务水平。

6.5 教育科技市场

本节摘要

1. 在 IT 技术普及迟缓的教育界，IT 企业开始积极进军学习内容、学习管理系统等领域。地方政府也逐渐重视减轻教师负担、应对人才紧缺等问题。但不论地方政府要引进怎样的新体系，都需以中央政府补助金为支撑，因而企业需要形成咨询等商业模式，为地方政府及学校提供最合适的学习管理系统及学习内容。
2. 由于公立教育注重教育的公平性，日本目前已利用 4G 提供了公平性较高的服务（终端及内容）。但随着 5G 的普及，与之相应的各类服务会更完善，这也将推动国内教育科技市场进一步发展。

市场定义

　　教育科技（EduTech）一词诞生于 21 世纪初的美国，词根来源于 Education（教育）及 Technology（技术）。这一市场还处于萌芽期，因此市场定义尚不明确。本节将教育科技定义为：面向个人和企业，利用电脑（包含平板电脑）、智能手机、媒体播放器及其他终端，以内容学习为主，提供学习管理系统及平台服务和其他附加服务。

　　本节中涉及的硬件不包括教学用的平板终端、电子黑板等设备。

市场规模预测

　　从 2005 年左右开始至 2014 年，智能手机及平板电脑的普及驱动了教育科技市场的扩张。在日本文部科学省出台的《完善教育 IT 化发展环境四年计划》支持下，中小学广泛采用数字教材及数字课本，正是在此助推下，2018 年度教育科技的市场规模已达到 1800 亿日元左右。今后，公立教育将加强引进信息终端，预计到 2020 年度左右，课程学习内容市场将进一步扩大，2024 年度将增长至 3100 亿日元左右（图 6.5-1）。

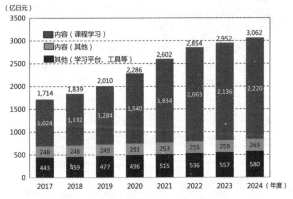

图 6.5-1　教育科技市场规模预测

普及面向儿童及学生的数字教材等内容（课程学习）是推动教育科技市场发展的一大因素。文部科学省提出 2020 年要实现"教育的信息化愿景"，要求所有学校人手一台信息终端设备用于教学。但现实是，部分地方政府由于预算不足不能引进终端设备。因此我们推测，2020 年尽管尚未达到人手一台终端设备的目标，但到 2024 年，除部分地区以外，日本将会基本实现利用终端设备的教学形式。此外，2020 年 5G 将投入商用，2022 年以后物联网等技术可解决延时问题，教育行业的 5G 应用将实现 3200 亿日元创收。可以认为，2022 年以后引入 5G 的课程学习市场将日益壮大。基于以上推测，到 2024 年，课程学习市场规模有望从 2017 年的 1024 亿日元增至 2220 亿日元，实现 1196 亿日元的市场增长。

市场趋势

混乱的各类企业和服务

日本的教育科技市场目前尚处于萌芽期，没有明显的领军企业。但根据公立教育主要供应商的分类，可以概括当前的市场情况（表 6.5-1）。

表 6.5-1　主要的教育科技供应商

综合服务型	授课支援型	在线学习型	学习管理型
· 内田洋行 · Classi · CHIeru	· code Takt · MetaMoJi	· Schoo · SuRaLa Net · 数字·知识 · 网络学习 · lightworks · LINES · recruit-mp	· Studyplus

"综合服务型"企业广泛从事 ICT 环境建设、电子学习内容发布、学习管理系统搭建等业务。例如，内田洋行提供了 ICT 人员支持服务，就"如何提高教育科技的效率"提供咨询服务和一条龙式专门服务。

"授课支援型"企业主要面向教师开发教育系统。他们着力开发低安装成本系统，例如可在网页上进行便捷操作的"MetaMoJi ClassRoom"（MetaMoJi）系统，或者类似"School Takt"（code Takt）这类对网速要求不高的系统。

"在线学习型"企业竞争较为激烈，但"SuRaLa"（SuRaLa Net）[1] 主要面向学习能力相对较低的儿童及学生，集中于特定群体，从而形成自己的特色。

"学习管理型"企业中 Studyplus 公司 [2] 推出了学习型社交软件，专注于激发儿童和学生的学习热情。

目前教育科技市场涌现出各类型企业和服务，但现在仍无法判断哪家公司将执牛耳。对苦于导入学习内容、学习平台及学习支援系统的地方政府来说，正思考着为何种教育提供援助的企业们无疑具有很大的魅力，因为双方可以就如何获得及运用文部科学省或中央政府的补助金进行讨论和合作。而对于教师来说，成本低廉的教学产品也同样令人心动。因此企业需要形成自身特色才能扩大市场份额，其中的关键在于明确并满足地方政府、学校、教师和学生等各类用户的不同需求，或者致力于满足特定用户的需求。

通信环境建设中的要点

通信环境建设是普及教育科技的一大助推剂。在进行新的通信基建时有两种不同方式，即 Wi-Fi 和蜂窝移动网络（通信基地的无线电波）。基于学校学生人数的不同，导入成本也存在差异。在人数较多的学校，使用 Wi-Fi 会有更优的投入产出比；但因为导入 Wi-Fi 会有安装成本，因此人数较少的学校更适合选择蜂窝移动网络。另外，Wi-Fi 和蜂窝移动网络在公平性方面也有差别。日本总务省进行的《通信利用动态调查》结果显示，家庭收入会对互联网普及率产生影响，学生家庭之间互联网普及程度必定存在差距。如果导入 Wi-Fi，可能会有家庭环

---

[1] 日本线上学习平台。
[2] 日本提供学习管理平台服务的公司。

境限制学生在家上网的情况发生，这一点有违公立教育的公平原则；换言之，学生回家后教育科技将不再具有连续性。而蜂窝移动网络不受场所限制，则可以保证教育的公平性。因此，各地方政府、学校应根据各自的经费及教育方针选用网络端口，各企业则应根据用户的实际情况和需求提供产品。

校方的特有需求

由于不同学校可能采用完全不同的教育科技系统，教师转岗或学生转校后需要花时间适应新的系统，这就是校方用户的特有需求。在教育科技的主要推手——"基于新学习指导要领的学校 ICT 环境建设"研讨会中，有意见提出至少应对县级[1]教育科技进行统一，同时供应商在推销产品时应着重提高在单一县内的市场份额。

另外，校方还有对远程授课的需求。此前，富山县南砺市人口稀少地区的 3 家学校同时采取远程授课的方式受到了高度好评。众所周知，人口稀少地区很难引进专业教师，还存在学生少而教师多等匹配不均衡的问题。因此，利用互联网连接各人口稀少地区，对于缩小地区教育差距，意义非常重大。与前文所述的"提高单一县内市场份额"战略相反，远程授课的教育科技服务应以低价战略来扩张业务范围，提高经济效益。

5G 时代，教育科技将走向何方，带来何种效益？

从 2020 年开始，5G 将正式在日本国内投入商用，教育科技也将相应发生转变。5G 具有可同时连接多端口（第 4 代 LTE 的 100 倍）、低延时（第 4 代 LTE 的 1/10）、高速率（第 4 代 LTE 的 100 倍）、大容量（第 4 代 LTE 的 1000 倍）的特点。通常在学校通信基础设施较弱的情况下，大量学生同时连接网络会出现严重的延迟

[1] 日本的县是一级行政区，相当于中国的省级行政单位。——编者注

现象，教学过程中发生网络延迟会影响学生的学习兴趣和热情，因此为提升教育效果，解决延迟现象迫在眉睫——而 5G 正是此类问题的解药。另外，5G 还能接收和传输大容量信息，因此可以充实并发展线上学习内容。不仅是人口稀少地区，各家庭、学校和地方也都存在教育差距。大容量信息可以使全国统一接受优质教学，改善教学环境，这有利于缩小教育差距，从而使得教育科技发挥真正的价值。

中国故事：远程课堂是否是教育不均衡的解决之道？

上课铃响起，教室里的大屏幕开始放映，学生们通过屏幕观看几百公里外另一所名校成都七中老师的授课实况……

这就是成都七中东方闻道网校的远程直播教学模式。

成都七中东方闻道网校成立于 2002 年，是全国第一家高中制远程教育学校，它打破了空间的限制，通过卫星通信的方式将成都七中的课堂传输到四川其他地区及云南、贵州、甘肃等教育资源落后的省份，每年使上万名异地学生接受更优质的教育。

但对这种远程课堂的质疑声从未停歇。远程直播教学模式下，直播中的老师无法看到远端上万名学生的反应，更无法与学生进行互动，因此教学效果存疑。另外，对于教育资源落后地区的学生能否快速跟上成都七中的教学进度，也需要打上一个大大的问号。

不可否认的是，远程课堂确实为解决教育不均衡问题提供了一种全新的思路。经过多年的实践，购买成都七中网课的学校，也逐渐摸索出了一套本地教师和成都七中老师协同授课的模式。本地教师在和成都七中老师同步备课的过程中，教学水平显著提升，并在网络直播课堂上充当学生与授课内容之间的桥梁，为学生答疑解惑，弥补远程网络授课的不足。

除了成都七中的这种远程直播授课方式外，中国的教育信息化创新模式还有很多。近年来，发展较为成功的当属在线一对一教学。和成都七中远程课堂不同的是，在线一对一教学确保了学生和老师之间的互动，避免了"直播胜似录像"的尴尬。在在线一对一教学的细分领域内，外教一对一尤其热门。究其原因，是在线一对一教学的价格较高，而中小学一对一辅导的主要需求方来自欠发达地区，市场容量有限，外教一对一教学的主要需求方则来自发达地区，具有庞大的用户基础和购买能力。

从成都七中远程直播教学和在线一对一教学的案例中可以看到，远程教育确实为解决教育资源不均衡的问题提供了更多可能，但教育能否真正改变学生的命运，答案依然因人而异。我们可以确定的是，不管技术如何发展，教育信息化创新模式的出发点必须是受众的需求。

日本对利用远程课堂解决偏远地区教育不均衡的现状寄予希望。中国的教育不均衡情况远超日本，而且难以指望中国的远程教育能够由接受者，也就是偏远地区的学校来买单。中国的偏远地区远比日本的偏远地区更为贫困。从这一点来说，必须由政府做出统一调度才能解决问题。好在中国一直存在富裕省份支援偏远地区建设的国家政策，未来希望国家可以利用远程教育手段，将教育资源支援也纳入跨省一对一支援的范畴。如此，远程教育还将开辟出一个颇具社会意义的新市场。

6.6 健康科技市场

本节摘要

1. 在日本，包含医疗看护、体育运动在内的健康科技市场的规模在 2024 年预计将增至约 600 亿日元。受 2020 年东京奥运会影响，体育运动相关产业将会崛起，AI 及物联网等领域的创新也会助推医疗相关领域的发展。

2. 数字化技术将会加速推动产业结构重组，实现跨行业市场竞争、创新及商业模式的变革，医疗看护及体育运动领域也将因此受到影响。如利用可穿戴式设备实时监测生命体征，判断病因；通过 AI 技术实现最准确的诊断及治疗，而这是仅凭人类的经验及知识无法实现的。尽管如此，日本的医疗产业仍面临多种多样的结构性问题，期待通过数字化技术得到解决。在美国的健康医疗领域，以"时光机模式[1]"为代表的应用风潮也催生了一批新型商业模式。

3. 日本在老龄化的社会趋势下，很可能面临医疗看护服务的发展瓶颈。在此局面下，构筑"医疗小镇（Medicine-Based Town）"提供了一种解题思路。在数字化健康医疗产业的发展为民众提供生活上的便利的同时，社会各界更加期待它推动医疗相关产业的发展及再生。

4. 医疗产业因为和生命息息相关，所以经济合理性较为不足，性价比较低。为解决这一问题，该领域的参与者需要制定中长期的应用扩展规划，利用数字化医疗，提供从高端服务到大众服务的多组合医疗健康选择。

市场定义

　　　　本节的健康科技市场讨论范畴包括以下几方面：

　　　　1. 使用器械设备或 ICT 服务的医疗看护、健康医疗、体育用品、解决方案和服务相关市场；

　　　　2. 利用物联网和 AI 等技术为医者提供新型解决方案及服务（诊断支持等）、可穿戴式设备传感器相关市场。市场范畴不包括 CT[2]、MRI[3] 等医疗器械销售市场，电子诊断等传统医疗 ICT 平台，以及医疗机器人市场；同时，保险等医疗健康周边市场也不包含在讨论范畴内。

市场规模预测

　　2018 年日本健康科技市场规模约为 80 亿日元。体育运动、医疗看护领域的市场机会率先涌现，出现了诸如"Fitbit"运动记录器等产品。

---

[1] 一种现实虚拟器，应用于医院的临终关怀服务，使人们可以体会到色盲症患者、老年人等特定群体的直观感受。
[2] 电子计算机断层扫描，用于多种疾病的检查。
[3] 磁共振成像，利用磁共振现象从人体中获得电磁信号，并重建人体信息。

以 2020 年东京奥运会和残奥会为契机，竞技体育领域中针对体育科学市场的相关活动十分活跃，并延伸至大众体育领域。此外，AI 或物联网创新将带动医疗看护领域的数字技术进一步普及。受这些因素影响，预计 2024 年包括体育运动、医疗看护在内的健康科技市场规模将增至 580 亿日元左右（图 6.6-1）。

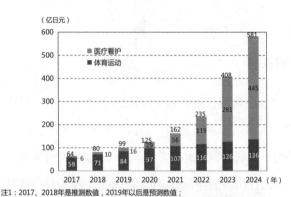

注1：2017、2018年是推测数值，2019年以后是预测数值；
注2：体育运动是运用可穿戴式设备等进行的测量（器械、服务）、医疗看护是通过AI进行诊断和治疗支援，包含生命体征传感、远程诊断/治疗、用药管理、护理辅助；
注3：未满1亿日元的进行四舍五入，明细和总值可能存在不吻合的情况。

图 6.6-1　日本的健康科技市场规模预测

在企业、政府、学术界的合力推动下，针对奥运会中测量运动员生命体征之类的体育科学措施日益丰富。包括竞技性运动、终身运动、健康运动在内，体育运动涉及的范围广阔，将有显著的溢出效应。因此该领域的数字健康发展潜力巨大。数字技术的应用会因运用领域不同而改变，例如竞技体育的关注点是提升运动成绩，而健康休闲体育注重的是促进健康、提高身体素质。在此情境下，体育运动领域有望成为数字技术创新的测试床。体育训练中，最为关键的是如何设计最优的运动负荷量与恢复期，即需要有意识地形成 PDCA 循环。然而，目前竞技体育中还有约一半的情况是手写记录训练数据，因此通过数字化构建有效的PDCA 循环仍有很大发展空间。毫无疑问的是，量化训练将带来显著的运动成绩提升效果。

此外，随着 AI 和物联网领域的创新及大数据的完善，医疗领域将出现面向

医生的诊断支持（Second Opinion）等新型解决方案和服务。伴随着应用物联网技术的生命体征传感器的普及，生命体征可进行实时检测。病理分析、对症下药等精准医疗也有望得以推进。

市场趋势

医疗产业面临的课题

预计今后日本老龄化将日益加剧，随着 2025 年日本的"团块世代"（日本战后首批"婴儿潮"人口的总称）成为"高龄老年人"（75 岁以上老年人），日本老年人口比例将超过三成。国家财政支出中的医疗费等社保费用负担加重，财政来源问题愈发突出。医疗机构的经营形势也不容乐观，生存性竞争日益激烈。医疗器械的精密化将加重医疗机构的财政负担，医疗机构不断两极分化，演变成提供高端医疗的机构与普通的医疗机构。这两大类医疗机构需不断巩固各自事业基础。

日本医疗产业需要做出改变以解决中长期结构性问题（图 6.6-2）。与侧重经济合理性的美国医疗产业相比，日本由于财政问题，医疗产业具有较浓厚的政治色彩，因此更侧重利用技术解决结构性问题。

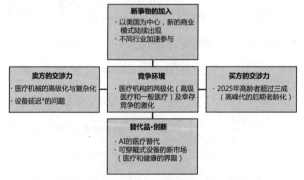

注：设备延迟指由海外开发的最先进医疗器械在日本获得使用许可的这一段时间延迟。

图 6.6-2　日本医疗产业的结构性问题

大数据、AI 等技术创新将赋予医疗产业巨大的发展潜力。目前，美国医疗产业处于国际发展前沿，应用数字技术的新型商业模式如雨后春笋般不断涌现，跨行业参与医疗市场的案例也屡见不鲜。美国的实践有望成为日本医疗产业向数字健康医疗转变的风向标。

此外，鉴于医疗看护服务的难获取或将成为社会长期发展的瓶颈，奈良医科大学、早稻田大学及 Keihanna Research Complex 项目等正在筹备打造"医疗小镇"。不仅包括医疗产业集群，今后医疗关联行业的创造及重建也将作为健康医疗的一大方面而备受瞩目。

数字化的价值

物联网、可穿戴式设备、AI 的技术创新产生了新的价值，并且实现了成本的大幅降低。随着这类技术的登场，以美国为主，利用数字技术的新型商业模式竞相崛起。不难推测，今后日本的数字化医疗产业也将加速创新。虽然医疗制度存在差异，但随着数字技术的一般商品化和美国的商业模式的导入，日本医疗健康领域将完善 IT 技术，搭建生态系统并创造新价值，进而完善医疗产业环境。在健康医疗领域，日本拥有世界第二大市场，仅次于美国。同时，日本的人口老龄化在世界范围内最为严重。因此，对供应方而言，挖掘市场需求之举至关重要。

日本医疗产业的本质问题在于财政来源短缺，以及难以有效地利用医生及护士等医疗资源。目前医疗机构、医生等医疗从业人员承担着巨大的压力。所以，数字技术的根本价值在于，将医疗产业中的医师管理转变为医疗体制管理，从而有助于解决财政来源问题并通过资金投入提升医疗质量（图 6.6-3）。

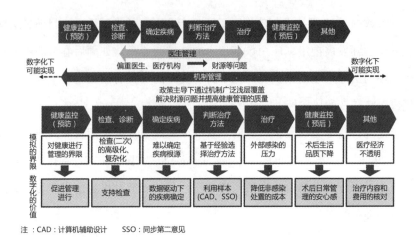

注：CAD：计算机辅助设计　　SSO：同步第二意见

图 6.6-3　医疗产业数字化的含义和价值

AI 浪潮中，量子计算机作为新时代的关键技术备受关注。通过在数字电路中安装采用量子退火算法的加拿大的 D-wave 量子计算机或导入伊辛模型（Ising Model），可以近似实现量子模拟，这类解决方案正在逐步商业化。量子退火算法的商业应用正在不断推进，其作用在于能找到最优组合，因此有望推动制药等领域的创新进程。通常药物的分子量巨大，通过分子动力学模拟等方式很难对其进行分析，AI 数据驱动的方式也无法确保顺利读取，而量子计算机将其作为最优组合问题来考虑，有望改变以往抽取分子的局部特征进行检索的方式，实现检索整体分子的创新方式，从而实现制药领域的跨越式创新。

市场发展规划

基于上述分析，以下将展望日本健康科技市场的未来发展。

首先，2020 年东京奥运会及残奥会举办在即，这一活动具有里程碑式的意义。如前文所述，为提高成绩、获得奖牌，从体育科学的视角出发，各类技术尝试与应用正不断涌现。以生命体征传感器为代表的尖端技术得到开发与改良，同时，为适应大众体育事业，相关企业不断精简技术，这些都将促进技术应用的商业化普及。竞技体育具有浓厚的计划经济色彩，运动员的目的往往非常明确；而日本大众体育爱好者群体在不断壮大，比如跑步热潮的掀起，因此，针对提升运动成绩或促进个人身体健康而开发体育类数字技术的市场接受度必然很高（图 6.6-4）。

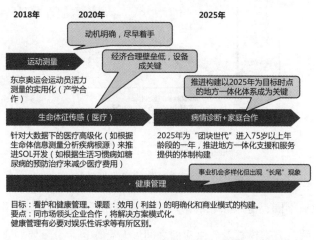

图 6.6-4 运动、医疗健康管理的数字化发展规划

另外，如前文所述，医疗行业也面临着许多问题，且对于问题解决方案的潜在需求高涨，但因为医疗操作关乎人命，需要在事故避免方面投入较多，所以与其他行业相比，医疗行业的经济合理性较为不足。这就需要打通高端医疗市场和大众医疗市场，尤其要降低高端医疗市场的接触门槛，进一步拓宽医疗市场。2025 年，日本"团块世代"将迈入"高龄老年人"群体，地区综合性支持和服务将成为一大需求，中长期的发展规划迫在眉睫。2025 年以后，日本超高龄社会到来，随着医疗资源供给缺口的扩大，必须形成集住房、医疗看护、预防、生活支持为一体的地区综合护理体系。如此一来，即便是需要重度看护的老年人，也能够在熟悉的环境中自如地度过生命中最后的时光。解决方案、服务、应用程序的开发有两种方式：一是从性价比相对较低的高端医疗入手；二是在具有一定休闲

性质的健康医疗周边领域，从低端技术创新着手，同时开发中长期内可持续使用的应用程序（图 6.6–5）。

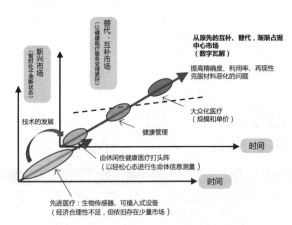

图 6.6–5　应用拓展的中长期规划

与医疗领域不同，健康领域的市场具有长尾特征，需求比较分散。因此制定实用范围广的解决方案模板及各供应商之间展开合作也十分重要。通过以上规划，期待利用数字化技术扩大消费者剩余[1]，并向供应方进行消费者剩余的反馈，从而促进市场发展。

中国故事：互联网医疗的下半场战事 🔍

　　近十余年，移动互联网裹挟着技术、资本和新的商业模式，冲入了零售、金融、制造、教育等传统领域，医疗健康产业亦不例外。2011 年起，资本陆续涌入互联网医疗领域，好大夫在线、微医、丁香园等创业企业都获得了千万美元量级的融资。

---

[1]　消费者剩余是指消费者在消费一定数量的某种商品时愿意支付的最高价格与这些商品的实际市场价格之间的差额。

这些企业从传统医疗的最外围开始渗透，为用户提供预约挂号、在线问诊等服务，一时之间引领了行业风潮。无数互联网医疗平台拔地而起，"医生都不够用了"。

线上的战火很快烧到了线下。在 O2O（线上到线下）的理念指导下，一些行业领先的线上医疗平台（例如春雨医生、丁香园）开始尝试开设线下诊所，希望打开线下流量入口。微医还和桐乡市政府携手创办了乌镇互联网医院。然而，互联网医疗一旦延伸到线下，自然而然地就触及传统医疗行业的核心——诊疗领域。

在此之前，互联网医疗平台即使提供问诊服务，也只是属于在线咨询的性质。但诊疗则意味着医生给予病患明确的诊断结果并开具处方，这属于传统医院的业务领域，涉及执业资质问题，与政策息息相关。而在传统医院看来，互联网医疗无法确保医疗的质量和病人的安全，双方的矛盾一触即发。

国家层面政策的不确定性让新生的互联网医疗行业风雨飘摇。2016 年起，互联网医疗行业迎来了资本寒冬，一些规模较小的创业企业率先倒下，即使是行业领头羊，也备感压力。直到 2018 年 7 月，国家出台了《互联网诊疗管理办法（试行）》《互联网医院管理办法（试行）》和《远程医疗服务管理规范（试行）》三份政策性文件，这才为互联网医疗指明了出路。文件明确规定，互联网医院的设立和诊疗活动的开展，都必须依托实体医疗机构。这一政策的落地为互联网医疗的发展框定了界限和范围，同时也让举棋不定的业者明确了什么可以做，什么不可以做。

2019 年，新的参与者和新的模式仍在继续涌入互联网医疗领域。远程诊断、慢病复诊、医药电商、健康管理、医学科普、家庭医生签约等服务正在从更多不同的角度为大众提供互联网医疗服务。在经过前期的摸索和折戟后，未来中国互联网医疗的出路，势必是紧跟中国医疗改革的步伐，依托作为诊疗核心的实体医疗机构，做好切切实实的创新服务。

6.7 体育科技市场

本节摘要

1. 日本体育类互联网视频分发服务市场，随着付费视频分发的普及及 2020 年东京奥运会的临近，预计 2024 年市场规模将增长至约 800 亿日元。

2. 如果延续目前的产业结构及推动手段，2021 年将会成为该市场发展的一个顶点，该市场无法再继续增长。为了实现 2021 年之后的持续发展，需要采取以下措施：完善分发基础设施、提升电视及分发业者的市场营销能力、转变内容（如职业棒球、学生体育运动等）持有者的意识、进一步充实内容。在以上措施的基础上，进一步扩大粉丝群，掌控利基市场。

3. 应用物联网技术的体育用品及服务市场同样因东京奥运会而受到关注，2024 年该细分市场总额将会超过 800 亿日元。其中健身服务形式的拓展会是市场的主要助推力。

市场定义

　　本市场由以互联网为媒介的体育类视频分发服务、应用物联网技术的体育用品及服务两大部分组成。

　　以互联网为媒介的体育类视频分发服务包含互联网上的体育直播及视频分发服务，以及利用物联网机器中的数据及 VR 等终端提供的高附加值视频分发服务。

　　应用物联网技术的体育用品包含诸如搭载传感器的球拍或测量球拍挥击速度的体育用品，掌握和测量身体运动情况并将数据上传至智能手机的跑鞋等各类用品或机器。应用物联网技术的服务包括利用传感器测量体力和训练情况的训练服务、远程私教服务等。

　　本节探讨的是面向普通消费者的用品及服务，不包括面向专业队伍、企业的用品或服务。市场范畴也不包括地面广播、BS 广播或有线电视广播的体育直播，与物联网无关的体育用品或服务，以及用于收看互联网视频（不含体育相关视频）的智能手机等终端。

市场规模预测

预计 2024 年日本体育类视频分发服务的市场规模将增长至约 800 亿日元。但若延续当前的结构、手段、内容，到 2021 年，市场发展将达到顶峰并陷入停滞。为实现 2021 年以后市场的持续增长，需做到以下三点：

1. 完善分发基础设施；

2. 提升电视及分发业者的市场营销能力；

3. 转变内容（如职业棒球、学生体育运动等）持有者的意识，进一步充实内容。

日本总务省正在考虑在东京奥运会与残奥会中采取电视广播与互联网同步分发的服务形式。2018 年平昌冬季奥运会与残奥会、FIFA（国际足联）俄罗斯世界杯已经尝试使用了该服务。据 NHK 透露，日本国内通过互联网观看俄罗斯世界杯的人数已达到 190 万左右。但由于目前 NHK 免费提供互联网直播服务，因此广播电视台的互联网同步分发服务不算入市场规模。

NHK 及广播电视台利用互联网分发体育视频对国民产生了潜移默化的影响，当下日本有相当一部分国民对该服务有需求。到 2021 年，在有收看意愿的群体和了解并开始利用互联网视频分发服务的新群体的拉动下，该领域市场将进一步扩大。2021 年以后，相比奥运会和世界杯，播放每年定期举行的体育活动将更为重要。2022 年以后各类商业资源将得到充分利用，包括播放版权尚未取得进展的职业棒球领域（后文将提及），市场需求尚未充分转化为收益的学生体育运动领域，如高中棒球等，以及还未以任何形式播放的体育运动的领域。此外，互联网视频分发内容也将得到完善，这些都将促进市场的发展。

伴随着日本国民对运动和健康的日益重视，以及东京奥运会和残奥会带来各企业投资意向高涨，应用物联网技术的体育用品及服务市场逐步扩大，预计 2024

年市场规模将突破 800 亿日元（图 6.7-1）。

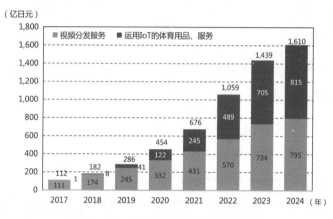

图 6.7-1　体育科技市场的规模预测

推动市场增长的主要因素是健身场所提供的服务的多元化，以及服务与体育用品的组合。本文假定东京奥运会及残奥会举办前一年（即 2019 年）起，健身俱乐部将使用传感器等物联网机器，并提供与体育用品相关的服务。基于假设，本文将对该市场今后的发展情况进行预测。

市场趋势

视频分发服务市场

预计今后体育类视频分发服务市场将呈现出以下三大发展趋势：

1. 内容分发量增大；

2. 综合运用各类数据，分发内容高质量化；

3. 使用 VR 等技术，分发形式多样化。

内容分发量增大

日本国内付费体育类视频分发服务主要由"DAZN"平台提供。促成这一现状有多种因素，一是 DAZN 发布的内容多为日本最有人气的棒球、足球类节目；二是 2018 年其竞争对手"SportsNavi Live"[1]网站退出市场；三是 NTT docomo 公司为该平台积极推广宣传。此外，日本职业足球联赛与 DAZN 的平台运营商——英国百弘体育集团（Perform Group）签订了巨额合同，此事成为 DAZN 平台在日本的体育类视频分发业务的一大转机。

日本职业足球联赛对所有赛事版权实行统一管理和销售，在与百弘体育集团谈判后，与 DAZN 平台顺利达成合作。除日本职业足球联赛的案例外，日本在和国际视频分发服务商签约时，基本也都会与集中管理版权的职业体育机构签订合同。

和职业足球联赛一样，职业体育联赛通常都是以主客两方对抗比赛的方式进行。若遇上队伍各自管理其播放版权的情况，只与一方签约，观众就无法看到完整的比赛。这不仅对职业队伍的粉丝不利，也极大妨碍了视频分发业者吸引更多观众。

在职业棒球视频分发服务中，各球队对版权的管理成为服务发展的瓶颈。粉丝无法享受完整服务，版权价值也就不能得到最大程度的发挥。职业棒球是日本国内最具人气的体育项目，虽然其视频分发情况逐渐改善，但由于版权交由各球队管理，视频分发服务不能像职业足球联赛一样提供所有球队的全部比赛内容。虽然各棒球队凭借自身努力收获球迷并使棒球比赛视频发展成为热门体育视频内容，但随着足球等竞技体育视频收视环境的改善和非体育类视频内容的兴起，若职业棒球视频分发不能尽快为粉丝及用户提供最优质的服务，终将失去视频内容的竞争力。当下，提升最具人气的体育项目——职业棒球的视频内容价值已成为日本体育类视频分发服务的重中之重。

---

[1] 日本体育赛事直播网站。

在日本，棒球和足球拥有最多球迷及观众，但这两类视频的国内市场份额只有 40% 左右。篮球、橄榄球、花样滑冰及学生体育运动虽占有一定的市场，但尚未在全国范围内的地面广播中播放过。为扩大市场覆盖率，有必要将上述内容纳入视频分发阵营。同时，完善竞技运动的分发环境，不仅对消费者有利，对各竞技运动相关者而言亦有诸多好处，例如增加其曝光率和粉丝数量等。以往，各竞技运动主要依靠地面广播获取曝光度，因此地面广播中的曝光量对各竞技运动市场影响很大。然而，随着分发环境的改善，各竞技运动队伍有更多的方式吸引粉丝或扩大市场。视频分发服务普及，消费者将拥有更多的途径和机会收看比赛，对各竞技运动队伍来说也是千载难逢的商机。

综合运用各类数据，分发内容高质量化

除了会员人数的增加外，丰富视频内容以带来服务品质的提升及会员单价的增长将成为今后该市场规模扩大的重要推力。其中，利用数据分析改变视频分发形态是提升服务品质的重要手段之一。

在欧美地区，通过灵活使用传感器或数据分析为观众提供竞技者信息这一新服务目前正在涌现。包括 MLB（美国职业棒球大联盟）、NBA（美国职业篮球联赛）、NFL（美国职业橄榄球大联盟）等在内的美式大型比赛都会在各竞技团队或体育馆的官方页面推送符合观众喜好的内容。分发者们不仅为观众提前推送选手或队伍的信息，还会根据观众喜好推送特定镜头的视频回放。这一服务之所以率先在美国发展，与该国的体育事业很早就开启商业化运营密不可分。究其根本，体育事业的盈利模式在于为观众提供有震撼力的内容，通过销售商品或播放版权等商业素材以获利。为了让粉丝们逐步转变为该事业的核心阶层，进一步满足核心阶层对服务的满意度，有必要提供各类数据来弥补仅靠直播无法传达到位的体育魅力。因此，这些数据将成为极具潜力的商业萌芽。

此外，在欧洲的足球和网球等世界性的人气运动领域，快速而精准地提供选手资料的服务也层出不穷。这一服务的目的也是将以前直播中未能淋漓尽致展现的体育魅力再次传递给观众，从而满足观众对运动的个性化喜好。

例如，在 FIFA 世界杯俄罗斯比赛的赛程中，各电视台的官方网站和手机应用推出了此类服务。在世界杯比赛直播时，视频分发者会实时更新直播中未能公布的出场队伍资料，如控球率、射正率、犯规数等数据。预计今后这种将数据可视化的视频分发方式的出现将更加频繁。

然而，考虑到美国大型比赛和 FIFA 等目前都是无偿性地分发这些信息，这类提供数据和资料可视化的业务或将无法与收益直接挂钩。今后可以通过这类业务进一步挖掘竞技体育的魅力，吸引更多的粉丝参与其中，进而通过视频的再利用和商品导购等方式增加收益。

使用 VR 等技术，分发形式多样化

VR 是未来视频分发方式多样化发展的代表之一。当下市场上能够体验 VR 的设备层出不穷，既有数万日元一台的 VR 专用高端设备，也有数千日元左右的 VR 眼镜（其材质主要为纸或纸板，手机可作为显示屏）。若用户想要通过适配智能手机的 VR 视频软件体验 VR，仅仅只需要将手机和此类 VR 眼镜进行组合即可。在俄罗斯世界杯比赛中，BBC 公司就在 33 场比赛里对 29 场比赛使用了 VR 视频分发服务，其内容可在 "Gear VR" "Oculus Go" "PlayStation VR" 等 VR 设备上观看。

世界杯比赛中 FIFA 分发的多视角视频则是更加简易直观的案例。各大电视台从 FIFA 购买播放版权后，观众在其官网或手机应用上都能获得多视角的比赛观看体验。例如，即使在射门之后，视频也可切换视角再次播放，从而使观众换角度体验当时的精彩瞬间。

受益于播放设施的完善，视频分发服务将继续丰富内容、提升质量并实现播放形式的多样化，市场将持续成长。

应用物联网技术的体育用品和服务市场

该市场尚未形成较大规模，未来其形成将主要受益于体育及相关领域投资的热潮所带来的各类商机（预计在 2020 年东京奥运会期间）；同时因为日本一直以来有重视健康的风气，该市场预计将持续成长。因此，本节将依据现在的相关用品和服务市场来分析该市场的发展蓝图。

如市场定义中所言，该市场主要由搭载应用物联网技术的设备的相关体育用品（如通过传感器记录挥拍速度的球拍或球棒、测量收集身体运动数据并传输给手机的设备）、相关体育服务（如测量身体运动能力和训练状况的训练服务、远程私教服务）等所构成。

经济产业部的《工业统计调查》和《特定服务产业动态统计调查》的数据显示，现今日本国内的体育用品市场正在持续缩小，但是健身服务市场的用户却呈增加趋势（图 6.7-2、6.7-3）。较之于体育用品方面的投资逐渐"销声匿迹"，提供运动体验和服务的健身场所得到了更多投资者的青睐。这或许也和人们更倾向于体验简单便捷的运动有关。这一事实对于现今的体育事业供应商，以及关注今后物联网体育设备和服务市场动态的人们来说，或将是一则重要启示。

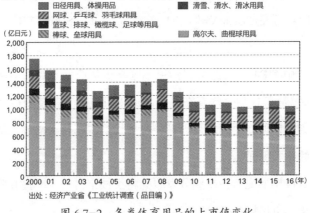

出处：经济产业省《工业统计调查（品目编）》

图 6.7-2　各类体育用品的上市值变化

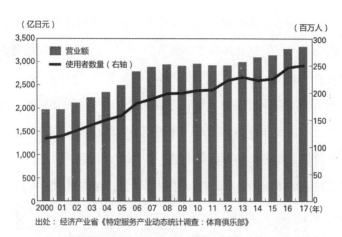

出处：经济产业省《特定服务产业动态统计调查：体育俱乐部》

图 6.7-3 调查对象企业的体育俱乐部营业额和使用者数量的变化

正如前文所述，该市场尚未形成较大规模，而体育用品需求正在持续减少，因此，仅靠体育用品无法促成该市场的成形，还必须结合相关服务加以推广。

消费者之所以青睐健身场所，一是因为可以选择多种健身器材，二是器材可将自身的运动能力和健康状态可视化，三是可以获得健身教练的专业指导建议。例如，消费者在健身时，器械通过其电子便签可识别用户并基于历史运动数据设定最佳运动强度；同时，训练结果可以通过服务器上传到网络，健身者可在智能手机上读取生命体征数据，健身教练也可基于历史数据调整下次训练建议。

由于这些数据的积累与会员的持续使用息息相关，健身场所得以实现增加用户黏性的经营目标。此外，在该类服务中，用户可通过手机、可穿戴式设备或动态传感器等设备进行自我监测，而数据管理分析的结果也可通过手机传达给用户，由此无人型健身场所将有可能成为现实。

2017 年 ASICS 公司[1]和 DKH 公司[2]共同发布运动姿态分析软件 "Run-DIAS"。该软件会对跑步者的跑步动态影像进行分析，并将步幅和速度、手腕振幅等数据

---

[1]　日本跑鞋运动品牌。
[2]　日本一家制造销售测量仪器和软件的公司。

可视化，从而对跑步者的姿态进行相关分析和判断。ASICS 公司表示，目前其战略核心之一就是"通过数据让体育生活更充实"。今后，该公司将与跑鞋类领军企业耐克和阿迪达斯齐头并进，共同推动市场的发展。

在本领域市场的商业运作中，要清楚地认识到诸如应用物联网技术的设备归根结底不过是手段，而非核心。只是一味不明所以地引入应用新技术的产品或服务，是无法解决体育用品市场整体萎缩这一现状的。反之，供应商们应该思索如何满足消费者对运动体验的需求，并设计相关设备，提供相应服务。

聚焦中国：互联网体育的黄金时代来了吗？

体育产业在我国长期处于初级发展阶段。2008 年北京奥运会后，国家对体育产业的扶持力度逐渐加大，而 2014 年的国务院 46 号文 [1] 更是掀起了中国体育产业的巨浪——46 号文明确提出要把体育产业作为推动经济社会持续发展的重要力量，到 2025 年打造出 5 万亿规模的体育市场。

政策一出，资本蜂拥而上。万达、阿里、苏宁、腾讯、乐视等商界巨擘纷纷入局，成立事业部或子公司，入股俱乐部，赞助高端赛事，购买赛事版权，参与赛事运营，布局直播、电商、线下场馆等业务，花样繁多，不一而足。中小创业公司也不甘示弱。在"互联网＋"的思潮下，众多体育类 App 涌现，提供了各种类型的 O2O 运动培训和社交服务。最热闹的时候，应用商店里与运动相关的 App 多达 3000 个，可谓盛况空前，很多人都认为中国迎来了互联网体育产业的"黄金时代"。

不过，这阵热度很快就降了下来。2017 年起，体育产业的投融资规模开始缩小，不少互联网体育企业在大浪淘沙中败下阵来，昔日的龙头企业乐视体育更因为资金

[1] 国务院《关于加快发展体育产业　促进体育消费的若干意见》。

链断裂而走上了下坡路。

细究中国互联网体育产业的发展环境，其实这一转折并不令人意外。一方面，我国体育产业的基础非常薄弱，产业规模小、体育场馆等基础设施严重不足，人均体育消费水平仅为全球平均水平的十分之一，体育人口的付费习惯还需要慢慢培养。另一方面，在政策刺激下创业的众多互联网体育企业盲目跟风，并没有形成稳定的盈利模式，在自身造血能力不足、外部投资难以为继的情况下，倒闭是很自然的结果。

尽管我国互联网体育产业远未步入"黄金时代"，但其发展空间仍然广阔。目前看来，不管是经常性参加体育锻炼的人口比例，还是用户在体育用品和服务上的消费规模，都有了显著增长。同时，随着近年来的探索和发展，互联网体育产业细分出体育赛事、体育电商、体育培训、体育社交、体育旅游、体育场馆服务等多个垂直领域，找准入口精耕细作，努力提升用户体验，互联网体育仍大有可为。

6.8 农渔业科技市场

本节摘要

1. 日本的高科技农业领域受生产现场人力不足的影响较大。2018 年起，以大型农机制造企业研发的自动驾驶拖拉机为首的机器人农机在日本正式投入使用。耕地农作物（如大米、小麦等）具备规模化种植的优势，今后农业领域会进一步向投资资金充足的大型企业靠拢，开展集约化种植。
2. 由于进行数据储备的门槛很高，因此对农业从业者来说，通过数据分析来降本增效的性价比较低。农业高科技的成本由全体受益者一起分担，生产者的收入才会提高，所以需要农业科技企业站出来调动和激发整体行业活力，让产业链上下游企业都参与其中。
3. 截至 2018 年，在日本的高科技渔业领域，多项服务暂处于试验阶段，尚未形成市场规模，预计到 2024 年会发展成约 30 亿日元的市场规模。
4. 近年来，受水产行业整体人力不足及养殖业鱼饵价格高涨的影响，降本增效成为日本渔业的主要课题。对此，整体行业期望通过导入技术来应对这一现状。

市场定义

农渔业科技市场所涉及的服务可分为两类：

1. 生产者直接使用；

2. 连接云端使用。

通过连接云端而产生的新的附加价值也包含在农渔业科技市场中。农业中连接云端功能的拖拉机本身及蔬菜直销平台上蔬菜本身的市场价值都是不包含在该市场内的。水产养殖业亦是如此。对于连接云端的养殖体系来说，水产品本身在渔业科技市场中是没有价值的。

市场规模预测

日本 2018 年农渔业科技市场规模约为 215 亿日元，预计 2024 年市场规模将扩大至 611 亿日元（图 6.8-1）。其中 2024 年的务农支援业务预计将增长至 68 亿日元，主要集中于农场管理应用方面。栽培支援业务将在 2024 年增长至约 305 亿日元。详细来说，其中的农业无人机（不包括工业无人直升机）及其服务将增至 45 亿日元，农业机器人（包括自动拖拉机模块、稻田自动水龙头、收获机器人）将增至 167 亿日元，植物工厂环境控制系统将增至 38 亿日元，农业传感器（包括其服务）将增至 55 亿日元。

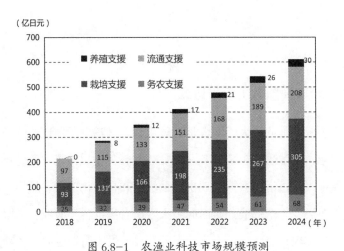

（亿日元）

图 6.8-1　农渔业科技市场规模预测

虽然 2018 年渔业科技市场几乎尚未起步，但预计到 2024 年，其规模将增至约 30 亿日元。和农业科技一样，渔业科技市场的养殖支援服务也存在细分领域。其中，在最优化饲养条件下对鲕鱼和鲷鱼等饲料养殖鱼类的自动投喂类业务将增长至 22 亿日元，关注牡蛎和扇贝等贝类或海藻的非饲料养殖类的监测系统类业务将增长至 9 亿日元。

另外，农渔业科技市场中的流通支援业务将在 2024 年增长至 208 亿日元。细分来看，包括农业综合研究所在内的零售(超市)直销平台服务将增长至 69 亿日元，面向餐饮业的直销平台服务将增长至 114 亿日元，诸如乐天 Ragri[1] 等栽培前签约型直销平台服务将增长至 25 亿日元。

---

[1]　乐天集团旗下基于互联网的智能农业服务。

市场趋势

关于农产品生产方面的 ICT 应用研究

日本农业领域面临的最大问题就是老龄化和人口减少所导致的劳动力不足。为解决这一问题，日本政府在《未来投资战略 2018》中提出了"通过集约农业用地提升生产效率，通过活用数据实现生产最优化和自动化"这一战略目标。此类国家级战略发布后，生产一线开始面向个人生产者提供各类农业 ICT 服务。个人生产者的目标是实现自身收益扩大化，而各类服务供应商期望通过各种途径帮助个人生产者实现增收。图 6.8-2 展示了当下生产中农业科技服务的主要应用路径：

1. 为扩大人均可耕作面积，帮助实现生产自动化和省力化；

2. 为提升单位面积的高质高量产出，帮助实现作业最优化和高水平化；

3. 为削减资金和人力成本，帮助提升人力及设备利用率。

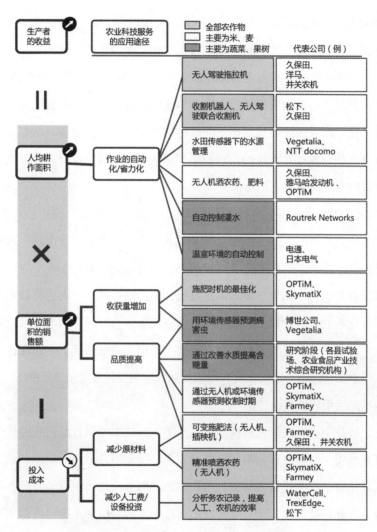

图 6.8-2　生产中农业科技服务的应用路径

农业科技的两大发展趋势

正式投入农业机器人

机器人在实现生产者作业自动化和省力化方面具有很大的优势和代表性。

2018 年可谓"农业机器人元年"。这一年,久保田[1]、洋马[2]、井关农机[3] 等农机制造商都不约而同地发售了配有 GPS 自动驾驶功能的农业机械。

然而,现在市面上的农业机器人必须有人在田间监管才能实现自动耕种作业,因此,若想最大限度地发挥机器人自动作业的优势,必须尽可能保证单块农田面积的最大化,以及减少器械在田地间的移动作业。今后,随着自动驾驶农业机器人的普及,预计通过对土地的集约利用和重新规划,可以进行大规模设备投资的大生产者的农地面积将进一步扩大。

另外,为对农业机器人进行作业管理并记录其工作情况,久保田公司推出了"久保田智慧农业系统", 井关农机公司则推出了名为"井关农业支持"的农业经营管理类软件。此外,WaterCell 公司推出的"农业笔记(agri · note)"管理软件则实现了与井关农机公司和三菱马恒达农机公司的数据共享。农业机器人的数据管理平台进化为农业管理软件,农业信息化企业为成为第一手信息平台而展开了激烈的竞争。以往的农业管理软件因为需要手工记录而效率低下,而现在农机和无人机实现了工作记录自动化,极有可能实现效率的提升和使用普及率的提高。

数据的活用与价值链挂钩

农业科技中为实现作业最优化和高水平化所提供的服务包括利用传感器的数据预测病虫害、判断农作物最佳收获时期等,从而提升单位面积的产量。这样的技术服务相较于农业机器人等提升生产效率的服务而言,很难给生产者带来直观的益处,因此各公司在实验成果普及的过程中很容易碰壁(即"达尔文死海"效应[4])。为了打破这一僵局,农业科技企业不仅要着眼于作物的生产阶段,在价

---

[1] Kubota,日本一家生产拖拉机和重型设备的制造商。
[2] Yanmar,日本一家柴油发动机制造商。
[3] 日本一家专门制造农业机械的公司。
[4] 形容技术转化过程中的空白区,即高校和科研机构缺乏资金支持研发,企业因很难从研发中获利而不愿承担创新风险。

值链的上游（农药及肥料等）及下游（加工贩卖）的各领域也要寻求扩大自身产业化的机会。

比如，OPTiM 公司[1]就利用企业自身拥有的无人机，通过精准喷洒农药的技术培育收获大豆和大米等作物，并全量自购，之后再贴上低农药残留等高附加值的标签进行贩卖。这一策略被公司冠名为"智慧农业项目"，旨在生产环节下游实现差异化和高水平化。

另外，在超市里拥有线下直销店的农业综合研究所与 WaterCell 公司也展开了合作，致力于开发面向使用自家技术的生产者们的栽培记录软件。而在农业及食品业的价值链中，拥有多重资产的综合商社与农业科技企业间的合作也在不断深入。例如，三菱商社[2]对无人机企业 SkymatiX[3] 和销售农业传感器的 Vegetalia[4] 等公司进行了投资和扶持，丸红[5]也投资了一家植物生命系统公司，该公司主要通过传感器和人工智能技术对实施栽培的农户进行农耕指导。由此可见，农业科技企业正在通过对价值链上下游的渗透来实现价值最大化，这一做法已然成为潮流。

农业科技正在改变农业和食品业价值链

日本农林水产部在《2017 年度食品、农业、农村白皮书》中提到，2011 年农林水产业在日本国内的生产总额是 9.2 万亿日元，经过再加工及流通等环节所产生的国内最终消费总额为 76.3 万亿日元。尽管农业科技有望帮助人们提升农业生产效率，但农业生产的最终目的是通过食品让消费者拥有更加丰富健康的生活。

比如，农业科技虽然能生产出高品质的农作物，但若其价值无法传达给最终

---

[1]　日本主营许可证销售和维护支持服务的公司，同时也提供物联网平台、远程管理、支持等服务。
[2]　三菱集团的主要企业之一，日本最大的综合性贸易商社。
[3]　日本一家与三菱商社合资运营的无人机公司。
[4]　日本农业 IT 新创企业。
[5]　丸红株式会社，日本具有代表性的大型综合商社。

端的消费者，生产者就无法将农作物高价出售给再加工或流通环节的参与者。所以，农业技术的目标应该是 76 万亿日元的食品消费市场，并通过提供高附加值的服务使自身收益最大化。以前文提到的 OPTiM 公司为例，它们通过自身的无人机精准农药喷洒技术减少了农药的用量，以此方法生产的"智慧毛豆"最终以普通作物 3 倍以上的售卖价格投入市场，由此可见农业科技惊人的附加值。我们需要明白的是，农业科技的受益者不仅仅是生产者，也包括一般消费者在内的价值链全体成员，农业科技能否构建可持续发展的模式，将是其能否扎根于社会的关键。

当今渔业中的 ICT 运用

与农业相同，日本渔业发展中同样面临着劳动力不足的问题。针对这一问题，政府在《未来投资战略 2018》中也提到要通过人工智能及物联网技术来实现水产业的智能化，从而提高生产力。在这一背景下，近年来为了提升生产力，渔业的发展目标不仅是替代渔夫等生产者的手工作业，也包括实现海洋状况的"可视化"，改变以往依赖人的直觉和经验来判断海洋情况的局面。由此诞生的运用了 ICT 的概念验证[1]活动目前得到了一线渔夫们的支持并正在试验当中。

养殖业领域的 ICT 应用备受瞩目

渔业中较引人注目的是区域固定的渔业种类，如水产养殖和固定网捕鱼。较之于其他渔业种类，这类渔业的渔场变动性更低，故而更容易通过系统导入来获得相关数据，了解水产养殖物与海洋状况之间的固定关系，对生产者来说也更容易通过定量分析来提高生产力。

全球对鱼类的消费量今后还将持续增长，如何在保护有限的海洋渔业资源的

---

[1] 概念验证（Proof of Concept，简称 POC）是对某些想法的一个不完整的实现，以证明其可行性、示范其原理，其目的是验证一些概念或理论。

同时继续提供水产品成为世界关注的焦点。根据联合国粮食及农业组织（FAO）的数据，预计 2030 年世界上大约有 62% 的食用鱼来自于水产养殖业，比例非常高。日本也不例外。就海洋养殖业来说，其占渔业和水产养殖业总产值的比例不断上升，2016 年已达到约 30%。即便是在某些鱼产量下降的养殖业种中，依然存在一些通过养殖大大提升了产量的鱼种，所以日本渔产业今后对养殖业的重视程度会更高。

ICT 对水产养殖业的两大重要影响

有望代替手工作业

在传统的水产养殖业中，喂食和确认繁育状况等工作都是人工负责的。受养殖设施所处的地点和养殖物种等因素的影响，这样的工作必须有专门的船只在港口驻停，以进行海上作业，由此会对生产方造成非常大的人力负担。为了应对这一状况，Umitron 公司[1] 开发了"海上花园"系统，该系统能利用养殖水池内的传感器获取数据，并通过 AI 选定最佳方案来进行自动喂食，目前该系统正在实证研究中。为确认鱼类的繁殖情况，NEC 公司与日本水产[2] 共同研发了自动化智能云系统，该系统可不接触鱼类身体，直接利用水池内所设的立体相机对养殖鱼的体长等数据进行测定。以上这些技术都有望帮助实现作业自动化，从而削减人工成本。

海洋饲养状况的可视化

在水产养殖业中，只有对海洋和养殖物种的实时情况进行准确把握，方可进行喂食及其他工作。特别是在饲料养殖方面，由于饲料（包括配料）成本占据生产总成本的 60%~70%，而饲料中的重要原材料"鱼粉"的购买价格在 2005 年到

---

[1] 日本一家水产养殖技术初创企业。
[2] 日本主营水产事业及食品加工业务的企业，为全球九大渔业巨头之一。

2015 年这 10 年间增长了 2.6 倍左右，因此高效喂养的需求愈加迫切。在此情形下，前文提到的"海上花园"系统通过 AI 分析鱼池内鱼群的活动及繁殖数据等，对喂养时间及喂养量进行最优化配置，从而实现饲料成本的削减。

另外，Umitron 公司不仅利用水池内设置的传感器获取相关数据，还结合人造卫星获取的地球观测数据进行分析，对赤潮等自然灾害进行预报。还有 NTT docomo 开发的"ICT 浮标"，利用 ICT 对水温等参数进行可视化处理。诸如此类的预防对策，不仅可针对赤潮，对贝类和藻类等的无饲料养殖也大有功效。

渔业科技的未来

根据日本农林水产部发布的《2017 年度水产业白皮书》，2016 年日本的渔业和水产养殖业的产量为 15800 亿日元，其中水产养殖业占据 5100 亿日元。日本水产业巅峰时期的产量高达近 30000 亿日元，然而如今远洋渔业和近海渔业的捕捞量几乎减少了一半，同时，全球对于养殖鱼类的需求逐日递增。正因如此，日本水产养殖业的重要性正在逐步提升。

随着大公司的参与和创业公司的加入，日本的渔业科技市场正在冉冉升起。正如《2017 年度水产业白皮书》中提到的，日本正在鼓励企业参与到水产养殖业中。今后随着科技的发展，将有更多持有核心技术的公司参与到渔业科技市场当中，进一步提升鱼产量；与此同时，也有望建立一个囊括上下游整个价值链的商业模式。

业界观点：植物工厂的起跑线

全球农业发展的四个阶段

全球农业的整体发展可分为四个阶段：

一、传统农业（1.0 阶段），其特点是农用工具简单，种植结构单一，生产多受自然环境制约，效率较低；

二、规模化农业（2.0 阶段），这个时期，机械化和生物化学技术开始广泛应用于农业生产，农业生产效率虽然有了一定程度的提高，但是滥用生物化学技术对土壤、生态环境等造成了较大破坏；

三、自动化农业（3.0 阶段），在此阶段自动化装备和互联网技术开始广泛应用于农业生产，此外，由于消费者对健康、安全的诉求日益提升，农业生产开始关注产品品质，向专业化的方向发展。

四、数字化农业（4.0 阶段），其特点是数字化与科技深度融合并应用于农业生产，农业呈现出定制化及同其他产业融合发展的趋势。在此阶段，AI、云技术、数字技术同农业联系更加紧密，现代科技的综合应用不但使农业种植摆脱了对自然环境的依赖，还进一步打破了流通环节的桎梏。农业生产开始着眼于更加精准地满足消费者的多元化需求，农业也逐渐向 "六产化"[1] "定制化""品牌化"的方向发展。农业 4.0 阶段中最具代表性的技术和产业模式分别是室内人工光植物工厂技术和"田园综合体"模式。

---

[1] 农业六次产业化，由日本学者今村奈良臣等于 20 世纪 90 年代首次提出。农业六次产业化指在农业发展过程中，以农业生产为中心，逐步向加工制造业和销售服务业延伸，形成一二三产业融合互动，打造兼具农业生产经营、农产品多层次加工和多渠道销售、涉农产业休闲服务等环节的完整农业产业链，增加农业产业效益，将更多的经济利润留存地方。

目前美国、日本、加拿大、荷兰等发达国家已经逐步实现了农业机械化和自动化，农业正处于从 3.0 向 4.0 过渡的阶段。我国由于幅员辽阔，各地经济发展水平差距较大，农业发展并未遵循从 1.0 向 4.0 逐级过渡的规律，而是呈现出多个阶段并存，多种模式共同发展的特殊态势。

数字化农业技术的代表——室内人工光植物工厂技术

室内人工光植物工厂，顾名思义，是指将种植场所由露天改为室内，光源由太阳光变成人工光，通过环境控制技术、现代生物技术、物联网技术、互联网和云技术、可再生能源和环保水循环等现代技术的综合应用，使农业生产摆脱对产地、气候、环境等诸多因素的依赖，大幅提高生产效率的新型农业技术。其特点主要体现在：

1. 环境控制技术和现代生物技术紧密结合，可以为特定场所和环境提供定制服务

由于该技术不再依赖自然光源和温度，不但可以打破农业生产的产地限制，更加靠近消费市场，甚至可以应用到极端环境中。这样一来，农业的覆盖范围得到极大拓展。1992 年，美国率先在南极基地开展室内蔬菜种植的研究，拉开了室内植物工厂技术在极端环境中应用的序幕。从 2008 年开始，日本 MIRAI 株式会社逐步将荧光灯、LED 灯、多层种植架导入日本在南极的昭和基地，开始大量种植生菜、罗勒等叶类蔬菜和香料，标志着人工光植物工厂技术正式成熟应用于极地地区。

2. 将工业标准化工厂技术应用于农业，不但提升了农作物品质，生产也更加高效、稳定

室内人工光植物工厂在种植过程中，通过多层立体种植技术和循环科技的应用，可以极大提高产能和生产效率，而稳定、安全的室内环境使生产不再受温度、旱涝、狂风等环境因素影响，农产品甚至可以像工业化产品一样实现标准化高效生产。以建筑面积 1000 平方米的九层式室内人工光植物工厂种植生菜为例，一年能够生产

140 吨生菜，产量是露天种植的几十倍，而用水量仅为露天种植的 10%。此外，由于种植过程全程在清洁、封闭、均衡、稳定的工业化厂房环境中进行，在完全避免空气、土壤、农药等污染的同时，农作物的外观、口感、品质也更加优秀和统一。

3. 通过综合科学控制手段，不但可以提升农产品营养，还可以赋予其功能性，进一步提升其附加价值

室内人工光植物工厂生产过程中，通过营养液配比、环境控制等手段，不但可以提高蔬菜等农产品中各类营养元素的含量，还能够通过对微量元素的进一步控制赋予蔬菜"功能性"。据日本 NHK 网站报道，日本每 9 人中就有 1 个人患有慢性肾脏病，全日本慢性肾脏病患者约 1330 万人，这些人都不宜摄入过多钾元素。但是钾元素在生菜等绿叶菜中含量较高，为了满足慢性肾脏病患者对生菜等绿叶菜的日常摄取需求，2016 年，日本西部燃气集团旗下的 Green House SG 公司通过购买日本松下公司的植物工厂技术和种植配方，种植钾含量仅为普通生菜钾含量 13% 的低钾蔬菜，并将其销往医院、药局、养老院等地，开启了"功能性"蔬菜商品化的先河。目前，随着植物工厂技术不断升级，富硒菜、高叶酸菜等更多品类的"功能性"蔬菜先后研发成功，极大地丰富了蔬菜的品类，提升了其附加价值。

4. 通过物联网、AI 和云技术的综合应用，实现农产品的私人订制

在植物工厂系统中，物联网和云技术的综合应用无疑是最大的亮点。通过物联网技术的综合应用，不但可以实现植物工厂操作层面的远程控制，还能实现农产品的全程可追溯、可控化管理。此外，通过和其他电子平台及外部网络进行对接，不但可以实现农产品按需生产，还能够针对不同的消费者提供品种、营养、口感等全面私人定制化服务。

种植全过程的环境参数在计算机控制之下，且可以远程控制，因此，置于 AI 控制之下的云化运营植物工厂也是可行的。室内人工光植物工厂理论上可以无人化运作，只是当前出于成本的考虑，还保留了育苗、收割的人手。可以想见，在无人化运作大规模普及后，大量各地的植物工厂都保持完全同样的种植环境，即使小规模分散运营在各个城市各个角落的植物工厂，也能出产同样高质量的作物，以最新鲜的状态提供给当地市场。这将缓解耕地不足、有经验的农民劳动力不足的状况。

通过以上内容，我们可以看到室内人工光植物工厂不但具有节水、省地、生产效率高、产品品质好、附加价值高等特点，还可以打破季节、时令的限制，为当地提供"地产地销"式服务。这样不但可以最大限度地保证农产品的鲜度和品质，也减少了流通环节的压力。因此室内人工光植物工厂非常适合在土地资源稀缺、消费能力较高的一线城市投入生产。当然，由于室内人工光植物工厂技术在全世界范围内仍处于起步发展阶段，耗电量大、前期投入成本较高等问题依然存在，因此在中小城市和农村地区，暂且将室内单层水培植物工厂作为室内人工光植物工厂的替代品进行推广，其发展也较为迅速。随着室内人工光植物工厂技术不断升级，成本逐步降低，可以预想室内人工光植物工厂技术会逐步从城市普及到农村，甚至在沙漠、远洋、航空航天等特殊环境中都将大放异彩。

室内人工光植物工厂在中国的市场前景

室内人工光植物工厂的商业应用还处于萌芽阶段。即使在日本和其他发达国家，这也是一个新兴的产业。在沙漠、远洋、航天、偏远地区等特殊环境中，虽然植物工厂的需求是刚性的，但是规模还不能得到爆发式增长。当前有两大因素对中国植物工厂的事业有重大的促进作用：一是"田园综合体"经济的兴起；二是消费升级和劳动力短缺。

首先是"田园综合体"。2017年2月5日，"田园综合体"作为乡村新型产业发展的亮点措施被写进中央"一号文件"，此后"田园综合体"如雨后春笋般在各地蓬勃发展起来。"田园综合体"的本质是城市和农村间的融合发展。"田园综合体"将城乡文化、产业、环境融合在一起，致力于为城乡消费者提供一站式多元化服务；另外，在"田园综合体"中，农业同工业、服务业互通互融，形成"六产化"新型农业，实现跨越式发展。而引入最尖端的农业技术不约而同地成为"田园综合体"经济中的共同选择。现在的主流还是阳光温控大棚式的植物工厂，而室内全人工光的技术更加可控，能够实现完全的工业化、标准化、物联网化和智能化，是农业工业化的极致技术。在乡村振兴大潮的带动下，这是一个市场机会。

其次是消费升级的问题。中国的消费升级是人们都能切身感受到的。民众已经不仅仅满足于有菜吃，还要追求吃得好。就农产品而言，则是要求新鲜、无害、高质量。所以当地产、当日摘之类的消费需求已经越来越成为趋势。从远距离的蔬菜集散地运送过来的产品虽能满足供应量，但在质量上则难以达到要求。

利用城市冗余空间，比如旧厂房、地下设施、空地，就可以很方便地建立中小规模的室内植物工厂；甚至于在城市综合体中，可以开辟空间建立采摘互动的小型植物工厂，供顾客自摘自食，还能提供一个亲子活动和科普教育的场所。

再次是劳动力短缺问题。中国已经进入少子化时代，而且在城镇化的过程中大量青年人口流入城市，农村劳动力，特别是农业生产劳动力的短缺已经是一个重要问题。农业机械化、大型农场企业等暂时弥补了这个缺口，但是精耕细作和分散作业的农业传统在中国广大农村地区越来越难以为继。实际上，日本早就有这样的情况存在，日本农村的小农户主力已经都是老年人了。未来的农产品，特别是高等级的菜蔬果类副食品的产能可能会首当其冲受到劳动力短缺的影响。

利用室内植物工厂的数字化技术，极少量的人工可以照顾大量的作物产出。特别是当云技术、AI 和物联网技术在植物工厂充分应用，远程云化运营普及之后，对掌握丰富的传统农业经验的农民劳动力的需求就可以大大缓解。普通工人经过简单培训，就能掌握植物工厂的运营——因为最为核心的种植经验已经参数化了——并通过种植控制系统远程控制各个工厂的种植环境来实现种植生产。

植物工厂产品的营销要点——IP 化和产业化

日本的农产品 IP 化非常普遍。地区特产常常结合地方经济振兴、旅游文化一起推广，形成区域名片。农产品推广不仅仅局限于食材本身的销售，往往也包含深加工及相关食品、药品、保健品、化妆品、旅游纪念品等周边产品的开发。同时，整个区域也能建立起围绕农产品的产业链，实现地区工业化，摆脱当地只有农业生产的单一化经济局面。

室内人工光植物工厂虽然产品质量高、生产标准化、产能稳定，但是在大规模普及之前，成本势必还是比较高的。这就决定了室内人工光植物工厂不能仅仅生产日常食用的蔬菜，还应种植高价值的作物品种。这些高价值作物的产业化，则完全可以借鉴日本新农业的成功经验，如熊本县阿苏农场的特色元素熊本熊、大分县本匠村的特色产品雪子寿司、高知县马路村的柚子深加工产业链、三重县以猪为主题的 Mokumoku 农场，以及长野县以山葵为主要产品的大王山葵农场等。

与之相比，中国的农业发展模式还处于探索阶段，在产业特色化、品牌化方面仍有较大的不足。而日本则深挖农产品的经济潜力，充分结合工业、旅游业，把当地特色农产品打造成地区名片。比如宫崎县椎叶村的豆乳相关产业，早已不局限于豆腐制品，而是带动了一系列以豆制品加工为基础的工业，对旅游业也有很大的拉动作用（图 6.8-3）。

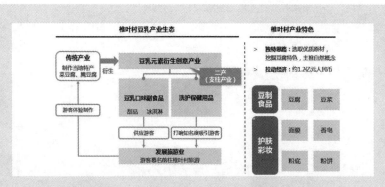

图 6.8-3　日本宫崎县椎叶村豆乳相关产业示意

　　再者要建立产业标准。确立作物的产业标准其实是相当难的一件事情，但是室内人工光植物工厂因为种植过程全部数字化、物联网化，种植参数可以说全部是标准的。不管植物工厂建在何处，只要根据参数生产，就能达到质量标准。可以说，通过数字化的植物工厂技术，作物的标准是很容易制定的，相关加工产业的原材料标准体系也就能够建立起来。只有建立产业标准，才能谈得上农产品标准化。这里说的标准化不仅仅是产品质量检验的标准，而是涵盖了种植全过程的标准化。利用植物工厂技术实现数字化种植，为建立这种全过程标准化提供了可能。

　　农业产业的 IP 化，其基础是产品质量。建立农产品品类的产业标准，则是产品质量及产业 IP 化的核心要件。

　　在产业标准化方面，众所周知，日本"和牛"是为世界公认的品质最优秀的良种肉牛之一，可谓日本畜牧业重要 IP。而"和牛"品牌成功的关键因素就在于其"和而不同"的标准体系。

　　农业 4.0 时代是科技融合的时代，也是产业融合的时代。中国如今在数字化农业、农业高科技方面引进、消化和研发技术是不遗余力的。在学习和使用高精尖科技成果的同时，同样还须学习先进的产业模式。数字化农业技术也需要辅以数字化时代的产业模式。

执笔担当

原版执笔作者介绍

野村综合研究所（http://www.nri.com/jp/）

野村综合研究所（NRI）作为日本最早的民间智囊团于 1965 年诞生，多年来致力于向企业及政府提供战略咨询、政策建议、系统开发 / 运维等服务。观察新社会形态，作为实现新社会的"未来社会创发企业"，覆盖推动企业经营模式创新、对公共部门政策提出建议、企业资产管理业务等的"咨询服务"，以及提供系统整合、外包服务和通用型系统的"系统性解决方案服务"这两部分的业务，提供从问题发现到问题解决的整套解决方案。

ICT 媒体、服务产业咨询部

在职人员约 60 名，针对以日本及亚洲国家为主的多国的通信运营商、广播电视公司、IT 分销企业、终端 / 设备制造商、办公机器制造商、内容提供商、服务提供商、解决方案提供商、消费品制造商、经销公司、零售企业等，提供事业战略、营销战略、M&A（企业并购）等相关的咨询服务，也开展政府及公共团体政策相关的调查研究。

柳泽花芽 专攻可持续发展经营、经营理念渗透、事业战略（首席咨询顾问）

北俊一 专攻信息通信相关领域的竞争战略、事业战略和营销战略（合伙人，负责通信、媒体）

木下贵史 专攻 IT 解决方案、IT 服务、数字化变革相关的战略制定及实施支援（高级咨询顾问）

上田惠陶奈 专攻 AI、信息通信、金融服务、对外贸易领域的事业战略和政策制定（高级咨询顾问）

臼田慎辅　专攻制造、信息通信领域的新业务开发、事业战略制定及数字技术导入支援（高级咨询顾问）

龟井卓也　专攻信息通信领域的事业战略制定、新业务开发及实施支援（高级咨询顾问）

小菅一弘　专攻信息通信领域的事业及营销战略、实施支援（高级咨询顾问）

小林慎太郎　专攻公共政策、经营（高级咨询顾问）

佐藤将史　专攻宇宙商业、技术革新、风险、知识财产的事业战略与政策制定（高级咨询顾问）

田中大辅　专攻信息通信、电子支付、金融科技领域的事业战略、实施支援及政策制定（高级咨询顾问）

富田胜己　专攻营销、基于顾客的事业及服务相关的战略（高级咨询顾问）

藤浪启　专攻电子技术和 IT 解决方案领域的经营、事业、技术战略，以及企业融资（高级咨询顾问）

前原孝章　专攻数字化变革、IT 服务、内容领域的事业战略与实施支援（高级咨询顾问）

三宅洋一郎　专攻信息通信领域、媒体广播 / 内容领域的事业及营销战略（高级咨询顾问）

守冈太郎　专攻第二代移动领域的事业战略、新业务制定（高级咨询顾问）

森田哲明　专攻零售流通业、服务业的事业战略制定、新业务开发及实施支援（高级咨询顾问）

山口毅　专攻信息通信、广播电视媒体领域的事业及营销战略（高级咨询顾问）

山本以诚　专攻网络信息安全及风险管理领域的事业战略、政策制定（高级咨询顾问）

岸浩稔　专攻创新管理、数字营销及 IT 服务领域的事业战略及实施支援（主

任咨询顾问）

　　光谷好贵　专攻信息通信及金融 / 制造领域的事业及营销战略(主任咨询顾问)

　　齐藤孝太　专攻信息通信、广播电视媒体领域的事业及营销战略（主任咨询顾问）

　　佐藤好浩　专攻广告宣传、生活者行动模式分析、数据科学等的营销战略制定（主任咨询顾问）

　　滑健作　专攻信息通信、内容领域的事业及营销战略（主任咨询顾问）

　　山岸京介　专攻游戏、VR/ 数据运用领域的事业及营销战略（主任咨询顾问）

　　泽田和志　专攻信息通信、广播电视媒体领域的技术战略、标准化政策调查和研究（副主任咨询顾问）

　　土桥和成　专攻消费品制造及零售流通业的事业及营销战略制定、实施支援（副主任咨询顾问）

　　名武大智　专攻信息通信、精密器械领域的市场环境分析、事业战略及政策调查研究（副主任咨询顾问）

　　藤本赳生　专攻以汽车为中心的制造业领域的事业及开发战略制定、新业务开发（副主任咨询顾问）

　　山崎浩平　专攻信息通信、广播电视媒体领域及 AgriTech 的事业战略制定及实施支援（副主任咨询顾问）

　　小野寺萌　专攻信息通信、广播电视媒体物流领域的事业战略、营销及创新战略、实施支援（咨询顾问）

　　梶川由里香　专攻广播电视媒体、内容领域的市场环境分析、事业战略及营销战略（咨询顾问）

　　隈部大地　专攻电子竞技、信息通信及金融领域的事业战略制定及实施支援（咨询顾问）

小山满　专攻信息通信领域的事业战略、新业务制定及实施支援（咨询顾问）

相马由健　专攻广播电视媒体领域、初创公司投资的市场规模分析及事业战略（咨询顾问）

中尾实贵　专攻信息通信、零售流通领域的市场环境分析、事业战略及海外业务支援（咨询顾问）

林康平　专攻信息通信、广播电视媒体领域的事业战略及实施支援(咨询顾问)

宫崎地洋　专攻信息通信领域的事业战略、新业务制定及实施支援(咨询顾问)

村濑博俊　专攻运输、物流、IT、制造业领域的事业及营销战略与实施支援(咨询顾问)

山口结花　专攻信息通信、宇宙商业领域的市场环境分析、事业战略及政策调查研究（咨询顾问）

有薗优太　专攻数字化变革、精密器械领域的市场环境分析、事业战略及实施支援（咨询顾问）

大道正太郎　专攻服装、食品行业的事业战略及营销战略（咨询顾问）

野村综研（上海）咨询有限公司

鹤田祐二　专攻中国消费品、流通、健康管理领域的事业战略及业务改革支援（总监、高级咨询顾问）

郑源　专攻创新、风险、信息通信领域的事业战略及实施支援（咨询顾问助理）

中文版执笔作者介绍

中文版总策划

陶旭骏

中文版策划

蔡建军　张博然

"聚焦中国"（"业界观点""中国故事"）执笔人

陶旭骏　英国南安普顿大学 MBA 毕业，曾经就职于上海联通，在通信行业具备丰富的经验。于 2009 年 8 月加入野村综研（上海）咨询有限公司，负责中国通信战略咨询业务。移动互联网畅销书《移动的帝国：日本移动互联网兴衰启示录》《别再迷恋互联网思维》联合作者

严治庆　扩博智能创始人

宋天麒　天猫新品创新中心　运营负责人

李金阳　松下电器（中国）有限公司食品流通部　部长

说明

·本书如无特殊记载，译文内容信息节点为 2018 年 7 月；"聚焦中国""业界观点"及"中国故事"内容信息节点为 2019 年 6 月。

·本书中的"年度"与"年"所指时间有所差别。如"2017 年年末"指的是 2017 年 12 月末，"2017 年年度末"指的是 2018 年 3 月末。

·图标如无注明出处，皆为野村综研预测、制作。

·本书中的公司名称及产品、服务名称皆为各公司的商标及注册商标，省略了"TM""®"。

野村综研为了掌握市场结构、预测市场规模，进行了如下问卷调查

《信息通信服务问卷调查》

调查方法：互联网问卷（Web 问卷）

调查对象：居住在日本国内的 15~69 岁的互联网用户

实施时间：2018 年 6~7 月

有效问卷回收数：2068 份

《IT 使用相关问卷调查》

调查方法：互联网问卷（Web 问卷）

调查对象：就职于企业且从事 IT 设备及服务导入相关工作的互联网用户

实施时间：2018 年 6~7 月

有效问卷回收数：2627 份

截稿时点 :2019 年 6 月

图书在版编目（CIP）数据

5G重塑数字化未来 / 日本野村综合研究所著；闵海
兰，陶培译. –– 杭州：浙江大学出版社，2020.3
ISBN 978–7–308–19748–9

Ⅰ.①5⋯ Ⅱ.①日⋯ ②闵⋯ ③陶⋯ Ⅲ.①移动通
信—通信技术—产业发展—研究 Ⅳ.①F407.63

中国版本图书馆CIP数据核字（2019）第271251号

IT NAVIGATOR 2019NENBAN by Nomura Research Institute, Ltd.
Copyright © 2018 Nomura Research Institute, Ltd.
All rights reserved.
Original Japanese edition published by TOYO KEIZAI INC.

Simplified Chinese translation copyright © 2019 by Hangzhou Blue Lion Cultural&Creative Co., Ltd.
This Simplified Chinese edition published by arrangement with TOYO KEIZAI INC., Tokyo,
through CREEK & RIVER Co., Ltd., Tokyo and CREEK & RIVER SHANGHAI Co., Ltd.,
Shanghai.

浙江省版权局著作权合同登记图字：11–2019–367号

5G重塑数字化未来

日本野村综合研究所 著；闵海兰，陶 培 译；陶旭骏 中文版统筹

策　　划	杭州蓝狮子文化创意股份有限公司	
责任编辑	张一弛	
责任校对	杨利军　张培洁	
封面设计	张志凯	
出版发行	浙江大学出版社	
	（杭州市天目山路148号　邮政编码310007）	
	（网址：http://www.zjupress.com）	
排　　版	杭州真凯文化艺术有限公司	
印　　刷	杭州钱江彩色印务有限公司	
开　　本	710mm×1000mm　1/16	
印　　张	21	
字　　数	280千	
版 印 次	2020年3月第1版　2020年3月第1次印刷	
书　　号	ISBN 978–7–308–19748–9	
定　　价	58.00元	